《中华人民共和国宪法》实用全解

《中华人民共和国宪法》实用全解编写组 / 编

法律出版社
LAW PRESS · CHINA
北京

图书在版编目(CIP)数据

《中华人民共和国宪法》实用全解 /《中华人民共和国宪法》实用全解编写组编. -- 北京 : 法律出版社, 2021(2023.11 重印)

ISBN 978-7-5197-6127-1

Ⅰ. ①中… Ⅱ. ①中… Ⅲ. ①中华人民共和国宪法-法律解释 Ⅳ. ①D921.05

中国版本图书馆 CIP 数据核字(2021)第 217397 号

《中华人民共和国宪法》实用全解
《ZHONGHUA RENMIN GONGHEGUO XIANFA》SHIYONG QUANJIE

《中华人民共和国宪法》实用全解编写组 编

策划编辑 李 群 董 昱
责任编辑 李 群 董 昱
装帧设计 汪奇峰

出版发行 法律出版社
编辑统筹 法规出版分社
责任校对 张红蕊
责任印制 耿润瑜
经 销 新华书店

开本 A5
印张 11.375 字数 300 千
版本 2021 年 11 月第 1 版
印次 2023 年 11 月第 2 次印刷
印刷 固安华明印业有限公司

地址:北京市丰台区莲花池西里 7 号(100073)
网址:www.lawpress.com.cn
投稿邮箱:info@lawpress.com.cn
举报盗版邮箱:jbwq@lawpress.com.cn

销售电话:010-83938349
客服电话:010-83938350
咨询电话:010-63939796

书号:ISBN 978-7-5197-6127-1 定价:49.00 元

凡购买本社图书,如有印装错误,我社负责退换。电话:010-83938349

前　言

宪法是国家的根本法，是治国安邦的总章程，是党和人民意志的集中体现。新中国成立以来特别是改革开放40多年来，宪法在我们党治国理政实践中发挥了十分重要的作用。党的十八大以来，党中央多次强调，坚持依法治国首先要坚持依宪治国，坚持依法执政首先要坚持依宪执政。党的十九大也专门强调，加强宪法实施和监督，推进合宪性审查工作，维护宪法权威，加大全民普法力度，建设社会主义法治文化，树立宪法法律至上、法律面前人人平等的法治理念，各级党组织和全体党员要带头尊法学法守法用法，任何组织和个人都不得有超越宪法法律的特权，绝不允许以言代法、以权压法、逐利违法、徇私枉法。党的十九届二中全会又专门强调，我国宪法必须随着党领导人民建设中国特色社会主义实践的发展而不断完善发展，这是我国宪法发展的一个显著特点，也是一条基本规律。宪法只有不断适应新形势才能具有持久生命力。因此，在中国特色社会主义进入了新时代后，根据治国理政新理念新思想新战略来修改宪法、完善法治，是党和国家政治生活中的一件大事，是党中央从新时代坚持和发展中国特色社会主义的全局和战略高度作出的重大政治决策，也是推进全面依法治国、推进国家治理体系和治理能力现代化的重大举措。

人民有信仰，国家有力量，民族有希望。法国著名思想家卢梭说过:一切法律之中最重要的法律,既不是刻在大理石上,也不是刻在铜表上,而是刻在公民内心里。法律需要被信仰,宪法更需要被信仰,否则它也将形同虚设。而要想使宪法真正成为人民的信仰,就必须在全党全社会深入开展尊崇宪法、学习宪法、遵守宪法、维护宪法、运用宪法的宣传教育活动,大力弘扬宪法精神,大力弘扬社会主义法治精神,不断增强人民群众宪法意识,不断加大全民普法力度,建立和发展宪法宣誓制度,建设社会主义法治文化,树立宪法法律至上、法律面前人人平等的法治理念。

习近平总书记指出,宪法的根基在于人民发自内心的拥护,宪法的伟力在于人民出自真诚的信仰。宪法作为一个国家的根本大法,必须牢牢根植在全民心中。宪法的核心价值在于保护公民权利,控制国家权力。在性质上,宪法是规定人的尊严和基本权利的根本法;在内容上,宪法是用来保障人民的基本权利和自由的根本法。学习宪法文本、培养宪法感情,增强宪法知识、提高宪法素养,是培养宪法思维、强化宪法信仰的前提和基础。

对国家工作人员来说,遵守宪法、信仰宪法有利于国家权力的正确行使,确保党和国家政策法律的顺利实施。对于普通公民来说,遵守宪法、信仰宪法有利于增强自己的宪法意识和权利意识,通过合法途径来维护自己的合法权利和自由。在党的十八届四中全会决议中,我们就已经建立了宪法宣誓制度,凡经人大及其常委会选举或者决定任命的国家工作人员正式就职时公开向宪法宣誓。国家工作人员向宪法宣誓,表明了国家工作人员在庄严的场合对宪法的一种郑重承诺,增强其宪法责任感和使命感,对宪法产生内心认同和行动约束,增强其对于宪法的崇尚,并让宪法信仰内化于心、外化于行,更好地行使权力、履行职责。带头遵守法律,带头依法办事,不违法行使权力,更不以言代法、以权压法、徇私枉法。包括国家工作人员在内的每个公民要切实增强法治学习的自觉性、责任感和紧迫感,既要认真学习宪法,也要认真学习与履行工作职责有关的法律法规;既要认真学习基本法律知识,也要认真学习法治的原则、原理和精神,养成学法、知法、懂法、尊法的良好习惯。不管是国家工作人员还是普通群众,都必须重视宪法的重要意义,熟练掌握运用法治思维处理工作,让广大群众学法、懂法、用法,才能让其明法、守法、重法,才能逐渐将法治建设全面推向深入。学习宪法、遵守宪法、维护宪法、运用宪法,既是每个公民的法定义务,也是每个公民的应尽职责。因此,强化宪法意识,弘扬宪法精神,坚决做宪法的忠实崇尚者、自觉遵守者、坚定捍卫者是包括国家工作人员在内的新时代每一个公民的神圣权利和光荣职责,在此基础上,不断深化和强化全社会对宪法的政治认同、法治认同、思想认同、情感认同,使全体人民都成为宪法的忠实崇尚者、自觉遵守者、坚定捍卫者。

本书由中宣部全国宣传干部学院教研部副主任秦强博士、西南政法大学行政法学院教授张震博士、中央财经大学法学院教授于文豪博士共同合作完成。编写过程中参考了专家学者的观点、论述和精神,限于本书体例没有一一列出,在此表示感谢和致歉。同时,由于学识水平所限,书中难免存在疏漏甚至错误之处,恳请广大读者和有关专家不吝批评指正。

目　　录

专题解读

延伸阅读

宪法相关事例

宪法相关法律汇编

自测试题

附　　录

中华人民共和国宪法

（1982 年 12 月 4 日第五届全国人民代表大会第五次会议通过　1982 年 12 月 4 日全国人民代表大会公告公布施行

根据 1988 年 4 月 12 日第七届全国人民代表大会第一次会议通过的《中华人民共和国宪法修正案》、1993 年 3 月 29 日第八届全国人民代表大会第一次会议通过的《中华人民共和国宪法修正案》、1999 年 3 月 15 日第九届全国人民代表大会第二次会议通过的《中华人民共和国宪法修正案》、2004 年 3 月 14 日第十届全国人民代表大会第二次会议通过的《中华人民共和国宪法修正案》和 2018 年 3 月 11 日第十三届全国人民代表大会第一次会议通过的《中华人民共和国宪法修正案》修正）

目　录

序　　言

中国是世界上历史最悠久的国家之一。中国各族人民共同创造了光辉灿烂的文化，具有光荣的革命传统。

一八四〇年以后，封建的中国逐渐变成半殖民地、半封建的国家。中国人民为国家独立、民族解放和民主自由进行了前仆后继的英勇奋斗。

二十世纪，中国发生了翻天覆地的伟大历史变革。

一九一一年孙中山先生领导的辛亥革命，废除了封建帝制，创立了中华民国。但是，中国人民反对帝国主义和封建主义的历史任务还没有完成。

一九四九年，以毛泽东主席为领袖的中国共产党领导中国各族人民，在经历了长期的艰难曲折的武装斗争和其他形式的斗争以后，终于推翻了帝国主义、封建主义和官僚资本主义的统治，取得了新民主主义革命的伟大胜利，建立了中华人民共和国。从此，中国人民掌握了国家的权力，成为国家的主人。

中华人民共和国成立以后，我国社会逐步实现了由新民主主义到社会主义的过渡。生产资料私有制的社会主义改造已经完成，人剥削人的制度已经消灭，社会主义制度已经确立。工人阶级领导的、以工农联盟为基础的人民民主专政，实质上即无产阶级专政，得到巩固和发展。中国人民和中国人民解放军战胜了帝国主义、霸权主义的侵略、破坏和武装挑衅，维护了国家的独立和安全，增强了国防。经济建设取得了重大的成就，独立的、比较完整的社会主义工业体系已经基本形成，农业生产显著提高。教育、科学、文化等事业有了很大的发展，社会主义思想教育取得了明显的成效。广大人民的生活有了较大的改善。

中国新民主主义革命的胜利和社会主义事业的成就，是中国共产党领导中国各族人民，在马克思列宁主义、毛泽东思想的指引下，坚持真理，修正错误，战胜许多艰难险阻而取得的。我国将长期处于社会主义初级阶段。国家的根本任务是，沿着中国特色社会主义道路，集中力量进行社会主义现代化建设。中国各族人民将继续在中国共产党领导下，在马克思列宁主义、毛泽东思想、邓小平理论、"三个代表"重要思想、科学发展观、习近平新时代中国特色社会主义思想指引下，坚持人民民主专政，坚持社会主义道路，坚持改革开放，不断完善社会主义的各项制度，发展社会主义市场经济，发展社会主义民主，健全社会主义法治，贯彻新发展理念，自力更生，艰苦奋斗，逐步实现工业、农业、国防和科学技术的现代化，推动物质文明、政治文明、精神文明、社会文明、生态文明协调发展，把我国建设成为富强民主文明和谐美丽的社会主义现代化强国，实现中华民族伟大复兴。

在我国，剥削阶级作为阶级已经消灭，但是阶级斗争还将在一定范围内长期存在。中国人民对敌视和破坏我国社会主义制度的国内外的敌对势力和敌对分子，必须进行斗争。

台湾是中华人民共和国的神圣领土的一部分。完成统一祖国的大业是包括台湾同胞在内的全中国人民的神圣职责。

社会主义的建设事业必须依靠工人、农民和知识分子，团结一切可以团结的力量。在长期的革命、建设、改革过程中,已经结成由中国共产党领导的,有各民主党派和各人民团体参加的,包括全体社会主义劳动者、社会主义事业的建设者、拥护社会主义的爱国者、拥护祖国统一和致力于中华民族伟大复兴的爱国者的广泛的爱国统一战线,这个统一战线将继续巩固和发展。中国人民政治协商会议是有广泛代表性的统一战线组织,过去发挥了重要的历史作用,今后在国家政治生活、社会生活和对外友好活动中,在进行社会主义现代化建设、维护国家的统一和团结的斗争中,将进一步发挥它的重要作用。中国共产党领导的多党合作和政治协商制度将长期存在和发展。

中华人民共和国是全国各族人民共同缔造的统一的多民族国家。平等团结互助和谐的社会主义民族关系已经确立,并将继续加强。在维护民族团结的斗争中,要反对大民族主义,主要是大汉族主义,也要反对地方民族主义。国家尽一切努力,促进全国各民族的共同繁荣。

中国革命、建设、改革的成就是同世界人民的支持分不开的。中国的前途是同世界的前途紧密地联系在一起的。中国坚持独立自主的对外政策,坚持互相尊重主权和领土完整、互不侵犯、互不干涉内政、平等互利、和平共处的五项原则,坚持和平发展道路,坚持互利共赢开放战略,发展同各国的外交关系和经济、文化交流,推动构建人类命运共同体;坚持反对帝国主义、霸权主义、殖民主义,加强同世界各国人民的团结,支持被压迫民族和发展中国家争取和维护民族独立、发展民族经济的正义斗争,为维护世界和平和促进人类进步事业而努力。

本宪法以法律的形式确认了中国各族人民奋斗的成果,规定了国家的根本制度和根本任务,是国家的根本法,具有最高的法律效力。全国各族人民、一切国家机关和武装力量、各政党和各社会团体、各企业事业组织，都必须以宪法为根本的活动准则，并且负有维护宪法尊严、保证宪法实施的职责。

第一章　总　　纲

第一条　中华人民共和国是工人阶级领导的、以工农联盟为基础的人民民主专政的社会主义国家。

社会主义制度是中华人民共和国的根本制度。中国共产党领导是中国特色社会主义最本质的特征。禁止任何组织或者个人破坏社会主义制度。

第二条　中华人民共和国的一切权力属于人民。

人民行使国家权力的机关是全国人民代表大会和地方各级人民代表大会。

人民依照法律规定，通过各种途径和形式，管理国家事务，管理经济和文化事业，管理社会事务。

第三条　中华人民共和国的国家机构实行民主集中制的原则。

全国人民代表大会和地方各级人民代表大会都由民主选举产生，对人民负责，受人民监督。

国家行政机关、监察机关、审判机关、检察机关都由人民代表大会产生，对它负责，受它监督。

中央和地方的国家机构职权的划分，遵循在中央的统一领导下，充分发挥地方的主动性、积极性的原则。

第四条　中华人民共和国各民族一律平等。国家保障各少数民族的合法的权利和利益，维护和发展各民族的平等团结互助和谐关系。禁止对任何民族的歧视和压迫，禁止破坏民族团结和制造民族分裂的行为。

国家根据各少数民族的特点和需要，帮助各少数民族地区加速经济和文化的发展。

各少数民族聚居的地方实行区域自治，设立自治机关，行使自治权。各民族自治地方都是中华人民共和国不可分离的部分。

各民族都有使用和发展自己的语言文字的自由，都有保持或者改革自己的风俗习惯的自由。

第五条 中华人民共和国实行依法治国，建设社会主义法治国家。

国家维护社会主义法制的统一和尊严。

一切法律、行政法规和地方性法规都不得同宪法相抵触。

一切国家机关和武装力量、各政党和各社会团体、各企业事业组织都必须遵守宪法和法律。一切违反宪法和法律的行为，必须予以追究。

任何组织或者个人都不得有超越宪法和法律的特权。

第六条 中华人民共和国的社会主义经济制度的基础是生产资料的社会主义公有制，即全民所有制和劳动群众集体所有制。社会主义公有制消灭人剥削人的制度，实行各尽所能、按劳分配的原则。

国家在社会主义初级阶段，坚持公有制为主体、多种所有制经济共同发展的基本经济制度，坚持按劳分配为主体、多种分配方式并存的分配制度。

第七条 国有经济，即社会主义全民所有制经济，是国民经济中的主导力量。国家保障国有经济的巩固和发展。

第八条 农村集体经济组织实行家庭承包经营为基础、统分结合的双层经营体制。农村中的生产、供销、信用、消费等各种形式的合作经济，是社会主义劳动群众集体所有制经济。参加农村集体经济组织的劳动者，有权在法律规定的范围内经营自留地、自留山、家庭副业和饲养自留畜。

城镇中的手工业、工业、建筑业、运输业、商业、服务业等行业的各种形式的合作经济,都是社会主义劳动群众集体所有制经济。

国家保护城乡集体经济组织的合法的权利和利益,鼓励、指导和帮助集体经济的发展。

第九条 矿藏、水流、森林、山岭、草原、荒地、滩涂等自然资源,都属于国家所有,即全民所有;由法律规定属于集体所有的森林和山岭、草原、荒地、滩涂除外。

国家保障自然资源的合理利用,保护珍贵的动物和植物。禁止任何组织或者个人用任何手段侵占或者破坏自然资源。

第十条 城市的土地属于国家所有。

农村和城市郊区的土地,除由法律规定属于国家所有的以外,属于集体所有;宅基地和自留地、自留山,也属于集体所有。

国家为了公共利益的需要,可以依照法律规定对土地实行征收或者征用并给予补偿。

任何组织或者个人不得侵占、买卖或者以其他形式非法转让土地。土地的使用权可以依照法律的规定转让。

一切使用土地的组织和个人必须合理地利用土地。

第十一条 在法律规定范围内的个体经济、私营经济等非公有制经济,是社会主义市场经济的重要组成部分。

国家保护个体经济、私营经济等非公有制经济的合法的权利和利益。国家鼓励、支持和引导非公有制经济的发展,并对非公有制经济依法实行监督和管理。

第十二条 社会主义的公共财产神圣不可侵犯。

国家保护社会主义的公共财产。禁止任何组织或者个人用任何手段侵占或者破坏国家的和集体的财产。

第十三条 公民的合法的私有财产不受侵犯。

国家依照法律规定保护公民的私有财产权和继承权。

国家为了公共利益的需要,可以依照法律规定对公民的私有财产实行征收或者征用并给予补偿。

第十四条 国家通过提高劳动者的积极性和技术水平,推广先进的科学技术,完善经济管理体制和企业经营管理制度,实行各种形式的社会主义责任制,改进劳动组织,以不断提高劳动生产率和经济效益,发展社会生产力。

国家厉行节约,反对浪费。

国家合理安排积累和消费,兼顾国家、集体和个人的利益,在发展生产的基础上,逐步改善人民的物质生活和文化生活。

国家建立健全同经济发展水平相适应的社会保障制度。

第十五条 国家实行社会主义市场经济。

国家加强经济立法,完善宏观调控。

国家依法禁止任何组织或者个人扰乱社会经济秩序。

第十六条 国有企业在法律规定的范围内有权自主经营。

国有企业依照法律规定,通过职工代表大会和其他形式,实行民主管理。

第十七条 集体经济组织在遵守有关法律的前提下,有独立进行经济活动的自主权。

集体经济组织实行民主管理,依照法律规定选举和罢免管理人员,决定经营管理的重大问题。

第十八条 中华人民共和国允许外国的企业和其他经济组织或者个人依照中华人民共和国法律的规定在中国投资,同中国的企业或者其他经济组织进行各种形式的经济合作。

在中国境内的外国企业和其他外国经济组织以及中外合资经营的企业,都必须遵守中华人民共和国的法律。它们的合法的权利和利益受中华人民共和国法律的保护。

第十九条 国家发展社会主义的教育事业，提高全国人民的科学文化水平。

国家举办各种学校，普及初等义务教育，发展中等教育、职业教育和高等教育，并且发展学前教育。

国家发展各种教育设施，扫除文盲，对工人、农民、国家工作人员和其他劳动者进行政治、文化、科学、技术、业务的教育，鼓励自学成才。

国家鼓励集体经济组织、国家企业事业组织和其他社会力量依照法律规定举办各种教育事业。

国家推广全国通用的普通话。

第二十条 国家发展自然科学和社会科学事业，普及科学和技术知识，奖励科学研究成果和技术发明创造。

第二十一条 国家发展医疗卫生事业，发展现代医药和我国传统医药，鼓励和支持农村集体经济组织、国家企业事业组织和街道组织举办各种医疗卫生设施，开展群众性的卫生活动，保护人民健康。

国家发展体育事业，开展群众性的体育活动，增强人民体质。

第二十二条 国家发展为人民服务、为社会主义服务的文学艺术事业、新闻广播电视事业、出版发行事业、图书馆博物馆文化馆和其他文化事业，开展群众性的文化活动。

国家保护名胜古迹、珍贵文物和其他重要历史文化遗产。

第二十三条 国家培养为社会主义服务的各种专业人才，扩大知识分子的队伍，创造条件，充分发挥他们在社会主义现代化建设中的作用。

第二十四条 国家通过普及理想教育、道德教育、文化教育、纪律和法制教育，通过在城乡不同范围的群众中制定和执行各种守则、公约，加强社会主义精神文明的建设。

国家倡导社会主义核心价值观,提倡爱祖国、爱人民、爱劳动、爱科学、爱社会主义的公德,在人民中进行爱国主义、集体主义和国际主义、共产主义的教育,进行辩证唯物主义和历史唯物主义的教育,反对资本主义的、封建主义的和其他的腐朽思想。

第二十五条 国家推行计划生育,使人口的增长同经济和社会发展计划相适应。

第二十六条 国家保护和改善生活环境和生态环境,防治污染和其他公害。

国家组织和鼓励植树造林,保护林木。

第二十七条 一切国家机关实行精简的原则,实行工作责任制,实行工作人员的培训和考核制度,不断提高工作质量和工作效率,反对官僚主义。

一切国家机关和国家工作人员必须依靠人民的支持,经常保持同人民的密切联系,倾听人民的意见和建议,接受人民的监督,努力为人民服务。

国家工作人员就职时应当依照法律规定公开进行宪法宣誓。

第二十八条 国家维护社会秩序,镇压叛国和其他危害国家安全的犯罪活动,制裁危害社会治安、破坏社会主义经济和其他犯罪的活动,惩办和改造犯罪分子。

第二十九条 中华人民共和国的武装力量属于人民。它的任务是巩固国防,抵抗侵略,保卫祖国,保卫人民的和平劳动,参加国家建设事业,努力为人民服务。

国家加强武装力量的革命化、现代化、正规化的建设,增强国防力量。

第三十条 中华人民共和国的行政区域划分如下:

(一)全国分为省、自治区、直辖市;

(二)省、自治区分为自治州、县、自治县、市;

(三)县、自治县分为乡、民族乡、镇。

直辖市和较大的市分为区、县。自治州分为县、自治县、市。

自治区、自治州、自治县都是民族自治地方。

第三十一条 国家在必要时得设立特别行政区。在特别行政区内实行的制度按照具体情况由全国人民代表大会以法律规定。

第三十二条 中华人民共和国保护在中国境内的外国人的合法权利和利益,在中国境内的外国人必须遵守中华人民共和国的法律。

中华人民共和国对于因为政治原因要求避难的外国人,可以给予受庇护的权利。

第二章 公民的基本权利和义务

第三十三条 凡具有中华人民共和国国籍的人都是中华人民共和国公民。

中华人民共和国公民在法律面前一律平等。

国家尊重和保障人权。

任何公民享有宪法和法律规定的权利,同时必须履行宪法和法律规定的义务。

第三十四条 中华人民共和国年满十八周岁的公民,不分民族、种族、性别、职业、家庭出身、宗教信仰、教育程度、财产状况、居住期限,都有选举权和被选举权;但是依照法律被剥夺政治权利的人除外。

第三十五条 中华人民共和国公民有言论、出版、集会、结社、游行、示威的自由。

第三十六条 中华人民共和国公民有宗教信仰自由。

任何国家机关、社会团体和个人不得强制公民信仰宗教或者不信仰宗教，不得歧视信仰宗教的公民和不信仰宗教的公民。

国家保护正常的宗教活动。任何人不得利用宗教进行破坏社会秩序、损害公民身体健康、妨碍国家教育制度的活动。

宗教团体和宗教事务不受外国势力的支配。

第三十七条 中华人民共和国公民的人身自由不受侵犯。

任何公民，非经人民检察院批准或者决定或者人民法院决定，并由公安机关执行，不受逮捕。

禁止非法拘禁和以其他方法非法剥夺或者限制公民的人身自由，禁止非法搜查公民的身体。

第三十八条 中华人民共和国公民的人格尊严不受侵犯。禁止用任何方法对公民进行侮辱、诽谤和诬告陷害。

第三十九条 中华人民共和国公民的住宅不受侵犯。禁止非法搜查或者非法侵入公民的住宅。

第四十条 中华人民共和国公民的通信自由和通信秘密受法律的保护。除因国家安全或者追查刑事犯罪的需要，由公安机关或者检察机关依照法律规定的程序对通信进行检查外，任何组织或者个人不得以任何理由侵犯公民的通信自由和通信秘密。

第四十一条 中华人民共和国公民对于任何国家机关和国家工作人员，有提出批评和建议的权利；对于任何国家机关和国家工作人员的违法失职行为，有向有关国家机关提出申诉、控告或者检举的权利，但是不得捏造或者歪曲事实进行诬告陷害。

对于公民的申诉、控告或者检举，有关国家机关必须查清事实，负责处理。任何人不得压制和打击报复。

由于国家机关和国家工作人员侵犯公民权利而受到损失的人，有依照法律规定取得赔偿的权利。

第四十二条 中华人民共和国公民有劳动的权利和义务。

国家通过各种途径，创造劳动就业条件，加强劳动保护，改善劳动条件,并在发展生产的基础上,提高劳动报酬和福利待遇。

劳动是一切有劳动能力的公民的光荣职责。国有企业和城乡集体经济组织的劳动者都应当以国家主人翁的态度对待自己的劳动。国家提倡社会主义劳动竞赛,奖励劳动模范和先进工作者。国家提倡公民从事义务劳动。

国家对就业前的公民进行必要的劳动就业训练。

第四十三条 中华人民共和国劳动者有休息的权利。

国家发展劳动者休息和休养的设施,规定职工的工作时间和休假制度。

第四十四条 国家依照法律规定实行企业事业组织的职工和国家机关工作人员的退休制度。退休人员的生活受到国家和社会的保障。

第四十五条 中华人民共和国公民在年老、疾病或者丧失劳动能力的情况下,有从国家和社会获得物质帮助的权利。国家发展为公民享受这些权利所需要的社会保险、社会救济和医疗卫生事业。

国家和社会保障残废军人的生活,抚恤烈士家属,优待军人家属。

国家和社会帮助安排盲、聋、哑和其他有残疾的公民的劳动、生活和教育。

第四十六条 中华人民共和国公民有受教育的权利和义务。

国家培养青年、少年、儿童在品德、智力、体质等方面全面发展。

第四十七条 中华人民共和国公民有进行科学研究、文学艺术创作和其他文化活动的自由。国家对于从事教育、科学、技术、文学、艺术和其他文化事业的公民的有益于人民的创造性工作,给以鼓励和帮助。

第四十八条 中华人民共和国妇女在政治的、经济的、文化的、社会的和家庭的生活等各方面享有同男子平等的权利。

国家保护妇女的权利和利益,实行男女同工同酬,培养和选拔妇女干部。

第四十九条 婚姻、家庭、母亲和儿童受国家的保护。

夫妻双方有实行计划生育的义务。

父母有抚养教育未成年子女的义务,成年子女有赡养扶助父母的义务。

禁止破坏婚姻自由,禁止虐待老人、妇女和儿童。

第五十条 中华人民共和国保护华侨的正当的权利和利益,保护归侨和侨眷的合法的权利和利益。

第五十一条 中华人民共和国公民在行使自由和权利的时候,不得损害国家的、社会的、集体的利益和其他公民的合法的自由和权利。

第五十二条 中华人民共和国公民有维护国家统一和全国各民族团结的义务。

第五十三条 中华人民共和国公民必须遵守宪法和法律,保守国家秘密,爱护公共财产,遵守劳动纪律,遵守公共秩序,尊重社会公德。

第五十四条 中华人民共和国公民有维护祖国的安全、荣誉和利益的义务,不得有危害祖国的安全、荣誉和利益的行为。

第五十五条 保卫祖国、抵抗侵略是中华人民共和国每一个公民的神圣职责。

依照法律服兵役和参加民兵组织是中华人民共和国公民的光荣义务。

第五十六条 中华人民共和国公民有依照法律纳税的义务。

第三章 国家机构

第一节 全国人民代表大会

第五十七条 中华人民共和国全国人民代表大会是最高国家权力机关。它的常设机关是全国人民代表大会常务委员会。

第五十八条 全国人民代表大会和全国人民代表大会常务委员会行使国家立法权。

第五十九条 全国人民代表大会由省、自治区、直辖市、特别行政区和军队选出的代表组成。各少数民族都应当有适当名额的代表。

全国人民代表大会代表的选举由全国人民代表大会常务委员会主持。

全国人民代表大会代表名额和代表产生办法由法律规定。

第六十条 全国人民代表大会每届任期五年。

全国人民代表大会任期届满的两个月以前，全国人民代表大会常务委员会必须完成下届全国人民代表大会代表的选举。如果遇到不能进行选举的非常情况，由全国人民代表大会常务委员会以全体组成人员的三分之二以上的多数通过，可以推迟选举，延长本届全国人民代表大会的任期。在非常情况结束后一年内，必须完成下届全国人民代表大会代表的选举。

第六十一条 全国人民代表大会会议每年举行一次，由全国人民代表大会常务委员会召集。如果全国人民代表大会常务委员会认为必要，或者有五分之一以上的全国人民代表大会代表提议，可以临时召集全国人民代表大会会议。

全国人民代表大会举行会议的时候，选举主席团主持会议。

第六十二条 全国人民代表大会行使下列职权：

(一)修改宪法;

(二)监督宪法的实施;

(三)制定和修改刑事、民事、国家机构的和其他的基本法律;

(四)选举中华人民共和国主席、副主席;

(五)根据中华人民共和国主席的提名,决定国务院总理的人选;根据国务院总理的提名,决定国务院副总理、国务委员、各部部长、各委员会主任、审计长、秘书长的人选;

(六)选举中央军事委员会主席;根据中央军事委员会主席的提名,决定中央军事委员会其他组成人员的人选;

(七)选举国家监察委员会主任;

(八)选举最高人民法院院长;

(九)选举最高人民检察院检察长;

(十)审查和批准国民经济和社会发展计划和计划执行情况的报告;

(十一)审查和批准国家的预算和预算执行情况的报告;

(十二)改变或者撤销全国人民代表大会常务委员会不适当的决定;

(十三)批准省、自治区和直辖市的建置;

(十四)决定特别行政区的设立及其制度;

(十五)决定战争和和平的问题;

(十六)应当由最高国家权力机关行使的其他职权。

第六十三条　全国人民代表大会有权罢免下列人员:

(一)中华人民共和国主席、副主席;

(二)国务院总理、副总理、国务委员、各部部长、各委员会主任、审计长、秘书长;

(三)中央军事委员会主席和中央军事委员会其他组成人员;

(四)国家监察委员会主任;

（五）最高人民法院院长；

（六）最高人民检察院检察长。

第六十四条 宪法的修改，由全国人民代表大会常务委员会或者五分之一以上的全国人民代表大会代表提议，并由全国人民代表大会以全体代表的三分之二以上的多数通过。

法律和其他议案由全国人民代表大会以全体代表的过半数通过。

第六十五条 全国人民代表大会常务委员会由下列人员组成：

委员长，

副委员长若干人，

秘书长，

委员若干人。

全国人民代表大会常务委员会组成人员中，应当有适当名额的少数民族代表。

全国人民代表大会选举并有权罢免全国人民代表大会常务委员会的组成人员。

全国人民代表大会常务委员会的组成人员不得担任国家行政机关、监察机关、审判机关和检察机关的职务。

第六十六条 全国人民代表大会常务委员会每届任期同全国人民代表大会每届任期相同，它行使职权到下届全国人民代表大会选出新的常务委员会为止。

委员长、副委员长连续任职不得超过两届。

第六十七条 全国人民代表大会常务委员会行使下列职权：

（一）解释宪法，监督宪法的实施；

（二）制定和修改除应当由全国人民代表大会制定的法律以外的其他法律；

（三）在全国人民代表大会闭会期间，对全国人民代表大会制定的法律进行部分补充和修改，但是不得同该法律的基本原则相抵触；

（四）解释法律；

（五）在全国人民代表大会闭会期间，审查和批准国民经济和社会发展计划、国家预算在执行过程中所必须作的部分调整方案；

（六）监督国务院、中央军事委员会、国家监察委员会、最高人民法院和最高人民检察院的工作；

（七）撤销国务院制定的同宪法、法律相抵触的行政法规、决定和命令；

（八）撤销省、自治区、直辖市国家权力机关制定的同宪法、法律和行政法规相抵触的地方性法规和决议；

（九）在全国人民代表大会闭会期间，根据国务院总理的提名，决定部长、委员会主任、审计长、秘书长的人选；

（十）在全国人民代表大会闭会期间，根据中央军事委员会主席的提名，决定中央军事委员会其他组成人员的人选；

（十一）根据国家监察委员会主任的提请，任免国家监察委员会副主任、委员；

（十二）根据最高人民法院院长的提请，任免最高人民法院副院长、审判员、审判委员会委员和军事法院院长；

（十三）根据最高人民检察院检察长的提请，任免最高人民检察院副检察长、检察员、检察委员会委员和军事检察院检察长，并且批准省、自治区、直辖市的人民检察院检察长的任免；

（十四）决定驻外全权代表的任免；

（十五）决定同外国缔结的条约和重要协定的批准和废除；

（十六）规定军人和外交人员的衔级制度和其他专门衔级制度；

（十七）规定和决定授予国家的勋章和荣誉称号；

（十八）决定特赦；

（十九）在全国人民代表大会闭会期间，如果遇到国家遭受武装侵犯或者必须履行国际间共同防止侵略的条约的情况，决定战争状态的宣布；

（二十）决定全国总动员或者局部动员；

（二十一）决定全国或者个别省、自治区、直辖市进入紧急状态；

（二十二）全国人民代表大会授予的其他职权。

第六十八条 全国人民代表大会常务委员会委员长主持全国人民代表大会常务委员会的工作，召集全国人民代表大会常务委员会会议。副委员长、秘书长协助委员长工作。

委员长、副委员长、秘书长组成委员长会议，处理全国人民代表大会常务委员会的重要日常工作。

第六十九条 全国人民代表大会常务委员会对全国人民代表大会负责并报告工作。

第七十条 全国人民代表大会设立民族委员会、宪法和法律委员会、财政经济委员会、教育科学文化卫生委员会、外事委员会、华侨委员会和其他需要设立的专门委员会。在全国人民代表大会闭会期间，各专门委员会受全国人民代表大会常务委员会的领导。

各专门委员会在全国人民代表大会和全国人民代表大会常务委员会领导下，研究、审议和拟订有关议案。

第七十一条 全国人民代表大会和全国人民代表大会常务委员会认为必要的时候，可以组织关于特定问题的调查委员会，并且根据调查委员会的报告，作出相应的决议。

调查委员会进行调查的时候，一切有关的国家机关、社会团体和公民都有义务向它提供必要的材料。

第七十二条 全国人民代表大会代表和全国人民代表大会常务委员会组成人员，有权依照法律规定的程序分别提出属于全国人民代表大会和全国人民代表大会常务委员会职权范围内的议案。

第七十三条 全国人民代表大会代表在全国人民代表大会开会期间，全国人民代表大会常务委员会组成人员在常务委员会开会期间，有权依照法律规定的程序提出对国务院或者国务院各部、各委员会的质询案。受质询的机关必须负责答复。

第七十四条 全国人民代表大会代表，非经全国人民代表大会会议主席团许可，在全国人民代表大会闭会期间非经全国人民代表大会常务委员会许可，不受逮捕或者刑事审判。

第七十五条 全国人民代表大会代表在全国人民代表大会各种会议上的发言和表决，不受法律追究。

第七十六条 全国人民代表大会代表必须模范地遵守宪法和法律，保守国家秘密，并且在自己参加的生产、工作和社会活动中，协助宪法和法律的实施。

全国人民代表大会代表应当同原选举单位和人民保持密切的联系，听取和反映人民的意见和要求，努力为人民服务。

第七十七条 全国人民代表大会代表受原选举单位的监督。原选举单位有权依照法律规定的程序罢免本单位选出的代表。

第七十八条 全国人民代表大会和全国人民代表大会常务委员会的组织和工作程序由法律规定。

第二节 中华人民共和国主席

第七十九条 中华人民共和国主席、副主席由全国人民代表大会选举。

有选举权和被选举权的年满四十五周岁的中华人民共和国

公民可以被选为中华人民共和国主席、副主席。

中华人民共和国主席、副主席每届任期同全国人民代表大会每届任期相同。

第八十条 中华人民共和国主席根据全国人民代表大会的决定和全国人民代表大会常务委员会的决定，公布法律，任免国务院总理、副总理、国务委员、各部部长、各委员会主任、审计长、秘书长，授予国家的勋章和荣誉称号，发布特赦令，宣布进入紧急状态，宣布战争状态，发布动员令。

第八十一条 中华人民共和国主席代表中华人民共和国，进行国事活动，接受外国使节；根据全国人民代表大会常务委员会的决定，派遣和召回驻外全权代表，批准和废除同外国缔结的条约和重要协定。

第八十二条 中华人民共和国副主席协助主席工作。

中华人民共和国副主席受主席的委托，可以代行主席的部分职权。

第八十三条 中华人民共和国主席、副主席行使职权到下届全国人民代表大会选出的主席、副主席就职为止。

第八十四条 中华人民共和国主席缺位的时候，由副主席继任主席的职位。

中华人民共和国副主席缺位的时候，由全国人民代表大会补选。

中华人民共和国主席、副主席都缺位的时候，由全国人民代表大会补选；在补选以前，由全国人民代表大会常务委员会委员长暂时代理主席职位。

第三节 国 务 院

第八十五条 中华人民共和国国务院，即中央人民政府，是最高国家权力机关的执行机关,是最高国家行政机关。

第八十六条 国务院由下列人员组成:

总理,

副总理若干人,

国务委员若干人,

各部部长,

各委员会主任,

审计长,

秘书长。

国务院实行总理负责制。各部、各委员会实行部长、主任负责制。

国务院的组织由法律规定。

第八十七条 国务院每届任期同全国人民代表大会每届任期相同。

总理、副总理、国务委员连续任职不得超过两届。

第八十八条 总理领导国务院的工作。副总理、国务委员协助总理工作。

总理、副总理、国务委员、秘书长组成国务院常务会议。

总理召集和主持国务院常务会议和国务院全体会议。

第八十九条 国务院行使下列职权:

(一)根据宪法和法律,规定行政措施,制定行政法规,发布决定和命令;

(二)向全国人民代表大会或者全国人民代表大会常务委员会提出议案;

(三)规定各部和各委员会的任务和职责,统一领导各部和各委员会的工作,并且领导不属于各部和各委员会的全国性的行政工作;

（四）统一领导全国地方各级国家行政机关的工作，规定中央和省、自治区、直辖市的国家行政机关的职权的具体划分；

（五）编制和执行国民经济和社会发展计划和国家预算；

（六）领导和管理经济工作和城乡建设、生态文明建设；

（七）领导和管理教育、科学、文化、卫生、体育和计划生育工作；

（八）领导和管理民政、公安、司法行政等工作；

（九）管理对外事务，同外国缔结条约和协定；

（十）领导和管理国防建设事业；

（十一）领导和管理民族事务，保障少数民族的平等权利和民族自治地方的自治权利；

（十二）保护华侨的正当的权利和利益，保护归侨和侨眷的合法的权利和利益；

（十三）改变或者撤销各部、各委员会发布的不适当的命令、指示和规章；

（十四）改变或者撤销地方各级国家行政机关的不适当的决定和命令；

（十五）批准省、自治区、直辖市的区域划分，批准自治州、县、自治县、市的建置和区域划分；

（十六）依照法律规定决定省、自治区、直辖市的范围内部分地区进入紧急状态；

（十七）审定行政机构的编制，依照法律规定任免、培训、考核和奖惩行政人员；

（十八）全国人民代表大会和全国人民代表大会常务委员会授予的其他职权。

第九十条 国务院各部部长、各委员会主任负责本部门的工作；召集和主持部务会议或者委员会会议、委务会议，讨论决定本部门工作的重大问题。

各部、各委员会根据法律和国务院的行政法规、决定、命令，在本部门的权限内，发布命令、指示和规章。

第九十一条 国务院设立审计机关，对国务院各部门和地方各级政府的财政收支，对国家的财政金融机构和企业事业组织的财务收支，进行审计监督。

审计机关在国务院总理领导下，依照法律规定独立行使审计监督权，不受其他行政机关、社会团体和个人的干涉。

第九十二条 国务院对全国人民代表大会负责并报告工作；在全国人民代表大会闭会期间，对全国人民代表大会常务委员会负责并报告工作。

第四节 中央军事委员会

第九十三条 中华人民共和国中央军事委员会领导全国武装力量。

中央军事委员会由下列人员组成：

主席，

副主席若干人，

委员若干人。

中央军事委员会实行主席负责制。

中央军事委员会每届任期同全国人民代表大会每届任期相同。

第九十四条 中央军事委员会主席对全国人民代表大会和全国人民代表大会常务委员会负责。

第五节 地方各级人民代表大会和地方各级人民政府

第九十五条 省、直辖市、县、市、市辖区、乡、民族乡、镇设立人民代表大会和人民政府。

地方各级人民代表大会和地方各级人民政府的组织由法律规定。

自治区、自治州、自治县设立自治机关。自治机关的组织和工作根据宪法第三章第五节、第六节规定的基本原则由法律规定。

第九十六条 地方各级人民代表大会是地方国家权力机关。

县级以上的地方各级人民代表大会设立常务委员会。

第九十七条 省、直辖市、设区的市的人民代表大会代表由下一级的人民代表大会选举；县、不设区的市、市辖区、乡、民族乡、镇的人民代表大会代表由选民直接选举。

地方各级人民代表大会代表名额和代表产生办法由法律规定。

第九十八条 地方各级人民代表大会每届任期五年。

第九十九条 地方各级人民代表大会在本行政区域内，保证宪法、法律、行政法规的遵守和执行；依照法律规定的权限，通过和发布决议，审查和决定地方的经济建设、文化建设和公共事业建设的计划。

县级以上的地方各级人民代表大会审查和批准本行政区域内的国民经济和社会发展计划、预算以及它们的执行情况的报告；有权改变或者撤销本级人民代表大会常务委员会不适当的决定。

民族乡的人民代表大会可以依照法律规定的权限采取适合民族特点的具体措施。

第一百条 省、直辖市的人民代表大会和它们的常务委员会，在不同宪法、法律、行政法规相抵触的前提下，可以制定地方性法规，报全国人民代表大会常务委员会备案。

设区的市的人民代表大会和它们的常务委员会，在不同宪法、法律、行政法规和本省、自治区的地方性法规相抵触的前提下，可以依照法律规定制定地方性法规，报本省、自治区人民代表大会常务委员会批准后施行。

第一百零一条 地方各级人民代表大会分别选举并且有权罢免本级人民政府的省长和副省长、市长和副市长、县长和副县长、区长和副区长、乡长和副乡长、镇长和副镇长。

县级以上的地方各级人民代表大会选举并且有权罢免本级监察委员会主任、本级人民法院院长和本级人民检察院检察长。选出或者罢免人民检察院检察长，须报上级人民检察院检察长提请该级人民代表大会常务委员会批准。

第一百零二条 省、直辖市、设区的市的人民代表大会代表受原选举单位的监督；县、不设区的市、市辖区、乡、民族乡、镇的人民代表大会代表受选民的监督。

地方各级人民代表大会代表的选举单位和选民有权依照法律规定的程序罢免由他们选出的代表。

第一百零三条 县级以上的地方各级人民代表大会常务委员会由主任、副主任若干人和委员若干人组成，对本级人民代表大会负责并报告工作。

县级以上的地方各级人民代表大会选举并有权罢免本级人民代表大会常务委员会的组成人员。

县级以上的地方各级人民代表大会常务委员会的组成人员不得担任国家行政机关、监察机关、审判机关和检察机关的职务。

第一百零四条 县级以上的地方各级人民代表大会常务委员会讨论、决定本行政区域内各方面工作的重大事项；监督本级人民政府、监察委员会、人民法院和人民检察院的工作；撤销本级人民政府的不适当的决定和命令；撤销下一级人民代表大会的不适当的决议；依照法律规定的权限决定国家机关工作人员的任免；在本级人民代表大会闭会期间，罢免和补选上一级人民代表大会的个别代表。

第一百零五条 地方各级人民政府是地方各级国家权力机关的执行机关，是地方各级国家行政机关。

地方各级人民政府实行省长、市长、县长、区长、乡长、镇长负责制。

第一百零六条 地方各级人民政府每届任期同本级人民代表大会每届任期相同。

第一百零七条 县级以上地方各级人民政府依照法律规定的权限，管理本行政区域内的经济、教育、科学、文化、卫生、体育事业、城乡建设事业和财政、民政、公安、民族事务、司法行政、计划生育等行政工作，发布决定和命令，任免、培训、考核和奖惩行政工作人员。

乡、民族乡、镇的人民政府执行本级人民代表大会的决议和上级国家行政机关的决定和命令，管理本行政区域内的行政工作。

省、直辖市的人民政府决定乡、民族乡、镇的建置和区域划分。

第一百零八条 县级以上的地方各级人民政府领导所属各工作部门和下级人民政府的工作，有权改变或者撤销所属各工作部门和下级人民政府的不适当的决定。

第一百零九条 县级以上的地方各级人民政府设立审计机关。地方各级审计机关依照法律规定独立行使审计监督权，对本级人民政府和上一级审计机关负责。

第一百一十条 地方各级人民政府对本级人民代表大会负责并报告工作。县级以上的地方各级人民政府在本级人民代表大会闭会期间,对本级人民代表大会常务委员会负责并报告工作。

地方各级人民政府对上一级国家行政机关负责并报告工作。全国地方各级人民政府都是国务院统一领导下的国家行政机关,都服从国务院。

第一百一十一条 城市和农村按居民居住地区设立的居民委员会或者村民委员会是基层群众性自治组织。居民委员会、村民委员会的主任、副主任和委员由居民选举。居民委员会、村民委员会同基层政权的相互关系由法律规定。

居民委员会、村民委员会设人民调解、治安保卫、公共卫生等委员会,办理本居住地区的公共事务和公益事业,调解民间纠纷,协助维护社会治安,并且向人民政府反映群众的意见、要求和提出建议。

第六节 民族自治地方的自治机关

第一百一十二条 民族自治地方的自治机关是自治区、自治州、自治县的人民代表大会和人民政府。

第一百一十三条 自治区、自治州、自治县的人民代表大会中,除实行区域自治的民族的代表外,其他居住在本行政区域内的民族也应当有适当名额的代表。

自治区、自治州、自治县的人民代表大会常务委员会中应当有实行区域自治的民族的公民担任主任或者副主任。

第一百一十四条 自治区主席、自治州州长、自治县县长由实行区域自治的民族的公民担任。

第一百一十五条 自治区、自治州、自治县的自治机关行使宪法第三章第五节规定的地方国家机关的职权,同时依照宪法、民族区域自治法和其他法律规定的权限行使自治权,根据本地方实际情况贯彻执行国家的法律、政策。

第一百一十六条 民族自治地方的人民代表大会有权依照当地民族的政治、经济和文化的特点，制定自治条例和单行条例。自治区的自治条例和单行条例，报全国人民代表大会常务委员会批准后生效。自治州、自治县的自治条例和单行条例，报省或者自治区的人民代表大会常务委员会批准后生效，并报全国人民代表大会常务委员会备案。

第一百一十七条 民族自治地方的自治机关有管理地方财政的自治权。凡是依照国家财政体制属于民族自治地方的财政收入，都应当由民族自治地方的自治机关自主地安排使用。

第一百一十八条 民族自治地方的自治机关在国家计划的指导下，自主地安排和管理地方性的经济建设事业。

国家在民族自治地方开发资源、建设企业的时候，应当照顾民族自治地方的利益。

第一百一十九条 民族自治地方的自治机关自主地管理本地方的教育、科学、文化、卫生、体育事业，保护和整理民族的文化遗产，发展和繁荣民族文化。

第一百二十条 民族自治地方的自治机关依照国家的军事制度和当地的实际需要，经国务院批准，可以组织本地方维护社会治安的公安部队。

第一百二十一条 民族自治地方的自治机关在执行职务的时候，依照本民族自治地方自治条例的规定，使用当地通用的一种或者几种语言文字。

第一百二十二条 国家从财政、物资、技术等方面帮助各少数民族加速发展经济建设和文化建设事业。

国家帮助民族自治地方从当地民族中大量培养各级干部、各种专业人才和技术工人。

第七节　监察委员会

第一百二十三条　中华人民共和国各级监察委员会是国家的监察机关。

第一百二十四条　中华人民共和国设立国家监察委员会和地方各级监察委员会。

监察委员会由下列人员组成：

主任，

副主任若干人，

委员若干人。

监察委员会主任每届任期同本级人民代表大会每届任期相同。国家监察委员会主任连续任职不得超过两届。

监察委员会的组织和职权由法律规定。

第一百二十五条　中华人民共和国国家监察委员会是最高监察机关。

国家监察委员会领导地方各级监察委员会的工作，上级监察委员会领导下级监察委员会的工作。

第一百二十六条　国家监察委员会对全国人民代表大会和全国人民代表大会常务委员会负责。地方各级监察委员会对产生它的国家权力机关和上一级监察委员会负责。

第一百二十七条　监察委员会依照法律规定独立行使监察权，不受行政机关、社会团体和个人的干涉。

监察机关办理职务违法和职务犯罪案件，应当与审判机关、检察机关、执法部门互相配合，互相制约。

第八节　人民法院和人民检察院

第一百二十八条　中华人民共和国人民法院是国家的审判

机关。

第一百二十九条 中华人民共和国设立最高人民法院、地方各级人民法院和军事法院等专门人民法院。

最高人民法院院长每届任期同全国人民代表大会每届任期相同,连续任职不得超过两届。

人民法院的组织由法律规定。

第一百三十条 人民法院审理案件,除法律规定的特别情况外,一律公开进行。被告人有权获得辩护。

第一百三十一条 人民法院依照法律规定独立行使审判权,不受行政机关、社会团体和个人的干涉。

第一百三十二条 最高人民法院是最高审判机关。

最高人民法院监督地方各级人民法院和专门人民法院的审判工作,上级人民法院监督下级人民法院的审判工作。

第一百三十三条 最高人民法院对全国人民代表大会和全国人民代表大会常务委员会负责。地方各级人民法院对产生它的国家权力机关负责。

第一百三十四条 中华人民共和国人民检察院是国家的法律监督机关。

第一百三十五条 中华人民共和国设立最高人民检察院、地方各级人民检察院和军事检察院等专门人民检察院。

最高人民检察院检察长每届任期同全国人民代表大会每届任期相同,连续任职不得超过两届。

人民检察院的组织由法律规定。

第一百三十六条 人民检察院依照法律规定独立行使检察权,不受行政机关、社会团体和个人的干涉。

第一百三十七条 最高人民检察院是最高检察机关。

最高人民检察院领导地方各级人民检察院和专门人民检察

院的工作,上级人民检察院领导下级人民检察院的工作。

第一百三十八条 最高人民检察院对全国人民代表大会和全国人民代表大会常务委员会负责。地方各级人民检察院对产生它的国家权力机关和上级人民检察院负责。

第一百三十九条 各民族公民都有用本民族语言文字进行诉讼的权利。人民法院和人民检察院对于不通晓当地通用的语言文字的诉讼参与人,应当为他们翻译。

在少数民族聚居或者多民族共同居住的地区,应当用当地通用的语言进行审理;起诉书、判决书、布告和其他文书应当根据实际需要使用当地通用的一种或者几种文字。

第一百四十条 人民法院、人民检察院和公安机关办理刑事案件,应当分工负责,互相配合,互相制约,以保证准确有效地执行法律。

第四章 国旗、国歌、国徽、首都

第一百四十一条 中华人民共和国国旗是五星红旗。

中华人民共和国国歌是《义勇军进行曲》。

第一百四十二条 中华人民共和国国徽,中间是五星照耀下的天安门,周围是谷穗和齿轮。

第一百四十三条 中华人民共和国首都是北京。

专题解读

《中华人民共和国宪法》解读

（1982年12月4日第五届全国人民代表大会第五次会议通过　1982年12月4日全国人民代表大会公告公布施行

根据1988年4月12日第七届全国人民代表大会第一次会议通过的《中华人民共和国宪法修正案》、1993年3月29日第八届全国人民代表大会第一次会议通过的《中华人民共和国宪法修正案》、1999年3月15日第九届全国人民代表大会第二次会议通过的《中华人民共和国宪法修正案》、2004年3月14日第十届全国人民代表大会第二次会议通过的《中华人民共和国宪法修正案》和2018年3月11日第十三届全国人民代表大会第一次会议通过的《中华人民共和国宪法修正案》修正）

序　　言

概述

《宪法》在一国的法律体系中起着统帅作用，是国家的根本法。《宪法》就其他法律而言是母法，其他法律都是依据《宪法》而制定，由它派生而来。《宪法》序言一般位于《宪法》的总则之前，不属于《宪法》的正文，字数一般在几十字到上万字不等。就《宪法》序言所规定的内容而言，一般涉及该国的历史传统、革命史、制宪史、建国的基本原则、建国理念、国家信仰、建国目的、宪法地位等内容。需要特别指出的是,《宪法》序言的法律效力是不容置疑的,一则,《宪法》序言是《宪法》的有机组成部分,二则,《宪法》序言也含有宪法规范。我国现行《宪法》由5个部分组成。分别是"序言""总纲""公民的基本权利和义务""国家机构""国旗、国歌、国徽、首都"。其中序言部分有13个自然段,近1900字。

中国是世界上历史最悠久的国家之一。中国各族人民共同创造了光辉灿烂的文化,具有光荣的革命传统。

解读

本段的第一句话对华夏五千年的历史作出了一个简短的总结。1954年《宪法》没有该部分内容,直到1982年,制定《宪法》时考虑到历史的连贯性和辉煌灿烂中国传统文化对现代中国发展的贡献性,所以对中国历史作出了一个简明扼要的概括。

第二句话重点突出了在辉煌的历史进程中中国各族人民的参与性与贡献。"各族"人民是在全国人大民族委员会的建议下新增的。这样更加有利于提高各民族参与的自豪感,更有利于民族和谐。同时该句突出了中国人民是具有革命传统的。在古代中国,发生过无数次的农民战争以反对、推翻腐朽王朝的统治,虽然大多数革命没有改变社会的性质,仍局囿于旧的社会形态中,但正是这种革命和创造才推动了社会的不断进步,新中国的成立也得益于这种革命精神的驱动。

一八四〇年以后,封建的中国逐渐变成半殖民地、半封建的国家。中国人民为国家独立、民族解放和民主自由进行了前仆后继的英勇奋斗。

解读

本段在整个序言中起到启下的作用。第一句话指出了中国近代史的开端以及近代中国的社会形态。1840 年,英国向清政府发动了第一次鸦片战争,这个战争是中国历史的一个里程碑。中国闭关锁国的自然经济被英帝国坚船利炮裹挟的商品经济打开缺口。农耕文明落败于更为先进的工业文明。战败的结果是清政府被迫签订了不平等的中英《南京条约》。条约内容主要包括:割地(香港岛)、赔款、开五口岸通商并得在五口岸派驻领事、协定关税。1843 年签订的附件更是攫取了在中国设立租界和领事裁判权及片面最惠国的待遇,中国的领土完整和司法主权被严重侵害。封建社会的中国至此开始进入半殖民地、半封建的社会形态中。第一次鸦片战争之后,西方列强又对中国发动了一系列的殖民侵略战争,主要包括:第二次鸦片战争(1856—1860 年)、中法战争(1883—1885 年)、中日甲午战争(1894—1895 年)、八国联军侵华战争(1900—1901 年),丧权辱国,民不聊生!

第二句话概括出了近代中国面临的主要任务,即争取国家独立、民族解放并实现民主自由。为此,自 1840 年以来官方和民间进行了无数次的反侵略、反奴役的正义反抗。1841 年的广州三元里人民起义是中国近代史上中国人民第一次大规模的反侵略武装斗争,太平天国运动、义和团运动、五四爱国运动等都在一定程度上挫败了列强的侵略势头,但也付出了沉重的代价。

二十世纪,中国发生了翻天覆地的伟大历史变革。

解读

20 世纪的中国是一个风起云涌的时代。世纪之初的辛亥革命敲响了清朝覆灭的丧钟,完全的封建社会形态寿终正寝。新民主主义革命取得胜利,中华人民共和国成立,三大改造使中国走上社会主义道路再到改革开放,每一步无不是决定中国命运的关键一步。

一九一一年孙中山先生领导的辛亥革命，废除了封建帝制，创立了中华民国。但是，中国人民反对帝国主义和封建主义的历史任务还没有完成。

解读

第一句话指出，孙中山先生领导辛亥革命，推翻帝制，创立民国的丰功伟绩。孙中山先生（1866—1925 年）是中国近代民族民主主义革命的开拓者，伟大的资产阶级思想家。他少年时求学美国檀香山，归国后曾学医并悬壶济世。民生疾苦使他立下政治救国的宏愿。1894 年他写下《上李鸿章书》，建议清政府效仿西方资本主义制度，未果。同年再赴檀香山在一批革命志士的帮助下创立了兴中会，宗旨是"驱除鞑虏，恢复中华，创立合众政府"。1905 年，他在东京成立了近代中国第一个统一的资产阶级革命政党——中国同盟会，并提出"三民主义"即"民族、民权、民生"。民族主义即驱除鞑虏，恢复中华；民权主义即建立民国；民生主义即平均地权。

1911 年的武昌起义开启了辛亥革命，1912 年 1 月中华民国正式成立，各省代表推举孙中山为临时大总统。新生的民国政府派系林立，缺乏强有力的军事、经济等方面的支持。北洋重臣袁世凯（1859—1916 年）谋求复辟帝制，对南京临时政府威逼利诱，最终袁世凯如愿窃取大总统职位，以北京为首都建立了北洋政府。袁世凯倒行逆施，于 1915 年复辟帝制。其间孙中山发动"二次革命"反袁，但均以失败告终。

孙中山于 1919 年改组中华革命党为中国国民党，但此时的国民党仍是一个软弱的资产阶级政党。要想壮大革命队伍，就必须联合其他革命阶级。1923 年，在苏联和中国共产党的建议下，孙中山决定实行国共合作，形成合力，推动国民革命。1924 年 1 月中国国民党第一次全国代表大会的召开标志着第一次国共合作(1924—1927年)的正式建立。孙中山此时再次改组国民党,改组后的国民党变成一个工人、农民、小资产阶级、民族资产阶级四阶级联合的革命同盟。确定了"联俄、联共、扶助农工"三大政策。孙中山重释了三民主义,在民族主义中加入了反帝国主义侵略的要求;民权主义中强调国家政权为一般平民所共有;民生主义新增节制资本的要求,并提出耕者有其田的主张。1925年3月12日,孙中山在北京逝世。此时的中国仍四分五裂,军阀割据混战。

第二句话指出,虽然孙中山推翻了封建帝制、创建了资产阶级性质的中华民国,但此时的中国仍然是半殖民地半封建状态。从国家的政治地位来看,此时中国虽有自己的政府,但主权在很大程度上受到西方列强的干预。中华民国建立以后,不仅没有赶走列强,反而采取绥靖政策,承认列强与清政府签订的不平等条约,企图获得列强的支持。从社会经济结构上看,此时自然经济仍占据着主导地位,中国成为列强国家商品经济的原料产地和商品倾销地,民族资本主义受到打压,土地仍然为大地主所有,人民仍生活在封建社会的桎梏中,所以此时的中国仍处于半封建的状态。

一九四九年,以毛泽东主席为领袖的中国共产党领导中国各族人民,在经历了长期的艰难曲折的武装斗争和其他形式的斗争以后,终于推翻了帝国主义、封建主义和官僚资本主义的统治,取得了新民主主义革命的伟大胜利,建立了中华人民共和国。从此,中国人民掌握了国家的权力,成为国家的主人。

解读

新中国的成立标志着新民主主义革命(1919—1949年)的胜利。中国共产党及其创办的革命军队带领中国人民从星星之火,逐步发展成为燎原之势，最终夺取革命的胜利，这其中经历了无数次生死转折点。1921 年，中共一大代表在上海法租界开会期间险被逮捕；1927 年，第一次国共合作期间蒋介石制造了“四一二反革命政变”，大量共产党员和革命群众被屠杀，第一次国共合作由此失败。第一次国内革命战争失败后，毛泽东带领革命队伍开辟了井冈山等革命根据地，并总结出“农村包围城市，武装夺取政权”的正确斗争路线，革命形势一时转危为安。1933 年，王明的“左”倾冒险主义导致红军未能粉碎国民党的第五次军事“围剿”，被迫进行艰苦卓绝的两万五千里长征的战略转移。1935 年长征途中，中共中央召开遵义会议，确定了毛泽东在红军和党内的领导地位，中国革命从此有了强有力的正确领导。1936 年，红军三大主力会师，标志着长征的胜利结束。

1937 年“卢沟桥事变”标志着全民族抗战的开始。国共两党虽然政见不和，但在民族大义面前，第二次国共合作拉开序幕，组建了抗日民族统一战线。抗战胜利以后，1946 年 6 月 26 日，国民党反动派悍然撕毁停战协定和政协决议，大举进犯中原解放区，全面内战爆发。以毛泽东为首的中共中央制定正确的军事反击路线，最终取得内战的胜利。新生的人民政权不承认西方列强在中国的一切不平等条约，发扬愚公移山的精神，扫除各种社会流弊，“三座大山”终于被推翻，人民成为国家的主人。

总体来看，这一自然段，以历史事实的方式客观描述了为什么自 1840 年中国进入半殖民地半封建社会以来，经过一百多年的抗争，到了 1949 年，历史和人民选择了中国共产党来领导这个国家，也即证成了中国共产党对国家领导的历史正当性和政治正当性。

中华人民共和国成立以后，我国社会逐步实现了由新民主主

义到社会主义的过渡。生产资料私有制的社会主义改造已经完成,人剥削人的制度已经消灭,社会主义制度已经确立。工人阶级领导的、以工农联盟为基础的人民民主专政,实质上即无产阶级专政,得到巩固和发展。中国人民和中国人民解放军战胜了帝国主义、霸权主义的侵略、破坏和武装挑衅,维护了国家的独立和安全,增强了国防。经济建设取得了重大的成就,独立的、比较完整的社会主义工业体系已经基本形成,农业生产显著提高。教育、科学、文化等事业有了很大的发展,社会主义思想教育取得了明显的成效。广大人民的生活有了较大的改善。

解读

建国伊始,我国的国家性质尚不属于社会主义性质,而是新民主主义性质的社会形态,它是由旧民主主义向社会主义过渡的一个阶段。在这个阶段中仍存在着资产阶级性质的经济成分,生产资料私有制仍广泛存在。新中国成立后,我国用了3年时间进行经济恢复。在1952年年底,中共中央提出了“一化三改”的过渡时期的总路线。工业化要想实现,必然要实现对农业、手工业和资本主义工商业的社会主义改造。“三改”的目的是要改变生产关系,在农业和手工业行业实行合作化,对资本主义工商业进行和平赎买,转为公私合营和国营。1956年年底,三大改造基本完成,标志着我国进入社会主义阶段。

无产阶级专政是马克思主义强调的一项基本原则,人民民主专政是无产阶级专政中国化的产物。但二者又存在着细微的差别,二者对“人民”的范围界定不同。在无产阶级专政的条件下,人民不包括资产阶级,资产阶级是被专政的对象。但在人民民主专政的条件下,人民的范围包括小资产阶级和民族资产阶级在内,即使在资本主义工商业改造过程中,民族资产阶级仍属于人民范畴,这是由我国的具体的历史国情决定的。三大改造中通过对民族资本主义工商业进行改造,把民族资产阶级改造成自食其力的社会主义劳动者。而且人民的范围在新时代也在不断扩大。

新中国成立后,社会主义革命和建设取得了以下几个方面的成果。

第一,维护了国家安全,巩固了国家政权。建国之初,国内反革命的余毒尚未肃清,因此镇压反革命,剿灭土匪,解放民族边远地区等成为巩固国家政权的大事。在国际上,国外敌对势力不断对新中国进行经济封锁,政治渗透,武力威胁。中国人民和中国人民解放军不卑不亢,成功维护了国家安全,大大提高了国防能力。

第二,经济建设取得了重大的成就。经过战乱的新国家千疮百孔,民生凋敝。经过3年的经济恢复,国民经济得到根本的好转,工业生产已经超过了历史最高水平。通过"一五"计划,我国初步建立起了相对独立的工业体系。"三大改造"的完成更是极大地提高了人民群众的劳动热情。1956年,中共八大指出了社会的主要矛盾,并提出解决这个矛盾的办法是发展社会生产力,进行大规模的经济建设。1978年,中共十一届三中全会的召开对中国的政治、经济、文化进行拨乱反正,开创了社会主义现代化建设的新开端,自此之后,中国的经济建设日新月异。2010年,中国的经济总量超越日本,跃居世界第二。

第三,教科文事业有了很大的发展。一个国家的文化、科学事业乃至国家繁荣富强离不开教育事业的支持。建国后,我国形成了多层次的教育体系。1986年制定实施的《义务教育法》标志着我国进入九年义务教育的新阶段。2006年修订后的《义务教育法》明确规定,"国家将义务教育全面纳入财政保障范围",真正的九年义务教育在全国范围得到普及。社会主义思想理论有机地融入国民教育的体系中。

第四,广大人民的生活有了较大的改善。经济的发展带动物质的富足。特别是改革开放以后,人民的物质需求持续得到满足,城乡差距不断缩小。改革开放40多年的时间里,中国完成了7亿多人口脱贫的壮举,成果举世瞩目。

中国新民主主义革命的胜利和社会主义事业的成就,是中国共产党领导中国各族人民,在马克思列宁主义、毛泽东思想的指引下,坚持真理,修正错误,战胜许多艰难险阻而取得的。我国将长期处于社会主义初级阶段。国家的根本任务是,沿着中国特色社会主义道路,集中力量进行社会主义现代化建设。中国各族人民将继续在中国共产党领导下,在马克思列宁主义、毛泽东思想、邓小平理论、"三个代表"重要思想、科学发展观、习近平新时代中国特色社会主义思想指引下,坚持人民民主专政,坚持社会主义道路,坚持改革开放,不断完善社会主义的各项制度,发展社会主义市场经济,发展社会主义民主,健全社会主义法治,贯彻新发展理念,自力更生,艰苦奋斗,逐步实现工业、农业、国防和科学技术的现代化,推动物质文明、政治文明、精神文明、社会文明、生态文明协调发展,把我国建设成为富强民主文明和谐美丽的社会主义现代化强国,实现中华民族伟大复兴。

解读

该段是1982年《宪法》序言的核心部分,也是历次《宪法》修正最频繁的部分。

第一句话指出,中国共产党带领中国各族人民在马克思列宁主义、毛泽东思想的指引下取得了新民主主义革命的胜利,建立了新中国,开创了社会主义事业。坚持真理是共产党人的一贯作风,面对错误及时修正。八七会议批评和修正了右倾机会主义错误,遵义会议的召开结束了"左"倾错误在党中央的统治,延安整风使全党确立了实事求是的辩证唯物主义思想路线。十一届三中全会确立了解放思想,实事求是的思想路线,否定了"两个凡是"的错误方针,果断地停止使用"以阶级斗争为纲"的口号,全面清理建国以来,特别是纠正"文化大革命"给国家和社会带来的错误影响。

第二句话指出了我国社会主义长期处于初级阶段的历史方位。党的十三大提出了"社会主义初级阶段"的历史定论。"社会主义初级阶段"的论断有以下两层含义:(1)我国社会已经是社会主义社会,我们必须坚持而不能离开社会主义;(2)我国的社会主义社会还处在初级阶段,我们必须从这个实际出发,而不能超越这个阶段。社会主义初级阶段理论是建设中国特色社会主义的理论基础。1993年《宪法修正案》在序言部分加入"我国正处于社会主义初级阶段"的表述。1999年《宪法修正案》将"正处于"改为"将长期处于"。说明我们对社会主义初级阶段的建设规律有了更科学的认识。

第三句话指出了国家的根本任务是,沿着中国特色社会主义道路,集中力量进行社会主义现代化建设。自1954年第一届全国人民代表大会第一次明确提出要实现工业、农业、交通运输业和国防的四个现代化开始,现代化建设就成为我国孜孜不倦追求的发展目标。1993年《宪法修正案》更是将它上升为国家根本任务的高度。

第四句话主要讲党和国家发展需要遵循的理论思想、基本原则及国家的历史任务。

1997年,党的十五大正式提出"邓小平理论"。1999年,"邓小平理论"被写入《宪法》。它是马克思主义中国化的一大理论成果,深刻地回答了"什么是社会主义和怎样建设社会主义"这一根本问题,深刻地揭示了社会主义的本质,把对社会主义的认识提高到新的科学水平。

2000年,江泽民同志在广东省考察工作时,首次对“三个代表”重要思想进行了比较全面的阐述。2002年,党的十六大将其正式确定为全党的指导思想。“三个代表”重要思想系统回答了“建设一个什么样的党,怎样建设党”这一命题,并指出中国共产党要“代表中国先进生产力的发展要求,代表中国先进文化的前进方向,代表中国最广大人民的根本利益”。2004年《宪法修正案》将其写入《宪法》,上升为国家指导思想。

党的十六大以来,胡锦涛同志在立足初级阶段的基本国情的基础上,总结、借鉴中外发展经验,正式提出“科学发展观”重要思想。科学发展观的第一要义是发展,核心是以人为本,基本要求是全面协调可持续,根本方法是统筹兼顾。科学发展观进一步回答了“实现什么样的发展,怎样发展”等重大问题,是社会主义市场经济条件下,中国共产党对经济社会发展规律认识所达到的新高度。党的十八大把科学发展观列入党的指导思想,2018年《宪法修正案》正式把科学发展观列入国家的指导思想。

2017年10月召开的党的十九大上,习近平同志首次提出“新时代中国特色社会主义思想”。明确提出,中国特色社会主义进入了新时代,这是我国发展新的历史方位。

党的十八大以来,国内外形势的变化和我国各项事业发展都给我们提出了一个重大的时代课题,这就是必须回答“新时代坚持和发展什么样的中国特色社会主义,怎样坚持和发展中国特色社会主义”等系列问题。

党的十九大报告提出,新时代中国特色社会主义思想,明确坚持和发展中国特色社会主义,总任务是实现社会主义现代化和中华民族伟大复兴,在全面建成小康社会的基础上,分两步走在

21世纪中叶建成富强民主文明和谐美丽的社会主义现代化强国;明确新时代我国社会主要矛盾是人民日益增长的美好生活需要和不平衡不充分的发展之间的矛盾,必须坚持以人民为中心的发展思想,不断促进人的全面发展、全体人民共同富裕;明确中国特色社会主义事业总体布局是"五位一体"、战略布局是"四个全面",强调坚定道路自信、理论自信、制度自信、文化自信;明确全面深化改革总目标是完善和发展中国特色社会主义制度、推进国家治理体系和治理能力现代化;明确全面推进依法治国总目标是建设中国特色社会主义法治体系、建设社会主义法治国家;明确党在新时代的强军目标是建设一支听党指挥、能打胜仗、作风优良的人民军队,把人民军队建设成为世界一流军队;明确中国特色大国外交要推动构建新型国际关系,推动构建人类命运共同体;明确中国特色社会主义最本质的特征是中国共产党领导,中国特色社会主义制度的最大优势是中国共产党领导,党是最高政治领导力量,提出新时代党的建设总要求,突出政治建设在党的建设中的重要地位。

党的十九大报告还提出了坚持和发展新时代中国特色社会主义的基本方略:(1)坚持党对一切工作的领导。(2)坚持以人民为中心。(3)坚持全面深化改革。(4)坚持新发展理念。(5)坚持人民当家作主。(6)坚持全面依法治国。(7)坚持社会主义核心价值体系。(8)坚持在发展中保障和改善民生。(9)坚持人与自然和谐共生。(10)坚持总体国家安全观。(11)坚持党对人民军队的绝对领导。(12)坚持"一国两制"和推进祖国统一。(13)坚持推动构建人类命运共同体。(14)坚持全面从严治党。

2017年10月24日,习近平新时代中国特色社会主义思想被写入党章,2018年写入《宪法》,将其上升为指导国家发展的战略思想,体现了宪法在国家建设与发展中所发挥的举旗定向的功能。

2018年《宪法修正案》将序言中的“法制”改为“法治”。2014年10月,中共十八届四中全会召开,首次以全会的形式专题研究部署全面推进依法治国的重大问题,会议通过了《中共中央关于全面推进依法治国若干重大问题的决定》。全面推进依法治国的总目标是建设中国特色社会主义法治体系,建设社会主义法治国家。1999年《宪法修正案》在《宪法》第五条新增“中华人民共和国实行依法治国,建设社会主义法治国家”。2018年《宪法修正案》将序言中的“法制”改为“法治”也是为了与该条款相呼应。

2017年10月召开的中共十八届五中全会强调,实现“十三五”时期发展目标,破解发展难题,厚植发展优势,必须牢固树立并切实贯彻创新、协调、绿色、开放、共享的发展理念。新发展理念集中反映了中国共产党对经济社会发展规律认识的深化,是针对我国经济发展进入新常态、世界经济复苏低迷形势提出的治本之策。2018年《宪法修正案》将“贯彻新发展理念”写入《宪法》序言。

党的十八大报告对推进中国特色社会主义事业作出了“五位一体”的总体布局。即要实现经济建设、政治建设、文化建设、社会建设、生态文明建设的协调建设。“五位一体”的建设理念落到实处会促进五种文明形态的形成。即物质文明、政治文明、精神文明、社会文明、生态文明。2018年《宪法修正案》新增“社会文明、生态文明”。将五大文明及其相互关系写入《宪法》,就是要把它们作为国家总的发展任务确定下来。

2018年《宪法修正案》将序言中的“把我国建设成为富强、民主、文明的社会主义国家”修改为“把我国建设成为富强民主文明和谐美丽的社会主义现代化强国,实现中华民族伟大复兴”。党的十八大提出24字社会主义核心价值观,其中把对社会主义现代化国家的建设目标概括成“富强、民主、文明、和谐”。党的十八大报告首提建设“美丽中国”的宏伟目标,这一目标的确立是基于当代中国面临日趋严峻的生态环境压力和资源紧缺形势所做的战略选择。党的十九大报告专门提出要“加快生态文明体制改革,建设美丽中国”足以见得生态文明建设的重要性。生态文明是中华民族永续发展的千年大计。我们所要建设的社会主义国家,是要实现富强、民主、文明、和谐、美丽五种发展愿望协调发展的强国,是实现中华民族伟大复兴的强国。

在我国,剥削阶级作为阶级已经消灭,但是阶级斗争还将在一定范围内长期存在。中国人民对敌视和破坏我国社会主义制度的国内外的敌对势力和敌对分子,必须进行斗争。

解读

第一句强调剥削阶级虽然已经消灭,但阶级斗争仍在一定范围内长期存在。这一句的提出也与我国改革开放的时代背景有很大关系。虽然我们已经把工作重心转移到了经济建设上来,但把“阶级斗争还将在一定范围内长期存在”写入《宪法》以警示人们仍具有现实意义。

第二句是对第一句中阶级斗争会在一定范围内长期存在的原因的解释。当今世界并不太平,国际局势暗流涌动。为了保证国家的长治久安,人民的幸福生活,必须提高主权意识和政治意识。2014 年 4 月,习近平主席主持召开中央国家安全委员会第一会议时提出,坚持总体国家安全观,走中国特色国家安全道路。总体国家安全观就包括政治安全、社会安全等内容。

台湾是中华人民共和国的神圣领土的一部分。完成统一祖国的大业是包括台湾同胞在内的全中国人民的神圣职责。

解读

本段主要是对台湾是我国固有领土的宣誓，指出完成祖国统一是两岸人民共有的历史使命和神圣职责。这是台湾问题的宪法依据。

第一句话明确表达了广大人民对于台湾的态度，也暗含了对统一祖国的坚定信心和热切渴望。

第二句话用神圣职责来表达统一祖国这一任务，进一步明示这一任务的重要性、光荣性和艰巨性，这一任务是值得每一个中华儿女为之终生奋斗的目标。

社会主义的建设事业必须依靠工人、农民和知识分子，团结一切可以团结的力量。在长期的革命、建设、改革过程中，已经结成由中国共产党领导的，有各民主党派和各人民团体参加的，包括全体社会主义劳动者、社会主义事业的建设者、拥护社会主义的爱国者、拥护祖国统一和致力于中华民族伟大复兴的爱国者的广泛的爱国统一战线，这个统一战线将继续巩固和发展。中国人民政治协商会议是有广泛代表性的统一战线组织，过去发挥了重要的历史作用，今后在国家政治生活、社会生活和对外友好活动中，在进行社会主义现代化建设、维护国家的统一和团结的斗争中，将进一步发挥它的重要作用。中国共产党领导的多党合作和政治协商制度将长期存在和发展。

解读

本段是对中国共产党领导的多党合作和政治协商制度的宪法表达。

第一句话总括了爱国统一战线需要依靠和团结的力量，即团结包括工人、农民、知识分子在内的一切可以团结的力量。

第二句话具体说明了爱国统一战线的属性与内容。2018 年《宪法修正案》在“在长期的革命、建设”之后增加“改革”。说明了爱国统一战线不仅要在革命和建设社会主义过程中发挥作用，还应该在改革的进程中继续发挥作用。革命、建设、改革是发展社会主义的承前启后的三个环节。

1948 年 4 月 30 日，中共中央提出召开新的政治协商会议，成立民主联合政府的号召，得到社会各界的积极响应。1949 年 9 月 21 日，全国政协第一届全体会议在北平隆重举行。1949 年到 1954 年 9 月，全国政协一直发挥着全国人大的作用。政协是中国共产党领导的多党合作和政治协商的重要机构，各民主党派、无党派和人民团体是最主要的参与者。社会主义事业的建设者根据党的十六大报告可以得知，主要指在社会变革中出现的新的社会阶层。所谓新的阶层包括民营科技企业的创业人员、技术人员、受聘于外资企业的管理人员、个体户、私营企业主、自由职业人员等。2018 年《宪法修正案》在拥护社会主义的爱国者、拥护祖国统一的爱国者这类群体之后新加入“致力于中华民族伟大复兴的爱国者”这一群体，主要考虑到在新时代，实现中华民族伟大复兴中国梦已经成为团结海内外中华儿女的最大公约数。实现中国梦，需要团结、凝聚更多的爱国者群体。拥护社会主义的爱国者主要指无党派民主人士、少数民族人士及宗教界人士。拥护祖国统一的爱国者主要指港澳台同胞和海外侨胞。

第三句话主要指出了中国人民政治协商会议的地位和作用。它是有广泛代表性的统一战线组织。政协不是国家机关，这是国家对它的定位。它主要发挥着政治协商、民主监督、参政议政、统一战线、促进中外交流等作用。

第四句话指出，中国共产党领导的多党合作和政治协商制度将长期存在和发展。1982 年《宪法》之前的历部宪法，均没有将政协制度写入宪法。政协制度是我国政治生活中不可缺少的一部分,为体现宪法的政治属性,1982年《宪法》在制定时加入了政协制度的相关内容。1993年《宪法修正案》又加入了“中国共产党领导的多党合作和政治协商制度将长期存在和发展”的表述。说明了政协制度是会长期存在且不断完善和发展的制度。

中华人民共和国是全国各族人民共同缔造的统一的多民族国家。平等团结互助和谐的社会主义民族关系已经确立,并将继续加强。在维护民族团结的斗争中,要反对大民族主义,主要是大汉族主义,也要反对地方民族主义。国家尽一切努力,促进全国各民族的共同繁荣。

解读

我国是一个统一的多民族国家。平等、团结、互助是我国处理民族关系的一贯方针。2018年《宪法修正案》在“平等、团结、互助”之后加入“和谐”。和谐的民族关系是和谐社会在民族关系方面的体现。

巩固和发展平等、团结、互助、和谐的社会主义民族关系是党的十八大以来习近平同志为核心的党中央反复强调的一个重要思想,这样有利于铸牢中华民族共同体意识,各民族同舟共济,共同实现伟大复兴中国梦。在现阶段的民族关系中,要旗帜鲜明地反对大民族主义,尤其是地方民族主义。

由于地理区位和历史等原因,少数民族地区多为欠发达地区。国家在产业扶持和精准扶贫等政策制定上应多向贫困地区倾斜。尽最大可能在脱贫攻坚和实现中华民族伟大复兴的过程中使每一个民族都不掉队,促进各民族的共同繁荣。

中国革命、建设、改革的成就是同世界人民的支持分不开的。

中国的前途是同世界的前途紧密地联系在一起的。中国坚持独立自主的对外政策,坚持互相尊重主权和领土完整、互不侵犯、互不干涉内政、平等互利、和平共处的五项原则,坚持和平发展道路,坚持互利共赢开放战略,发展同各国的外交关系和经济、文化交流,推动构建人类命运共同体;坚持反对帝国主义、霸权主义、殖民主义,加强同世界各国人民的团结,支持被压迫民族和发展中国家争取和维护民族独立、发展民族经济的正义斗争,为维护世界和平和促进人类进步事业而努力。

解读

本段主要阐述了我国的外交政策。

良好的外部环境是一个国家发展必不可少的条件。中国的革命和建设离不开世界人民的支持。特别是1971年10月25日,中国恢复在联合国的合法席位更是离不开广大亚非拉热爱和平国家的支持。毛泽东同志于1949年便提出“另起炉灶”“打扫干净屋子再请客”的外交主张。奉行独立自主的外交政策可以说是毛泽东外交思想的核心内容。1955年,中国政府在万隆会议上正式提出和平共处五项原则,受到国际社会的广泛赞誉,现在它已经成为一项普遍的国际交往准则。

2012年,党的十八大报告首提人类命运共同体概念。党的十九大报告中再次提出要坚持和平发展道路,推动构建人类命运共同体。2018年《宪法修正案》在序言部分加入“坚持和平发展道路,坚持互利共赢开放战略……推动构建人类命运共同体”的表述,作出这样的修改有利于正确把握国际形势的深刻变化,顺应和平、发展、合作、共赢的时代潮流,统筹国内国际两个大局、统筹发展与安全两件大事,为我国发展拓展广阔的空间、营造良好的外部环境,为维护世界和平、促进共同发展作出更大贡献。

本宪法以法律的形式确认了中国各族人民奋斗的成果,规定了国家的根本制度和根本任务,是国家的根本法,具有最高的法律效力。全国各族人民、一切国家机关和武装力量、各政党和各社会团体、各企业事业组织,都必须以宪法为根本的活动准则,并且负有维护宪法尊严、保证宪法实施的职责。

解读

本段主要阐明《宪法》的根本法地位和最高法律效力。

《宪法》是国家的根本法,它以法律的形式确认一个国家革命胜利的成果,是治国理政的总章程。所以,该国之内的个人、组织、团体、机关、政党等一切社会主体都要以《宪法》为根本的活动准则。

宪法的生命在于实施。中共十八届四中全会强调,坚持依法治国首先要坚持依宪治国。树立宪法权威是坚持依宪治国的前提。健全和完善宪法实施机制是树立宪法权威的必由之路。

第一章　总　　纲

概述

总纲是《宪法》正文中规定国家和社会基本制度与基本政策的一部分内容,虽然世界各国的表述不一,但大都对国家和社会的基本原则作出相应规定。总纲内容具有原则性、概括性、纲领性等特点,在一国宪法文本中具有重要地位。我国从第一部宪法制定之时总纲已有规定,目前《宪法》总纲主要包括以下几个方面:第一,规定了我国的国体和政体。第二,规定了我国社会制度的基本原则。第三,规定了我国的基本政治制度以及基本经济制度。第四,规定了我国的文化政策以及社会保障制度。第五,规定了其他有关的国家原则和基本政策。

第一条　【国体】[①]中华人民共和国是工人阶级领导的、以工农联盟为基础的人民民主专政的社会主义国家。

社会主义制度是中华人民共和国的根本制度。中国共产党领导是中国特色社会主义最本质的特征。禁止任何组织或者个人破坏社会主义制度。

解读

本条是对国家的政治属性的规定。

本条第一款指出了我国的国体,又称国家性质。它是整个国家制度的核心,规定国家性质是《宪法》的重要内容。从阶级属性来讲,国体主要包括两个方面:一是哪个阶级在国家中处于统治地位;二是统治阶级内部哪个阶级处于领导或主导地位。《宪法》规定我国是社会主义国家,注意以下几个定语:(1)工人阶级领导的。这就是说,工人阶级在我国处于统治地位。工人阶级不仅大公无私、卓识远见,而且最突出的特点——革命的彻底性、严密的组织性和纪律性使他们领导中国人民推翻三座大山,也是实现中华民族伟大复兴的主力军。(2)以工农联盟为基础的。我国农民人口占绝大多数,农民问题始终是中国发展的重要问题。工人阶级是我国的领导阶级,但是仅仅依靠工人阶级的力量是不够的。工人阶级联合农民阶级,才是我国国家政权的基础。从某种意义上讲,工人阶级与农民阶级的利益是一致的。农民阶级认为工人阶级是他们的利益代表,工人阶级也觉得农民阶级是他们的天然盟友,二者的联合是我国革命和建设的经验总结。(3)人民民主专政的。人民民主专政其实就是指无产阶级专政。列宁曾指出,从资本主义过渡到共产主义必然会出现各种政治形式,但本质的

---

① 条文主旨为编者所加,仅供参考。

只有无产阶级专政。人民民主专政包括民主和专政两个含义。经过漫长的革命和建设道路,我国的国家政权积累了广泛的群众基础,其中无产阶级最能代表广大人民群众的利益。《宪法》这样规定完全结合了国情,而且是民心所向。

本条第二款规定了两个根本,即根本制度以及根本特征。(1)社会主义制度。"社会主义"的理论发展经过了几个阶段,我们现在所主张的"社会主义",是指马克思主义的科学社会主义,它并非一个孤立的概念,包含着从经济制度到政治制度、法律制度、文化制度等在内的一系列制度构成的体系。本条所规定的"社会主义制度"是从国家性质角度讲的,即政治上实行人民民主专政、经济上是以公有制为基础的市场经济以及其他不断发展的中国特色的新制度。(2)中国共产党领导是中国特色社会主义最本质的特征。这是2018年《宪法修正案》新增加的内容。中国共产党是中国人民利益的代表者,在革命、建设和改革的过程中带领中国人民奋力前行,受到了中国人民长久的拥护和爱戴。将其写入总纲中,不仅是对中国共产党执政正当性及能力的直接明确肯定,也彰显了共产党在中国特色社会主义道路中的不可或缺性。(3)禁止任何组织或者个人破坏社会主义制度。社会主义制度自建立以来,也出现过一些怀疑以及反对思潮,但社会主义制度始终是我国的根本制度。我们要坚决捍卫这一制度并对破坏的行为处以严厉打击。

第二条　【政体】中华人民共和国的一切权力属于人民。

人民行使国家权力的机关是全国人民代表大会和地方各级人民代表大会。

人民依照法律规定,通过各种途径和形式,管理国家事务,管理经济和文化事业,管理社会事务。

解读

本条是对我国国家政体以及政权组织形式的规定。

国体决定政体。我国的国家性质决定了一切权力属于人民。这是我国贯彻“人民主权”原则的体现。权力主要是指社会政治生活中的一种支配力,它通常产生于公共组织对于其他组织和个人之间。因此我们可以说,这里的权力是一种公共的权力,又称国家权力。在我国,人民是国家的主人,有权管理国家各项事务。

本条第二款规定了政体,人民行使国家权力的机关是全国人民代表大会和地方各级人民代表大会。在我国,人民当家作主,但是人民也必须通过选举方式产生人民代表,并通过全国人民代表大会和地方各级人民代表大会实现自己的政治主张。因此,人民代表大会制度是我国的根本政治制度,是我国人民行使国家权力的重要途径和最高实现方式。人民代表大会制度最符合我国国情,也最能发挥中央和地方权力的协调统一。总之,人民代表大会制度是坚持党的领导、人民当家作主、依法治国有机统一的根本政治制度安排,必须长期坚持,不断完善。

本条第三款是对我国民主政治实现方式的其他补充规定。人民除了通过人民代表大会制度参与我国事务管理外,还可以通过多党合作与政治协商制度这一新型政党制度体现我国的政治民主性。还可以通过言论、出版、集会、结社等方式表达政治主张。基层群众自治制度也为人民群众的发声提供了载体。总之,我国人民参与国家事务有各种各样的途径,《宪法》这样规定也体现了极大的包容性。

第三条　【民主集中制原则】中华人民共和国的国家机构实行民主集中制的原则。

全国人民代表大会和地方各级人民代表大会都由民主选举

产生,对人民负责,受人民监督。

国家行政机关、监察机关、审判机关、检察机关都由人民代表大会产生,对它负责,受它监督。

中央和地方的国家机构职权的划分,遵循在中央的统一领导下,充分发挥地方的主动性、积极性的原则。

解读

本条规定了国家机构的组织原则以及这一原则的具体内容。

本条第一款指出,我国的国家机构,即权力机关、审判机关、检察机关以及监察机关都要遵循民主集中制原则。民主集中制是在民主基础上的集中和在集中指导下的民主相结合的制度。民主集中制是社会主义国家政权组织形式的主要特征。民主集中制存在于整个国家的政权体系之中,要理解其具体含义,不能机械地把它套用到具体的每个国家机关以及国家机关的具体活动里。

本条第二款是我国民主集中制原则的内容之一,即权力机关由民主选举产生,对人民负责,受人民监督。(1)民主选举。是指我国权力机关的产生方式,全国人民代表大会以及地方各级人民代表大会工作严格按照选举法进行。选举制度是我国"一切权力属于人民"的重要体现,彰显了我国社会主义制度的优越性,是我国人民代表大会制度的重要支撑。(2)对人民负责,受人民监督。这里主要包括两层含义:大会对人民负责,大会所作的一切决定都要以人民的利益为先;人大代表要对人民负责,代表如果出现不称职或违法犯罪的行为,人民享有罢免权,这就是一种监督。

本条第三款是2018年《宪法修正案》修改的条款,其中在国家机构中增加了"监察机关",应该从国家政治发展的高度深刻认识监察机关的重要作用,该款规定集中体现了人大与"一府一委两院"的关系。人民代表大会是我国的最高权力机关,由它产生的其他国家机关,包括监察机关都要服从于权力机关的领导,对人大负责。

本条第四款是我国中央与地方职权划分的规定。我国实行单一制的国家结构形式。但我国幅员辽阔,人口众多,地方差异较大,因此要因地制宜,在中央的领导下充分发挥地方的主动性与积极性。中央的领导体现在立法、司法、行政等各个方面,最高权力绝对不容动摇,但近些年中央也给予地方较大的鼓励,如设区的市在一定条件下享有立法权,这都是我国贯彻中央和地方协调关系的有力举措。

第四条　【民族政策】中华人民共和国各民族一律平等。国家保障各少数民族的合法的权利和利益,维护和发展各民族的平等团结互助和谐关系。禁止对任何民族的歧视和压迫,禁止破坏民族团结和制造民族分裂的行为。

国家根据各少数民族的特点和需要,帮助各少数民族地区加速经济和文化的发展。

各少数民族聚居的地方实行区域自治,设立自治机关,行使自治权。各民族自治地方都是中华人民共和国不可分离的部分。

各民族都有使用和发展自己的语言文字的自由,都有保持或者改革自己的风俗习惯的自由。

解读

本条是对我国民族政策以及民族区域自治制度的规定。

本条第一款是我国对待民族问题的基本方针和路线。(1)各民族一律平等。民族平等是我国解决民族问题的一项重要原则。平等是处理其他民族关系的前提,民族平等更有利于民族团结。(2)国家保障各少数民族的合法的权利和利益,维护和发展各民族的平等团结互助和谐关系。其中,“和谐”是2018年《宪法修正案》新增加的内容,体现了我国对民族问题的重视以及新的民族关系理念。我国保证各少数民族合法权益的规定多体现在《民族区域自治法》之中。为了保障平等团结互助和谐的民族关系,《宪法》还明确规定禁止对任何民族进行歧视和压迫,禁止破坏民族团结和制造民族分裂的行为。一旦有相关行为出现,我国将予以严厉打击。

本条第二款是我国对各少数民族的帮扶政策。我国是一个多民族国家,各民族的经济发展状况有很大的差别。为了维护民族平等,促进各民族团结,我国实行民族互助政策。即国家从财政、物资、技术等方面给予少数民族优惠措施,帮助其经济发展,促进其文化繁荣。

本条第三款规定了民族区域自治制度。民族区域自治是民族自治和区域自治的联合,它以少数民族聚居为基础而设立,民族自治地方主要有自治区、自治州、自治县。民族自治地方的人民代表大会和人民政府是民族自治机关。他们享有民族自治权,自主地管理本地方本民族的内部事务。

本条第四款是对少数民族语言文字、风俗习惯的尊重和保护。民族语言是该民族文明的反映和记载。保护民族语言是坚持民族平等性和保持民族多样性的要求。在民族地区或少数民族聚居地区,使用民族语言也是完全合理的,《民族区域自治法》明确规定:招收少数民族学生为主的学校(班级)和其他教育机构,有条件的应当采用少数民族文字的课本,并用少数民族语言讲课。

第五条　【法治原则】中华人民共和国实行依法治国,建设社会主义法治国家。

国家维护社会主义法制的统一和尊严。

一切法律、行政法规和地方性法规都不得同宪法相抵触。

一切国家机关和武装力量、各政党和各社会团体、各企业事业组织都必须遵守宪法和法律。一切违反宪法和法律的行为，必须予以追究。

任何组织或者个人都不得有超越宪法和法律的特权。

解读

本条是对中国社会主义法治原则的具体规定。全面推进依法治国是实现国家治理体系和治理能力现代化的必由之路。坚持依法治国首先要坚持依宪治国。新时代对法治建设有新的要求。

本条第一款规定了我国的法治原则。“法治”即“法的统治”，是与人治相对立的一个概念，它的基本含义可以从三个方面理解：第一，从思想理念上的角度看，法治是一种观念或意识，是国家、民族和公民个人信仰法律、视法律为社会最高权威的理念。第二，从制度体系的角度看，法治应该具有健全的法律制度和完善的法律运作机制。第三，从法律的运作实施角度看，法治一方面是指国家机关以及官员的权力来自法律，受法律约束，只能依法行使，不得滥用特权。另一方面又指公民在法律面前人人平等。我国实行依法治国，核心就是依宪治国。“社会主义法治国家”是社会主义国家普遍的法治目标及状态，更是属于我国法治及其发展的特有描述。

本条第二款确立了国家维护社会主义法制统一和法律权威的基本原则。根据《立法法》的规定，我国的法律体系有严格的位阶，首先宪法是国家的根本法，位于最高位，法律次之，行政法规再次之，地方性法规又高于本级和下级的地方政府规章。维护法制统一就是维护我国的法律体系秩序，任何下位法都不得与上位法相抵触。

本条第三款、第四款以及第五款共同确定了宪法的最高法律地位。宪法效力具有最高性：一切法律、行政法规和地方性法规都要服从于宪法，任何违背宪法的法律法规无效。宪法同时也是一切组织和个人活动的根本准则，任何行为都不得与宪法相抵触：一切国家机关和武装力量、各政党和各社会团体、各企业事业组织都必须遵守宪法和法律。一切违反宪法和法律的行为，必须予以追究。任何组织或者个人都不得有超越宪法和法律的特权。

第六条 【经济制度与分配制度】中华人民共和国的社会主义经济制度的基础是生产资料的社会主义公有制，即全民所有制和劳动群众集体所有制。社会主义公有制消灭人剥削人的制度，实行各尽所能、按劳分配的原则。

国家在社会主义初级阶段，坚持公有制为主体、多种所有制经济共同发展的基本经济制度，坚持按劳分配为主体、多种分配方式并存的分配制度。

解读

本条是对我国基本经济制度和分配制度的规定。

本条第一款规定我国经济制度的基础以及分配制度。我国实行生产资料的社会主义公有制，包括全民所有制和劳动群众集体所有制。(1)全民所有制是指社会主义国家代表全体人民占有生产资料的一种所有制形式。我国的社会主义性质决定了我国的经济制度是全民所有制。劳动群众集体所有制也是一种所有制形式，意在鼓励劳动群众创造更多财富。(2)按劳分配是我国的分配制度基础，全体劳动人民各尽其能，多劳多得，不劳不得，体现了社会主义国家的公平正义。

本条第二款是对我国基本经济制度的规定。目前我国经济高速发展，人民生活迈入新时代，但处于社会主义初级阶段的基本国情依然没有改变，除了公有制为主体外，我国还鼓励多种所有制如个体经济、私营经济等非公有制经济发展，我国的分配制度也允许资本、技术等生产要素参与分配。

第七条 【全民所有制经济】国有经济，即社会主义全民所有制经济，是国民经济中的主导力量。国家保障国有经济的巩固和发展。

解读

本条规定了国有经济的性质和地位以及国家对其的基本方针政策。

全民所有制就是国有经济，国家是生产资料的占有者，换句话说人民是生产资料的主人。但是谁能代表人民？只有人民代表大会。因此，政府是受人民代表大会的委托，对国有资产享有管理权，国有企业享有的则是使用权。国有经济是国民经济中的主导力量。这表明国有经济在我国经济建设中起着统领全局、推动全局发展的重要作用。是我国的经济命脉，在国民经济中具有决定性。国家保障国有经济的巩固和发展。国有经济是我国的经济支撑，我国需采取一定措施来巩固其地位、促进其发展。

第八条 【集体所有制经济】农村集体经济组织实行家庭承包经营为基础、统分结合的双层经营体制。农村中的生产、供销、信用、消费等各种形式的合作经济，是社会主义劳动群众集体所有制经济。参加农村集体经济组织的劳动者，有权在法律规定的范围内经营自留地、自留山、家庭副业和饲养自留畜。

城镇中的手工业、工业、建筑业、运输业、商业、服务业等行业的各种形式的合作经济，都是社会主义劳动群众集体所有制经济。

国家保护城乡集体经济组织的合法的权利和利益，鼓励、指导和帮助集体经济的发展。

解读

本条是对我国城乡集体经济以及国家的指导方针的规定。

本条第一款规定了农村的生产经营模式。农村集体经济组织实行家庭承包经营为基础、统分结合的双层经营体制。家庭承包经营是农村合作经济的主要形式,它是指集体组织签订承包合同将土地使用权转让给农户,所得收益全部归农民所有。统分结合的"统"是指集体统一经营,"分"是指家庭承包。除此以外,农村还存在着生产、供销、信用、消费等各种形式的合作经济,它们和家庭承包经营一样是农村的主要经济形式。

本条第二款规定了城市的合作经济模式。城镇中的手工业、工业、建筑业、运输业、商业、服务业等行业的各种形式的合作经济,都是社会主义劳动群众集体所有制经济。

本条第三款是国家对城乡集体经济组织的指导方针。国家保护其合法的权利和利益,鼓励、指导和帮助集体经济的发展。一直以来国家都通过一些法律法规和相关政策给予城乡集体经济组织一定的帮助,这不仅有利于实现共同富裕,更有益于我国多种经济形式的发展。

第九条　【自然资源的归属与利用】矿藏、水流、森林、山岭、草原、荒地、滩涂等自然资源,都属于国家所有,即全民所有;由法律规定属于集体所有的森林和山岭、草原、荒地、滩涂除外。

国家保障自然资源的合理利用,保护珍贵的动物和植物。禁止任何组织或者个人用任何手段侵占或者破坏自然资源。

解读

本条属于宪法上的环境条款,主要规定了自然资源的国家与集体所有和合理使用。

本条第一款规定了自然资源的所有权。所谓自然资源,是指当前或可预见的将来能被利用的自然物质和自然力(能量),如土地、水、空气、生物、能量和矿物等。国家对矿藏、水流、森林、山岭、草原、荒地、滩涂等自然资源拥有所有权,即可以对其占有、使用、收益和处分。但是由法律规定属于集体所有的森林和山岭、草原、荒地、滩涂不在国家所有之列。

本条第二款规定了对自然资源的保护和合理利用。自然资源的使用,必须考虑到长远需要,做到资源的开发与保护相结合,使之兼有经济效益、环境效益和社会效益。基于环境的典型公益性、集体性特征,国家应当是首要的职权主体和责任主体。国家对全体国民负有保护其环境利益的义务。"保障自然资源的合理利用"的规定重在强调对合理利用资源的障碍排除,"保护珍贵的动物和植物"重在强调珍贵的动物和植物资源不受破坏。自然资源具有公共属性,任何组织和个人不得基于私人的利益进行侵占和破坏。《宪法》以禁止性规范的形式作出规定,意在从消极防御的角度对自然资源予以纠偏式保护。

第十条　【土地制度】城市的土地属于国家所有。

农村和城市郊区的土地,除由法律规定属于国家所有的以外,属于集体所有;宅基地和自留地、自留山,也属于集体所有。

国家为了公共利益的需要,可以依照法律规定对土地实行征收或者征用并给予补偿。

任何组织或者个人不得侵占、买卖或者以其他形式非法转让土地。土地的使用权可以依照法律的规定转让。

一切使用土地的组织和个人必须合理地利用土地。

解读

本条规定的是我国的土地制度与政策。

本条第一款和第二款规定了土地的所有权归属。其中，城市的土地属于国家所有。农村和城市郊区的土地，除由法律规定属于国家所有的以外，属于集体所有；宅基地和自留地、自留山，也属于集体所有。

本条第三款规定国家为了公共利益的需要，可以依照法律规定对土地实行征收或者征用。(1)公共利益。公共利益一般限定为政府用于交通、教育、国防以及其他公共设施等方面。涉及公共利益的土地一般是指国家进行公共设施及公益事业建设需要使用集体所有的土地。(2)征收或者征用。二者都是基于公共利益对土地的一种使用方式，但是"征收"的土地的所有权，"征用"的却是土地的使用权。不管是"征收"还是"征用"均应该符合比例原则，即应以合理合适的手段满足正当公共目的。(3)补偿。出于公共利益的需要国家依照法定程序对土地进行征收征用要进行一定的补偿。补偿不同于赔偿，补偿是在合法合理的情况下对土地所有人的一种关照，而赔偿则是国家对自己的不当行为进行的弥补。

本条第四款规定了土地的转让。在我国土地是国家所有或者集体所有，任何人都不享有土地的所有权，因此任何组织或者个人都不得侵占、买卖或者以其他形式非法转让土地。尽管土地的所有权不得转让，但是土地的使用权可以依照法律进行转让。允许土地使用权的转让极大地提高了我国土地利用率，对我国经济的发展起到了关键作用。

本条第五款是对土地利用的限制。一切使用土地的组织和个人必须合理地利用土地。我国对土地的利用有专门的法律规定,包括对土地利用形式的转换都要经过严格的行政程序。这是我国对土地利用的保护,任何组织和个人都必须按照宪法和法律进行土地利用,只有这样才能保障我国的土地达到最优的利用状态,推进可持续发展。

第十一条　【非公有制经济】在法律规定范围内的个体经济、私营经济等非公有制经济,是社会主义市场经济的重要组成部分。

国家保护个体经济、私营经济等非公有制经济的合法的权利和利益。国家鼓励、支持和引导非公有制经济的发展,并对非公有制经济依法实行监督和管理。

解读

本条规定了非公有制经济的地位和国家对非公有制经济的基本政策。

本条第一款确立了个体经济、私营经济等非公有制经济为社会主义市场经济的重要组成部分的地位。(1)个体经济,是指生产资料归劳动者个人所有,并由劳动者个人所有和支配的一种所有制形式。(2)私营经济是指企业资产属于私人所有且存在雇佣关系的一种所有制形式。

本条第二款是对非公有制经济的政策,包括两个层面:第一,国家保护非公有制经济的合法权益;第二,国家在鼓励、支持、引导非公有制经济发展的同时对其进行监督和管理。鲜明地表达了我国对于非公有制经济支持的态度和政策倾向,为公有制经济和非公有制经济的和谐共生提供宪法基础。

第十二条　【公共财产】社会主义的公共财产神圣不可侵犯。

国家保护社会主义的公共财产。禁止任何组织或者个人用任何手段侵占或者破坏国家的和集体的财产。

解读

本条规定了对社会主义公共财产的保护。

本条第一款强调社会主义公共财产神圣不可侵犯,突出了公共财产的重要性与地位,也是对人民当家作主的地位在经济上的确保。因为公共财产是属于全体人民共有的,它是人民民主专政的物质基础,也是人民享有美好生活的物质保障。

本条第二款强调了要保护公共财产,禁止任何主体使用任何手段侵占或者破坏。对于本款的落实主要通过《刑法》来实现,《民法典》的相关条款对此也有规定。

第十三条 【私有财产的保护】公民的合法的私有财产不受侵犯。

国家依照法律规定保护公民的私有财产权和继承权。

国家为了公共利益的需要,可以依照法律规定对公民的私有财产实行征收或者征用并给予补偿。

解读

本条是对公民私有财产权保护的规定。

本条第一款规定公民的合法私有财产不受侵犯。所谓合法的私有财产,是指公民通过各种合法途径获得的劳动收入和非劳动收入,既包括生产资料,也包括生活资料。

本条第二款规定国家依法保护公民的私有财产权和继承权。私有财产权是指公民对财产享有的占有、使用、收益和处分的权利。在基本权利体系中具有物质性基础的地位,一直以来被认为属于最为基本的人权之一。所谓继承权是指依照法律程序,取得被继承人遗产的权利。遗产的范围包括死者生前个人合法财产、债权和遗留下来的债务。

本条第三款规定国家基于公共利益可以依法对公民私有财产征收或征用并给予补偿。需要强调的是，征收或者征用必须具有“为了公共利益的需要”这一前提，而且必须有法律规定作为依据，这也体现国家对于私人财产权的尊重。

上述3款构成了《宪法》对公民私有财产权保障的3个层次的规范结构，即保障、限制和补偿。

第十四条　【发展生产与社会保障】国家通过提高劳动者的积极性和技术水平，推广先进的科学技术，完善经济管理体制和企业经营管理制度，实行各种形式的社会主义责任制，改进劳动组织，以不断提高劳动生产率和经济效益，发展社会生产力。

国家厉行节约，反对浪费。

国家合理安排积累和消费，兼顾国家、集体和个人的利益，在发展生产的基础上，逐步改善人民的物质生活和文化生活。

国家建立健全同经济发展水平相适应的社会保障制度。

解读

本条是关于实行社会主义生产与社会保障的规定。发展是第一要务，发展社会生产力是关键。

本条第一款从劳动者入手，通过提高劳动者的积极性和技术水平，推广先进科技，完善管理体制，改进组织方式，发展社会生产力，促进社会主义生产。

本条第二款则规定国家提倡节俭，反对浪费，将其提到了宪法的高度。主张勤俭节约，反对铺张浪费，这不仅是中华民族的优良传统，更被现代社会所倡导，诸如“光盘行动”等，都是对此款规定的践行。本款规定某种意义上也体现了国家新的发展理念。

本条第三款则是关于积累和消费的规定，要合理兼顾国家、集体、个人三者的利益，以此发展生产，改善人民物质和精神生活。在新时代，人民对美好生活的追求要以国家的平衡充分发展为重要基础。

本条第四款规定是2004年《宪法修正案》的新增部分，提出我国要建立健全同经济发展水平相适应的社会保障制度，是关于提高保障和改善民生水平的规定，深刻体现了发展社会主义生产的目的所在。所谓社会保障制度，是国家通过立法而制定的社会保险、救助、补贴等一系列制度的总称。我国的社会保障体系包括社会保险、社会福利、优抚安置、社会救助和住房保障等，其基本特征是公平性、普遍性、法制性和互济性。

第十五条　【市场经济】国家实行社会主义市场经济。

国家加强经济立法，完善宏观调控。

国家依法禁止任何组织或者个人扰乱社会经济秩序。

解读

本条是关于国家市场经济体制的规定。

本条第一款规定我国实行社会主义市场经济。所谓社会主义市场经济，是指社会资源的分配以市场调节为主，政府宏观调控为辅。这意味着社会主义经济的发展主要依赖市场这只"看不见的手"，政府这只"有形的手"不再直接干预经济的具体运作，而是根据市场调节情况及时进行宏观调整，防止市场调节失灵。

本条第二款则是规定国家加强经济立法，完善宏观调控。自改革开放以来，我国经济迅猛发展，势头强劲，立法工作与经济发展在一些层面上存在脱节，阻碍经济的发展。因此，必须加强立法，以法治来引导和保障市场经济的平稳有序运行。尤其是要完善宏观调控方面，使之真正起到"安全阀"的保障作用。

本条第三款规定国家有权依法禁止任何组织或者个人扰乱

社会经济秩序，强调了国家对于社会经济秩序的维护的职责以及个人对社会经济秩序维护的义务。

第十六条 【国有企业】国有企业在法律规定的范围内有权自主经营。

国有企业依照法律规定，通过职工代表大会和其他形式，实行民主管理。

解读

本条是关于国有企业自主经营权和民主管理的规定。

本条第一款是对国有企业自主经营权和经营范围在宪法上的确立。国有企业，即社会主义全民所有制企业，在1993年修改宪法之前称之为国营企业，改变的原因在于改革开放后经济体制的变革不断深化，为进一步搞活经济，政府把其对企业的权利分为所有权与经营权，且仅保有所有权，同时也使公有制经济性质和公有制实现形式之间的关系得到正确处理。因此，这类企业表现出由社会全体成员共同占有生产资料，以国家为全民代表最终对生产资料享有所有权的特征。国有企业在法律规定的范围内有权自主经营。首先，法律规定的范围主要指《全民所有制工业企业法》等中的相关规定。其次，有权自主经营是指企业经国有资产管理机构授权自主安排企业的发展规划、生产经营、劳动用工、人事管理、工资奖惩等事宜。国家不再直接干预企业具体生产活动，而是以所有者的身份对国有企业进行监督管理，保证国家财产的安全有效使用。

本条第二款是关于国有企业实行民主管理的规定。国有企业主要通过职工代表大会、工会等形式来保证企业运作的公开性与透明性。本款是对民主管理方式的不完全列举，是基于企业民主管理方式的多样性所作的原则性规定，也为今后的新形式提供包容性空间。

第十七条 【集体经济组织的经营与管理】集体经济组织在遵守有关法律的前提下,有独立进行经济活动的自主权。

集体经济组织实行民主管理,依照法律规定选举和罢免管理人员,决定经营管理的重大问题。

解读

本条是关于集体经济组织自主权和实行民主管理的规定。

本条第一款是对集体经济组织在遵守法律相关规定的情况下享有的独立的经营自主权在宪法上的确认。(1)集体经济组织,根据《城镇集体所有制企业条例》,是指财产属于劳动群众集体所有,实行共同劳动,在分配方式上以按劳分配为主体的社会主义经济组织,是以自愿组合、自筹资金、独立核算、自负盈亏、自主经营、民主管理,集体积累、自主支配,按劳分配、入股分红为特征。(2)自主权,是指经济主体在不违反国家法律的基础上所拥有的调配使用自己的人力、物力、财力,自行组织生产经营的权利,虽然也是一种经营自主权,但相较国有企业来说在权利的享有程度上存在很大差别。

本条第二款是对集体经济组织实行民主管理的规定,包括选举、罢免管理人员,决定经营管理的重大问题。选举和罢免管理人员,实质上就是由集体经济组织本身来决定自己的管理人员,这样有利于选出真正有才干、办实事的管理人员,也能及时把不利于企业发展的管理人员调离领导岗位。

第十八条 【对外开放与外资企业】中华人民共和国允许外国的企业和其他经济组织或者个人依照中华人民共和国法律的规定在中国投资,同中国的企业或者其他经济组织进行各种形式的经济合作。

在中国境内的外国企业和其他外国经济组织以及中外合资经营的企业,都必须遵守中华人民共和国的法律。它们的合法的权利和利益受中华人民共和国法律的保护。

解读

本条是关于对外开放的原则规定,这一规定既顺应了时代潮流,也为我国经济的长远发展提供宪法保障。

本条第一款是关于外国的企业和其他经济组织或个人在中国境内依法进行经济活动的许可和经济合作形式的原则性规定。主要包括以下三种形式:(1)中外合资经营企业,是由外商与中方共同投资,共同经营,共担风险,共享盈亏的一种经济形式;(2)中外合作经营企业,通常由中方提供土地使用权、厂房及劳动力,由外商提供技术、设备和资金;(3)外资企业,也称为外商独资企业,由外商独立投资、自主经营。

本条第二款是关于外商在我国进行经济活动时所应遵守的义务和所享有的权利的规定。遵守中华人民共和国的法律,是指除遵守民事法律、经济法律等法律以外,还需遵守为规范上述三种经济形式制定的《外商投资法》等法律。

第十九条　【教育事业】国家发展社会主义的教育事业,提高全国人民的科学文化水平。

国家举办各种学校,普及初等义务教育,发展中等教育、职业教育和高等教育,并且发展学前教育。

国家发展各种教育设施,扫除文盲,对工人、农民、国家工作人员和其他劳动者进行政治、文化、科学、技术、业务的教育,鼓励自学成才。

国家鼓励集体经济组织、国家企业事业组织和其他社会力量依照法律规定举办各种教育事业。

国家推广全国通用的普通话。

解读

本条是关于发展我国教育事业及其政策措施的规定。从宪法的高度提出了要发展我国的教育事业,同时也规定了各种具体措施。

本条第一款提出我国要发展社会主义的教育事业,以提高全民族的科学文化水平,对我国教育事业的发展提出了前行目标。教育是立国之本,是提高全民族素质的一个最重要的手段,不论是社会进步、经济发展还是政治文明建设,都离不开教育。习近平总书记在党的十九大报告中指出,优先发展教育事业。

本条第二款提出国家要兴办各种学校,以促进不同程度的教育在全国范围内得到实践,为我国教育事业目标的实现提供保障。依据本条规定,对于初等义务教育应该普及,对于中等教育、职业教育和高等教育以及学前教育应该大力发展。

本条第三款提出发展教育设施,扫除文盲,对社会各阶层公民进行政治、文化、科学、技术、业务等多方面的教育,同时也鼓励公民自学成才。首先,发展各种教育设施是提升教育质量和水平的前提;其次,应该鼓励工人、农民、国家工作人员和其他劳动者的继续教育;最后,鼓励自学成才,表达了自学考试在我国教育体系中的重要性。

本条第四款为民办教育提供了宪法依据。民办教育是社会组织或个人利用非财政资金建立学校或者培训机构并面向社会招生的活动,在性质上属于公益事业,是社会主义教育事业的组成部分,国家对其坚持积极鼓励、大力支持、正确引导、依法管理的原则。

本条第五款是对推广普通话的规定。1956年2月20日，国务院发布《关于推广普通话的指示》，明确了"以北京语音为标准音、以北方话为基础方言、以典范的现代白话文著作为语法规范的普通话"这个完整的表述。推广普通话在我国有重大的宪法意义上的政治、文化和经济功能。依据本款规定，推广普通话的主体是国家，但是普通话的推广是一个系统工程，需要多方的参与，因此公民和社会组织也应该配合推广普通话。

第二十条 【科技事业】国家发展自然科学和社会科学事业，普及科学和技术知识，奖励科学研究成果和技术发明创造。

解读

本条是关于发展科学技术事业的规定。

这一规定将发展科技事业作为国家的基本政策和国家的义务，国家负有推动自然科学和社会科学发展的责任，也负有推动科学技术知识普及的义务。在当今世界，科技水平已经成为衡量一个国家综合实力与民族文明程度的因素之一。早在20世纪80年代末，邓小平同志就提出"科学技术是第一生产力"，大力倡导发展科技，将其进一步转化为生产力，服务于我国的经济发展。1993年7月和1996年5月，全国人大常委会分别制定了《科学技术进步法》和《促进科技成果转化法》，国务院还制定了《科学技术进步奖励条例》和《国家科学技术奖励条例》。此外，还在各高新领域进行专门立法，诸如信息技术立法、生物技术立法、海洋技术立法、空间技术立法、新材料技术立法等，均是通过法律和政策促进科学技术发展。

第二十一条 【医疗卫生、体育事业】国家发展医疗卫生事业，发展现代医药和我国传统医药，鼓励和支持农村集体经济组织、国家企业事业组织和街道组织举办各种医疗卫生设施，开展群众性的卫生活动，保护人民健康。

国家发展体育事业，开展群众性的体育活动，增强人民体质。

解读

本条是关于发展医疗卫生事业和体育事业的规定。

本条第一款是对发展医疗卫生事业在宪法上的确立，现行宪法已经确立了与我国经济发展水平相适应的医疗卫生制度。在本款中主要强调现代医药与传统医药的并重发展，对基层医疗卫生制度的鼓励与支持，而且基层医疗卫生制度必须遵循公益性、公平性和可及性原则。为落实本款规定，全国人大常委会制定了《药品管理法》《传染病防治法》《母婴保健法》《献血法》《国境卫生检疫法》《红十字会法》《职业病防治法》《人口与计划生育法》《食品安全法》《药品管理法》《医师法》等。

本条第二款规定了我国体育事业的基本政策，其目的就在于开展群众性体育活动，增强人民身体素质。为此，全国人大常委会在 1995 年制定了《体育法》。

第二十二条　【文化事业】国家发展为人民服务、为社会主义服务的文学艺术事业、新闻广播电视事业、出版发行事业、图书馆博物馆文化馆和其他文化事业，开展群众性的文化活动。

国家保护名胜古迹、珍贵文物和其他重要历史文化遗产。

解读

本条是关于发展文化事业的规定。文化是一个国家、一个民族的灵魂。没有高度的文化自信，没有文化的繁荣昌盛，就没有中华民族伟大复兴。而发展社会主义文学艺术和其他文化事业是社会主义精神文明建设的一个重要组成部分，对于弘扬优秀传统文化,提高文化自信有着深远意义。

本条第一款暗含国家对于文化事业发展的主导作用,强调文化事业的社会主义性质和为人民服务的方向,目的在于传播社会主义大众文化,丰富人民群众的精神生活。

本条第二款强调对名胜古迹、珍贵文物和其他重要历史文化遗址的保护,是站在宪法的高度重视和倡导对我国物质文化遗产的保护。为了加强对文物的保护,全国人大常委会制定了《文物保护法》。

第二十三条　【人才培养】国家培养为社会主义服务的各种专业人才,扩大知识分子的队伍,创造条件,充分发挥他们在社会主义现代化建设中的作用。

解读

本条是关于发挥知识分子作用的规定。

文化建设,人才为本。其中,知识分子是对具有一定教育背景,以脑力劳动为主的人群的总称,是社会主义事业建设者中的一部分。《宪法》序言明确了知识分子的地位,本条明确表达了两层含义:(1)国家培养各种专业人才,扩大知识分子队伍;(2)创造知识分子发挥作用的条件,充分发挥每一位知识分子的光和热,奉献社会,实现人生价值。

第二十四条　【精神文明建设】国家通过普及理想教育、道德教育、文化教育、纪律和法制教育,通过在城乡不同范围的群众中制定和执行各种守则、公约,加强社会主义精神文明的建设。

国家倡导社会主义核心价值观,提倡爱祖国、爱人民、爱劳动、爱科学、爱社会主义的公德,在人民中进行爱国主义、集体主义和国际主义、共产主义的教育,进行辩证唯物主义和历史唯物主义的教育,反对资本主义的、封建主义的和其他的腐朽思想。

解读

本条是关于思想道德建设的规定。思想道德建设决定着精神文明建设的性质和方向,对社会的政治经济和社会发展有着重大作用。我国宪法中关于思想道德建设方面的内容,是我国宪法的一大特色。

本条第一款主要提及国家通过普及理想教育、道德教育、文化教育、纪律和法制教育,通过在城乡不同范围的群众中制定和执行各种守则、公约来加强社会主义精神文明建设。社会主义精神文明,是人类精神文明发展的新阶段,是与过去任何社会精神文明不同的崭新文明。社会主义精神文明是社会主义社会的重要特征,是中国特色社会主义不可缺少的一个重要方面。

本条第二款主要在于强调对公民进行积极、正面的思想观教育,以树立正确的世界观、人生观、价值观,尤其是"倡导社会主义核心价值观",是2018年《宪法修正案》的新增部分。社会主义核心价值观是当代中国精神的集中体现,是全国各族人民的价值追求所在。其中特别指出的是,核心价值观中的爱国主义是对祖国的忠诚和热爱,是一个重要的道德规范,是一种崇高的道德情操和思想境界。

第二十五条　【计划生育】国家推行计划生育,使人口的增长同经济和社会发展计划相适应。

解读

本条是关于国家推行计划生育政策的规定。

1982年《宪法》规定计划生育政策有其当时的国情背景,整体上看,计划生育政策的执行对于适当控制人口规模,提高人口素质起到了历史作用。当然，计划生育政策的目的在于使人口的增长同经济和社会发展计划相适应，因此近年来我国根据实际情况，对计划生育政策的具体内容进行了相应调整。

第二十六条　【环境保护】国家保护和改善生活环境和生态环境，防治污染和其他公害。

国家组织和鼓励植树造林，保护林木。

解读

本条是关于环境保护的规定。建设生态文明是中华民族永续发展的千年大计，"绿水青山就是金山银山"，我们应该高度重视生态文明建设及环境保护。

本条第一款强调对生活环境和生态环境的保护与改善，对污染和其他公害的防治。主要可从以下几方面考虑：(1)生活环境和生态环境。生活环境主要强调人的因素，生态环境主要强调自然的因素。维持人的尊严是现代宪法的核心价值所在，自然环境是维持人的尊严的生活的物质条件，因此二者缺一不可。(2)国家保护生活环境和生态环境的规定，重在强调维持适宜的生活环境和生态环境不受破坏。保障和保护强调了环境保护的第一层次目标，即维持较适宜的环境。(3)国家改善生活环境和生态环境，意在强调在维持现有环境条件的前提下，应当进一步提高环境质量。改善强调了环境保护的第二层次目标，即追求更良好的环境。(4)要注意防治污染和公害。所谓公害，是指对生活环境和生态环境所造成的污染损害。1982年《宪法》对公害的规定，具有一定的立法规范上的前瞻性，在立宪理念和技术上均值得肯定。

本条第二款是对具体的保护林木的规定。"植树造林，保护林木"，一方面表明了国家对林业资源的重视，另一方面则不能理解为国家的环境积极治理仅限于林业方面。

第二十七条 【国家机关的工作原则】一切国家机关实行精简的原则,实行工作责任制,实行工作人员的培训和考核制度,不断提高工作质量和工作效率,反对官僚主义。

一切国家机关和国家工作人员必须依靠人民的支持,经常保持同人民的密切联系,倾听人民的意见和建议,接受人民的监督,努力为人民服务。

国家工作人员就职时应当依照法律规定公开进行宪法宣誓。

解读

本条确立了国家机关组织活动的两项重要原则:精简、效率原则和联系群众、为人民服务原则。确立这两项原则的理论依据是:国家的一切权力属于人民,政府的根本目的是为人民服务,因此这两项原则的提出是顺理成章的,且这两者之间要有必然的内部联系。此外,国家工作人员就职时必须依法公开进行宪法宣誓。

本条第一款强调国家机构要精简,国家机关工作人员要有工作效率和质量,反对官僚作风。所谓工作责任制,是指国家机关和国家机关工作人员都必须依照法律或规章规定的职责权限履行自己职责,保证工作效率与工作质量。

本条第二款强调国家机关和国家工作人员必须紧密联系群众,防止与人民群众脱节,在人民群众的监督下努力为人民服务。

本条第三款是 2018 年《宪法修正案》新增加的宪法宣誓制度。在我国,国家工作人员正式就职时公开进行宪法宣誓。因此,宣誓主体非常广泛。从制度实施的意义而言,宪法宣誓不仅代表其个人,而且也代表党向人民重申自身的政治伦理。应该重视宪法宣誓制度对于依宪治国的重要意义。

第二十八条 【维护社会秩序】国家维护社会秩序，镇压叛国和其他危害国家安全的犯罪活动，制裁危害社会治安、破坏社会主义经济和其他犯罪的活动，惩办和改造犯罪分子。

解读

本条是关于维护社会秩序的规定，也是《刑法》相关条款的立法依据。

本条明确规定了如何维护社会秩序的几种措施，是一种方向指引性规定。维护社会秩序是社会治理的一部分，社会治理制度是为维护人民群众权益，促进社会公平正义，保持社会良好秩序而制定的各种规则和原则的总和。所谓社会秩序，主要包括公共秩序、生活秩序、工作秩序等；所谓惩办，是指依照《刑法》及其他有关法律的规定，对犯罪分子进行的刑事处罚。

第二十九条 【武装力量】中华人民共和国的武装力量属于人民。它的任务是巩固国防，抵抗侵略，保卫祖国，保卫人民的和平劳动，参加国家建设事业，努力为人民服务。

国家加强武装力量的革命化、现代化、正规化的建设，增强国防力量。

解读

本条规定了国家武装力量的性质、任务以及加强武装力量的目的。

本条第一款规定，我国的武装力量属于人民，其任务也是保卫国家和人民，为国内的稳定与安宁提供保障。武装力量属于人民，中国共产党直接领导我国的武装力量，应加强建设一支听党指挥，能打胜仗的军队，为人民服务，为中华民族伟大复兴贡献力量。

本条第二款规定加强武装力量的革命化、现代化、正规化建设,增强国防力量。武装力量与国防有着直接的、必然的联系,因此对武装力量的"三化"建设成为我国军队建设的奋斗目标。

第三十条 【行政区划】中华人民共和国的行政区域划分如下:

(一)全国分为省、自治区、直辖市;

(二)省、自治区分为自治州、县、自治县、市;

(三)县、自治县分为乡、民族乡、镇。

直辖市和较大的市分为区、县。自治州分为县、自治县、市。

自治区、自治州、自治县都是民族自治地方。

解读

本条是关于我国行政区域划分的规定。

自新中国成立至今,我国的行政区划在不断调整、优化,力求更符合我国实际,更便于行政管理和人民参与管理。其中在国家的现代化进程中,城市发挥重要功能。对于市的划分有如下情形:(1)直辖市,与省、自治区同级,目前全国共有北京、上海、天津、重庆四个中央直辖市。(2)"省、自治区分为自治州、县、自治县、市"中的"市"包括两种类型:其一,县级市;其二,介于省级市和县级市之间的市,又可能包括两种情形,即地级市和副省级市。(3)"自治州分为县、自治县、市"中的"市"应理解为与县、自治县同级,即县级市。宪法意义上城市的功能在于,通过国家权力的规范运行及有效制约,实现城市治理的规范化、科学化,满足公民生存权及发展权的正当需求。应以宪法为根本依据,以深化改革、科学推进城市化进程为最终目的,以制度创新为主要手段,满足直辖市、较大的市、市管县制度等的变革需求。

第三十一条 【特别行政区】国家在必要时得设立特别行政区。在特别行政区内实行的制度按照具体情况由全国人民代表大会以法律规定。

解读

本条是关于设立特别行政区的规定。

所谓特别行政区，是指在我国行政区域内，依据宪法和法律的特别规定，实行特别的政治制度、社会制度和经济制度且具有特殊法律地位的行政区域。在特别行政区内实行的制度按照具体情况由全国人民代表大会以法律规定，是对特别行政区内有关制度的立法权的专门规定。1990年4月4日、1993年3月31日，全国人大先后通过了《香港特别行政区基本法》《澳门特别行政区基本法》。

第三十二条 【对外国人的保护】中华人民共和国保护在中国境内的外国人的合法权利和利益，在中国境内的外国人必须遵守中华人民共和国的法律。

中华人民共和国对于因为政治原因要求避难的外国人，可以给予受庇护的权利。

解读

本条是关于我国宪法保护外国人的合法权益和要求其履行守法义务与给予外国人政治避难的权利的规定。

本条第一款是我国保护外国人合法权益，并要求其遵守我国法律的规定。这是根据属地原则所作出的规定。

本条第二款是关于我国对因为政治原因要求避难的外国人是否给予政治庇护的权利的规定。这一款的规定是根据人道主义原则作出的。

第二章 公民的基本权利和义务

概述

公民的基本权利也称宪法权利,是指由宪法规定的公民享有的基本的、必不可少的权利,主要包括平等权、政治权利和自由、宗教信仰自由、人身与人格权、监督权、社会经济文化权利和自由等。公民的基本义务也称宪法义务,是指由宪法规定的公民必须遵守和应尽的根本责任,主要包括维护国家统一和全国各民族团结;遵守宪法和法律;维护祖国的安全、荣誉和利益;保卫祖国、依法服兵役和参加民兵组织;依法纳税等。

第三十三条 【公民平等权】凡具有中华人民共和国国籍的人都是中华人民共和国公民。

中华人民共和国公民在法律面前一律平等。

国家尊重和保障人权。

任何公民享有宪法和法律规定的权利,同时必须履行宪法和法律规定的义务。

解读

本条主要规定了公民的平等权。

本条第一款是对中华人民共和国公民的界定。国籍是指现代社会中某一自然人作为一个特定国家成员法律上的资格或身份,反映一个人同某一特定国家固定的法律关系。按照我国法律规定,具有中华人民共和国国籍是作为中国公民的唯一条件。根据《国籍法》规定,取得中华人民共和国国籍有两种方式:出生取得和申请取得。公民是指拥有某个国家国籍的自然人。

本条第二款是对我国公民平等适用法律的规定。所有公民都平等地享有宪法和法律规定的权利、平等地履行宪法和法律规定的义务，而且国家行政机关、司法机关在适用法律时，对所有公民的合法权益都应平等地予以保护，对所有公民的违法或犯罪行为，一律依法追究责任，任何组织或者个人都不得有超越宪法和法律的特权。对于平等权的保障，主要应该关注是否属于“合理差别”。

本条第三款是2004年《宪法修正案》增加的规定。人权是指人作为一个社会的人，为满足其生存发展需要应当享有的最基本的权利。在宪法中做出尊重和保障人权的宣示，体现了社会主义制度的本质要求，有利于推进我国的社会主义人权事业的发展，有利于我们在国际人权事业中进行交流与合作。

本条第四款是对公民权利与义务的一致性规定。权利是指公民在宪法和法律规定的范围内，为实现某种愿望或得到某种权益，可做某种行为以及要求国家、社会组织和其他公民为或不为某种行为。义务是指由宪法和法律规定的，公民必须做出某种行为或者不得做出某种行为的责任。

第三十四条　【选举权】中华人民共和国年满十八周岁的公民，不分民族、种族、性别、职业、家庭出身、宗教信仰、教育程度、财产状况、居住期限，都有选举权和被选举权；但是依照法律被剥夺政治权利的人除外。

解读

本条是关于公民享有平等选举权的规定。

选举权是指公民依照法律规定享有的参与选举人民代表大会代表的权利，被选举权是指公民依法享有的被选为人民代表大会代表的权利。本法对选举权设置了三个条件：一是中国国籍；二是“年满十八周岁”，即把年满18周岁作为公民享有选举权与被选举权的年龄底限；三是“依照法律被剥夺政治权利的人除外”，即根据《刑法》第五十四条被剥夺政治权利（剥夺公民参与国家管理的各项政治权利）的人不享有选举权。

第三十五条 【表达自由】中华人民共和国公民有言论、出版、集会、结社、游行、示威的自由。

解读

本条是关于公民表达自由的规定。

表达自由有广义和狭义之分，广义的表达自由指公民享有宪法赋予的通过语言等方式表达自己思想见解的自由，而狭义的表达自由则不包括文字表达的方式。本条中的表达自由为广义的表达自由。发表言论不仅是人们交流沟通的方式，也是参与管理国家事务和社会事务的重要手段。表达自由不是绝对的，要受到法律的限制。公民的表达自由以不超过法律禁止为限，也就是说，任何言论只要没有违反国家的法律，就不应该受到限制。

除了言论，出版、集会、结社也是表达自由的方式。出版自由是指公民可以通过公开出版物的形式，自由地表达自己对国家事务、经济和文化事业、社会事务的见解和看法。出版自由一般包括两个方面的内容：一是著作自由，即公民有权自由地在出版物上发表作品；二是出版单位的设立与管理必须遵循国家宪法和法律的规定。集会自由是指公民为着共同目的，临时聚集于露天公共场所，发表意见表达意愿的自由。结社自由是公民按一定宗旨，依照法定程序组织或者参加具有持续性的社会团体的自由。游行是指公民在道路、广场等公共露天场所列队行进，以表达共同意愿的行为。示威是指公民聚集在露天公共场所，以集会、游行、静坐、绝食等方式，表达某种要求、意愿，或表示抗议、支持、声援或愤怒等强烈意愿的行动。这些都是公民表达强烈意愿的自由,主要都在公共场所行使,必须是多个公民共同行使,属于集合性权利;单个公民的行为通常不能形成法律意义上的集会、游行和示威。

第三十六条 【宗教信仰自由】中华人民共和国公民有宗教信仰自由。

任何国家机关、社会团体和个人不得强制公民信仰宗教或者不信仰宗教,不得歧视信仰宗教的公民和不信仰宗教的公民。

国家保护正常的宗教活动。任何人不得利用宗教进行破坏社会秩序、损害公民身体健康、妨碍国家教育制度的活动。

宗教团体和宗教事务不受外国势力的支配。

解读

本条是关于公民宗教信仰自由的规定。

本条第一款是对公民宗教信仰自由的概括规定。公民有信教的自由,也有不信教的自由。

本条第二款主要防止强迫公民信教,明确规定,任何国家机关、社会团体和个人不得强迫其他公民信仰或不信仰宗教,也不得对信仰或者不信仰宗教的公民采取不平等的对待。

本条第三款既是对正常宗教活动的保护,也是对宗教活动所做出的一些限制,明确规定,正常的宗教活动受到国家的保护,但是任何人不得利用宗教进行破坏社会秩序、损害公民身体健康、妨碍国家教育制度的活动。当然,宗教活动区别于迷信活动,《宪法》对迷信活动并未加以禁止,但不等于提倡这种行为;《刑法》禁止迷信活动,对参与一些迷信活动的人作了追究刑事责任的规定。

本条第四款是我国一项重要的宗教政策,明确规定宗教团体和宗教事务在组织上和经济上不能依赖或者依附于外国宗教势力。当然,我国宗教同外国的宗教界的友好往来和正常的学术文化交流是允许的。

第三十七条 【人身自由】中华人民共和国公民的人身自由不受侵犯。

任何公民,非经人民检察院批准或者决定或者人民法院决定,并由公安机关执行,不受逮捕。

禁止非法拘禁和以其他方法非法剥夺或者限制公民的人身自由,禁止非法搜查公民的身体。

解读

本条是关于公民人身权保护的规定。

本条第一款是对人身自由保护的原则。人身自由是公民最基本的一项权利,是公民参加政治、经济和社会生活,享受宪法和法律赋予的各项权利的前提,因此,应当受到特殊保护。

本条第二款是对保护公民人身自由权的排他性规定。虽然公民的人身自由受到保护,但《宪法》对此设置了一个例外的条件,也规定了逮捕的法定机关和法定程序。如果不符合这些条件对公民人身自由进行限制,就构成非法逮捕或非法拘禁。根据本款以及其他法律规定,在我国,逮捕的批准权或者决定权属于人民检察院和人民法院,其他任何机关、团体或者个人都没有这项权利。逮捕的执行权属于公安机关,凡经人民检察院批准或者决定,或由人民法院决定逮捕的犯罪嫌疑人,逮捕时一律由公安机关执行。

本条第三款是对特殊的侵犯公民人身自由行为的禁止性规定。"非法拘禁"是指以强制方法非法剥夺人身自由的行为。"以其他方法非法剥夺或者限制公民的人身自由",是指以非法拘禁行为以外的其他各种违法手段,如非法管制、强迫他人劳动等来剥夺或者限制公民的人身自由。"非法搜查公民的身体",是指无权搜查的人擅自对公民进行搜查,或者有搜查权的人未经法定机关批准,滥用职权,擅自进行搜查。

第三十八条　【人格尊严】中华人民共和国公民的人格尊严不受侵犯。禁止用任何方法对公民进行侮辱、诽谤和诬告陷害。

解读

本条是关于公民人格权保护的规定。充分体现了我国宪法对人的尊重,同时,也有利于增强公民的主体意识,有利于在全社会范围内建立一种互尊互爱的人际关系,有利于促进我国公民基本权利体系的进一步完善。

"人格尊严"是人格权的核心。如果一个人丧失了人格尊严,也就丧失了人作为人的基本要件。人类文明的标志不仅是人的生命和人身自由受到保护,而且人格尊严也要受到承认和保护。

"侮辱"是指使用暴力或者以其他方法,公然贬损他人人格,破坏他人名誉,情节严重的行为。"诽谤"是指故意捏造并散布虚构的事实,足以贬损他人人格,破坏他人名誉,情节严重的行为。"诬告陷害"是指捏造事实,作虚假告发,意图陷害他人,使他人受刑事追究的行为。《宪法》对这些行为作了禁止性规定,《民法典》和《刑法》也有相应的具体规定。

第三十九条　【住宅权】中华人民共和国公民的住宅不受侵犯。禁止非法搜查或者非法侵入公民的住宅。

解读

本条是关于公民住宅权的规定。

住宅是公民生活和居住的场所,是公民赖以生存的基本条件。公民在自己的住宅内享有最大限度的权利和自由。因此,住宅不得受到侵犯。其中"侵犯"的方式主要有两种:一是非法搜查,二是非法侵入。

“非法搜查”既包括无搜查权的人擅自对公民住宅进行搜查,也包括有搜查权但违反法定程序进行搜查。“非法侵入”是指未经司法程序或者非经主人同意而强行闯入住宅的行为。

第四十条 【通信自由】中华人民共和国公民的通信自由和通信秘密受法律的保护。除因国家安全或者追查刑事犯罪的需要,由公安机关或者检察机关依照法律规定的程序对通信进行检查外,任何组织或者个人不得以任何理由侵犯公民的通信自由和通信秘密。

解读

本条是关于保障公民通信自由的规定。

通信,是指人与人之间通过某种行为或媒介进行的信息交流与传递。通信自由是指公民与其他主体之间传递消息和信息不受国家非法限制的自由,包括通信自由和通信秘密两个方面。

本条后半段是对保护公民通信自由的例外规定。虽然《宪法》明确表明要保障公民的通信自由,但是这样的自由不是绝对的,同样规定了排他性情况,即必须满足三个条件:一是出于维护国家安全或者刑事追查的需要;二是由特定的机关(公安机关或者检察机关)实施;三是严格按照法定的程序和条件进行。除此之外,任何组织和个人不得以任何理由侵犯公民的通信自由和通信秘密。

第四十一条 【公民的监督权及国家赔偿请求权】中华人民共和国公民对于任何国家机关和国家工作人员,有提出批评和建议的权利;对于任何国家机关和国家工作人员的违法失职行为,有向有关国家机关提出申诉、控告或者检举的权利,但是不得捏造或者歪曲事实进行诬告陷害。

对于公民的申诉、控告或者检举,有关国家机关必须查清事实,负责处理。任何人不得压制和打击报复。

由于国家机关和国家工作人员侵犯公民权利而受到损失的人,有依照法律规定取得赔偿的权利。

解读

本条是关于保障公民对国家机关和国家工作人员的监督权及获得赔偿权的规定。在我国,一切权力属于人民。监督权是人民行使国家权力的重要方式。只有通过监督权才能保障国家机关和国家工作人员的活动符合民意,一旦有错误可以及时纠正。

本条第一款是对公民监督权的类型及适用情况的规定。“国家机关”包括中央和地方各级的权力机关、行政机关、审判机关、检察机关、监察机关及其所属的工作部门。“批评”的权利是指公民对国家机关和国家工作人员在工作中的缺点、错误有提出批评意见的权利。“建议”的权利是指公民有对国家机关和国家工作人员的工作提出合理化建议的权利。“申诉”的权利是指公民对因行政机关或司法机关的错误或违法的决定、判决,或者因国家工作人员的违法失职行为,致使他或他的亲属的合法权益受到损害时,有权向有关国家机关申述理由,提出改正或撤销决定、判决或赔偿损失的请求。“控告”的权利是指公民对任何国家机关和国家工作人员的违法失职行为,有向有关机关进行揭发和指控的权利。“检举”的权利是指公民对于违法失职的国家机关和国家工作人员,有向有关机关揭发事实,请求依法处理的权利。“但是不得捏造或者歪曲事实进行诬告陷害”是对公民监督权的限制条件,监督权区别于诬告,诬告是指捏造事实,伪造证据,告发,陷害他人的违法犯罪行为,主观恶性较大。

本条第二款是关于保障公民监督权的规定。国家机关对于公民的申诉、控告、检举不能随意处理更不能置之不理,必须严格按照规定的程序受理并进行及时的反馈。规定"任何人不得压制和打击报复",是为了更好地保障公民的监督权,《刑法》第二百五十四条规定:国家机关工作人员滥用职权、假公济私,对控告人、申诉人、批评人、举报人实行报复陷害的,处2年以下有期徒刑或者拘役;情节严重的,处2年以上7年以下有期徒刑。

本条第三款是对公民享有请求赔偿权的规定。这样规定有利于促进国家机关和国家工作人员克服官僚主义,改进工作作风;有利于及时纠正工作中出现的违法现象,从而保证公民的合法权益不受侵犯。为了使第三款的规定进一步具体化、程序化,其他有关的部门法对公民的请求赔偿损害的权利也作了明确的规定。

第四十二条　【劳动权】中华人民共和国公民有劳动的权利和义务。

国家通过各种途径,创造劳动就业条件,加强劳动保护,改善劳动条件,并在发展生产的基础上,提高劳动报酬和福利待遇。

劳动是一切有劳动能力的公民的光荣职责。国有企业和城乡集体经济组织的劳动者都应当以国家主人翁的态度对待自己的劳动。国家提倡社会主义劳动竞赛,奖励劳动模范和先进工作者。国家提倡公民从事义务劳动。

国家对就业前的公民进行必要的劳动就业训练。

解读

本条是关于公民劳动权利和义务的规定。

本条第一款明确提出劳动既是公民的权利,又是公民的义务,这不仅在我国是第一次,在国外也是十分罕见的。劳动权是人权的重要组成部分,因其具有生存权与发展权的属性而备受关注。劳动权简而言之,是指有劳动能力的公民有参与社会劳动和领取相应的报酬的权利。劳动作为一种义务是指有劳动能力的公民以国家主人翁的态度对待劳动,忠于职守,遵守劳动纪律,完成工作任务。

本条第二款规定国家保障公民实现劳动权。但是,这并不意味着国家把有劳动能力的公民的就业问题全包下来。国家只是通过各种途径为公民就业创造更好的条件。

本条第三款是对公民劳动义务的规定。此处规定的内容大都是提倡鼓励性的内容。

本条第四款是关于国家对公民进行劳动就业前的培训的规定。《劳动法》第八章"职业培训"对此作了进一步的规定。

第四十三条 【休息权】中华人民共和国劳动者有休息的权利。

国家发展劳动者休息和休养的设施,规定职工的工作时间和休假制度。

解读

本条是关于劳动者休息权的规定。

本条第一款是对劳动者享有休息权的概括性规定。保证劳动者的休息权,也是对劳动者人权的尊重。"休息的权利"是劳动者的基本权利之一,是劳动者为保护身体健康和提高劳动效率而休息和休养的权利。其目的是保证劳动者的疲劳得以解除,体力和精神得以恢复和发展;保证劳动者有条件进行业余进修,不断提高自己的业务水平和文化水平;保证劳动者有一定的时间料理家庭和个人的事务,丰富自己的家庭生活。

本条第二款是对国家保障劳动者休息权的规定。"国家发展劳动者休息和休养的设施”中的“设施”,是指疗养院、休养所,以及俱乐部、文化馆、图书馆、公园、影剧院等文化娱乐场所。“规定职工的工作时间和休假制度”,在《劳动法》中也有具体的规定,比如工作时间制度、休息休假制度、劳动保障制度等。

第四十四条 【退休制度】国家依照法律规定实行企业事业组织的职工和国家机关工作人员的退休制度。退休人员的生活受到国家和社会的保障。

解读

本条是关于企业事业组织的职工和国家机关工作人员社会保障的规定。

退休是指因年老或因工、病致残,导致劳动者完全丧失劳动能力或部分丧失劳动能力,退出工作岗位。退休法律制度是指保障退休人员在退出劳动岗位以后定期领取法定退休金,以维持基本生活并保障退休权等相关权益得以实现的法律制度。从性质上看,退休权属于社会权或积极权利的范畴,要求国家履行积极作为的义务。退休权是退休制度的权利基础,退休金给付是退休制度的关键环节,退休年龄是确定退休金给付的前提,也是退休权实现的时间节点。

另外,本条还明确规定保障退休人员的责任主体即国家和社会,主要是两方面的保障:一是建立对退休人员的养老金制度;二是对退休人员实行医疗保险制度。

第四十五条 【社会保障权】中华人民共和国公民在年老、疾病或者丧失劳动能力的情况下,有从国家和社会获得物质帮助的权利。国家发展为公民享受这些权利所需要的社会保险、社会救济和医疗卫生事业。

国家和社会保障残废军人的生活，抚恤烈士家属，优待军人家属。

国家和社会帮助安排盲、聋、哑和其他有残疾的公民的劳动、生活和教育。

解读

本条是关于国家对年老、疾病或丧失劳动能力的公民、军人及其家属和残障公民提供社会保障的规定。

本条第一款规定国家和社会为年老、疾病或者丧失劳动能力的公民提供社会保险、社会救济和医疗卫生保障。社会保障是一个体系，内容包括社会保险、社会救济、社会补偿、社会促进四个方面。《宪法》规定社会保障是国家的义务，本条把“社会”也写上就是为了鼓励社会组织也承担提供社会保障的责任。“获得物质帮助的权利”中的物质帮助是指国家和社会提供医疗保险、社会救济和医疗保障。政府发展医疗卫生事业，为公民提供医疗保障是社会保险的内容。

本条第二款规定的是社会补偿制度。所谓社会补偿制度是指国家因战争、自然灾害和公共突发事件对公民造成损害所进行的补偿。《宪法》中的社会补偿仅限于残疾军人、烈士的家属。

本条第三款是对残障公民社会保障的规定。残障公民是指心理、生理结构上，某种组织、功能缺陷或丧失，不能以正常方式从事某种劳动、生活的公民，国家和社会应当为其提供社会救济。

第四十六条　【受教育权】中华人民共和国公民有受教育的权利和义务。

国家培养青年、少年、儿童在品德、智力、体质等方面全面发展。

解读

本条是关于我国公民受教育的权利和义务以及国家针对青少年儿童教育方针、目标的规定。

本条第一款将受教育规定为我国公民的一项基本权利与义务,彰显了教育在我国的重要性。在十九大报告中,我国更是把教育强国作为一项基础工程并把教育放在优先位置考虑。一方面,受教育权被看作现代宪法所确立的一项最重要的基本权利,是指公民有从国家获得接受教育的机会和物质帮助的权利。该权利对其生存和发展至关重要,是其参与管理国家事务的基础,从而更好地体现和巩固人民当家作主的地位,同时,公民通过接受教育不但能提升个人素养,也能保障《宪法》所规定的公民其他基本权利的实现。对此,国家设立了多项法律以保证公民受教育权的实现,如《教育法》《职业教育法》《教师法》等,对于公权力机关以及其他公民、社会组织的侵犯,公民可提起相应的行政诉讼和民事诉讼维权。另一方面,受教育作为公民的一项基本义务,是指适龄子女应按法律规定完成义务教育。如果依法应接受教育者不承担该项义务,政府可采取强制措施促使其接受。该规定的理由在于教育事关国家的兴衰,是治国兴邦的基石,从国家和社会发展对公民的要求来说,接受教育不仅是公民个人的事,同时也是公民为民族复兴应尽的义务。因此接受教育不仅是应当受教育者和家长的义务,也是国家的职责所在,政府应提供基本的教育场所和设施,提供教育费用,保证所有适龄子女完成其受教育的义务。

本条第二款是我国针对青少年儿童教育问题的规定。青年兴则国兴,少年强则国强,青少年儿童是祖国的未来,教育应力求把他们培育成德才并重、法理兼修、身心健康的社会主义建设者。

第四十七条 【学术自由权】中华人民共和国公民有进行科学研究、文学艺术创作和其他文化活动的自由。国家对于从事教育、科学、技术、文学、艺术和其他文化事业的公民的有益于人民的创造性工作，给以鼓励和帮助。

解读

本条是关于我国公民从事科研、文化活动所享有的自由权的保障规定。

对公民从事科学文化活动自由的保障是我国特色社会主义文化建设的必然要求，也是社会发展的动力。本条通过举例加兜底的方式规定了我国公民在科研、文艺创作等文化领域享有广泛的自由权。在科研方面，公民可以各种形式参与科研工作；在文艺领域，公民享有按照自己的意愿创作小说、诗文、戏剧、音乐、美术、影视等自由。对于公民在科学文化领域享有的自由国家不能人为地设置不合理的障碍，其他公民也不得对其进行破坏。并且，国家还通过物质奖励、精神鼓励、提供设备、建立机构、制定法律等方式激励公民在科学教育、文学艺术等文化活动中做出健康、鼓励人民前进的创造性工作，从而培养公民的创造性思维，促进我国科学文化事业的繁荣。

第四十八条 【男女平等权】中华人民共和国妇女在政治的、经济的、文化的、社会的和家庭的生活等各方面享有同男子平等的权利。

国家保护妇女的权利和利益，实行男女同工同酬，培养和选拔妇女干部。

解读

本条是关于男女平等权的规定。

本条第一款规定我国妇女在国家政治生活、文化生活、社会家庭生活等领域的权利同男子是平等的。本款中政治上的平等主要是指妇女在参与国家和社会事务的管理、担任国家和社会职务以及享有的各项政治权利与自由等方面同男子平等;经济上的平等主要表现在劳动权利上,即我国妇女在单位的录用标准、工资福利方面享有与男子平等的权利;文化的平等指的是妇女在接受教育、进行科学研究、文艺创作以及其他文化活动中同男子一样,享有平等的权利,与本法第四十六条第一款、第四十七条的内容相呼应;并且在社会、家庭方面,妇女也同样可以参加社会活动,管理社会事务,对于家庭生活中涉及的问题如人身问题、财产问题、子女教育问题,妇女同男子的地位也是平等的。

本条第二款主要是在前款的基础上进一步强调我国对女性权益保护的重视,并且将保护的重点放在妇女在劳动上享有的平等权上以及国家积极培养选拔女干部两方面。此外,国家还通过制定《刑法》《全国人民代表大会和地方各级人民代表大会选举法》《妇女权益保障法》等法律对女性进行特别保护,以期更好地实现男女平等的权利。

第四十九条　【婚姻家庭】婚姻、家庭、母亲和儿童受国家的保护。

夫妻双方有实行计划生育的义务。

父母有抚养教育未成年子女的义务,成年子女有赡养扶助父母的义务。

禁止破坏婚姻自由,禁止虐待老人、妇女和儿童。

解读

本条是关于国家保护婚姻、家庭、母亲和儿童的规定。

本条第一款原则性规定了我国对婚姻、家庭、母亲、儿童的保护。为了切实地落实该规定，我国形成了完善的立法保障体系，包括《民法典》《未成年人保护法》《妇女权益保障法》《老年人权益保障法》等法律，对家庭生活中产生的身份关系、财产关系作了具体的规定，强化了对母亲、儿童、老人的保护。

本条第二款规定夫妻双方具有实行计划生育的责任。20世纪70年代，我国人口众多，资源却相对缺乏，人民的文化水平、生活水平都不高，因此实行计划生育符合当时的基本国情，国家主要通过控制人口数量，提高人口素质的形式实行计划生育。随着公民素质的提升、生活的改善以及人口红利消失、人口老龄化等情形，我国相继出台了二胎、三胎政策，适应了我国国情的变化。

本条第三款是对家庭成员中父母及子女之间相互应履行的义务的规定。本款前半句中“抚养教育”指的是父母应为未满18岁的子女提供基本的生活条件，照顾子女的生活，保护其合法权益并对其进行基本的家庭教育；本款后半句中的“赡养扶助”是指成年子女对父母给予物质和精神上的照顾。并且为了防止家庭成员之间不承担本条款之义务，遗弃家庭成员等行为，对其情节严重的行为《刑法》规定了遗弃罪进行惩罚，以保护没有独立生活能力的父母、子女的人身权利。

本条第四款是对婚姻自由以及老人、妇女儿童的保护规定。在我国，凡符合法定结婚条件的双方当事人，均能以自己的意愿缔结婚姻，任何人不得对其干涉，若行为人采取暴力的方式干涉他人的婚姻，将会触犯暴力干涉婚姻自由罪，受到《刑法》的制裁；对于虐待，《刑法》也相应规定了虐待罪以防止老人、妇女儿童在家庭生活中受到身体上、精神上的迫害，以保证其人身权利不受侵犯。

第五十条　【华侨、归侨和侨眷的权益】中华人民共和国保护

华侨的正当的权利和利益,保护归侨和侨眷的合法的权利和利益。

解读

本条是关于华侨、归侨和侨眷的权益的保护性规定。

保护华侨、归侨和侨眷是我国的一贯政策,华侨是指定居在国外但保留中国国籍的中国公民,归侨是指回国定居的华侨。侨眷指华侨、归侨在国内的亲属,包括他们的配偶,父母,子女及其配偶,兄弟姐妹,祖父母,外祖父母,孙子女,外孙子女以及有长期抚养关系的其他亲属。对华侨保护的是其"正当的权利",即按照国际法和国际惯例其所应享有的一切权利,而对归侨和侨眷保护的是其"合法的权利",即按照我国法律所规定的公民权利去保护,理由在于归侨和侨眷已回国定居,对其权利的保护必然要符合我国法律的规定,而华侨定居在国外,就不能单方面以我国认为的"合法"为判断标准。此外,我国还专门制定了《归侨侨眷权益保护法》,对其就业、子女就学等问题进行保障以凝聚侨心、推动我国社会主义现代化进程。

第五十一条 【行使自由和权利的限制】中华人民共和国公民在行使自由和权利的时候,不得损害国家的、社会的、集体的利益和其他公民的合法的自由和权利。

解读

本条是关于对公民基本权利进行限制的纲领性规定。

作为过渡性条款,本条上承公民具体的基本权利,下启公民的基本义务,被视为纲领性规范。公民在行使《宪法》所规定的一系列基本权利时都必须与本条规定的内容相结合。且本条规范的内容与本法第三十三条第四款的规定具有一致性。本条后半句中的"不得损害国家的、社会的、集体的利益和其他公民的合法的自由和权利”包含了权利制约，本质上属于义务，可理解为第三十三条中“必须履行宪法和法律规定的义务”的细化。根据本条规定，当公民的基本权利与公共利益发生冲突时，并不是说公共利益具有当然的优先性，而是要在具体考虑公民权利的行使是否合法，该公共利益是否正当、合理合法等诸多因素后才能做出裁断；当和其他公民的权利相冲突时，法律首先保护权利具有合法性的公民，若两者权利都具有合法性时，就需要通过司法甚至宪法诉讼进行权衡。

第五十二条　【维护国家统一和民族团结的义务】中华人民共和国公民有维护国家统一和全国各民族团结的义务。

解读

本条是关于公民维护国家统一和民族团结的义务的规定。

本条规定的内容与《宪法》总纲第四条以及在《宪法》序言第十一段中所明确的内容相呼应，故此条实际上是序言和总纲规定的有关原则的延伸，是从每个公民的角度规定的，是其必须遵守的行为准则。所谓“维护国家统一”，是指任何公民都负有维护国家主权和领土完整、维护中央政府的统辖权的义务。对于公民背叛国家、分裂国家的行为，《刑法》在危害国家安全罪一章中设立了相应的罪名并规定了严厉的刑罚。维护各民族的团结的义务，就要求公民主动维护平等团结互助和谐的民族关系，禁止对任何民族的歧视和压迫，敢于和破坏民族团结、制造民族分裂的行为作斗争。

第五十三条　【遵纪守法等的义务】中华人民共和国公民必须遵守宪法和法律，保守国家秘密，爱护公共财产，遵守劳动纪律，遵守公共秩序，尊重社会公德。

解读

本条是关于公民遵纪守法和遵守社会公德的义务的规定。

遵守宪法和法律，是公民守法的总的原则性规定，体现了社会主体共同的利益要求。公民依照法律规定行事既能有效地维护自己的合法权益，也能防止对其他公民合法权益的侵犯。必须遵守宪法和法律，要求公民用法纪指导约束自己的行为，对于公民不遵守法律的行为，其可能要承担相应的道德或法律责任。国家秘密是指在政治、经济、科学文化、军事等领域关涉国家安全和利益的信息，保守这些重要的信息是公民的义务，对于公民非法获取、泄露国家秘密的犯罪行为，《刑法》规定了严厉的刑罚予以制裁；此外，本条后半句中“爱护公共财产、遵守劳动纪律、遵守公共秩序”都可看作是公民遵守社会公德的体现，这些规定要求公民除了不能突破法律底线外，还应当以公共道德约束自身，主要包括遵守社会中的各项秩序、合理利用公共财产、遵守劳动规则等方面。

第五十四条　【维护国家安全、荣誉和利益的义务】中华人民共和国公民有维护祖国的安全、荣誉和利益的义务，不得有危害祖国的安全、荣誉和利益的行为。

解读

本条是关于公民维护祖国的安全、荣誉和利益的义务的规定。

祖国的安全、荣誉和利益是我国人民的安全、荣誉和利益的集中体现，维护祖国的安全、荣誉和利益是全体公民的神圣义务，任何公民不得以任何方式危害祖国的安全、荣誉和利益。本条中，“维护祖国的安全”主要是指公民有维护国家领土、主权不受侵犯，政权不受威胁的义务；“维护祖国的荣誉”包括维护祖国的尊严不受侵犯、信誉不受破坏等内容；其中，维护祖国的安全、维护祖国的荣誉都是维护祖国利益的具体体现，国家利益范围相当广泛，包括政治、经济、文化等方面，其代表着公民的最高利益和长远利益，因此公民有维护国家利益的义务，不得以任何方式损害祖国的利益。对于公民危害祖国荣誉、国家安全等国家利益的犯罪行为，《刑法》也通过规定侮辱国旗、国徽、国歌罪以及专章规定危害国家安全罪来实施相应的惩罚。

第五十五条　【保卫国家和服兵役的义务】保卫祖国、抵抗侵略是中华人民共和国每一个公民的神圣职责。

依照法律服兵役和参加民兵组织是中华人民共和国公民的光荣义务。

解读

本条是关于公民有保卫祖国、依法服兵役的义务的规定。

本条第一款规定公民有保卫祖国、抵抗侵略的义务。该义务的履行关涉民族的兴亡以及公民权利的实现。因此保卫祖国、抵御外来势力的非法入侵是公民一项神圣的职责，不容推卸。其内容主要包括保卫祖国领土完整、主权的独立和捍卫祖国的尊严等内容。

本条第二款规定公民依法服兵役的义务。依法服兵役是公民保卫祖国、抵抗侵略的主要方式。凡年满18周岁的公民，除被剥夺政治权利不得服兵役、有严重残疾免服兵役、家庭唯一劳动力缓征等法定情形外，都有服兵役的义务。对于公民拒绝服兵役的行为，国家可责令改正，拒不改正的，则强制其履行并罚款。

第五十六条　【纳税的义务】中华人民共和国公民有依照法

律纳税的义务。

解读

本条是关于公民依法纳税的义务的规定。

税收是国家财政收入的重要来源，国家通过向公民征收税款，能够维持国家机构的正常运转，促使其职能的实现，从而巩固人民当家作主的地位，保障公民的合法权益。既然税收取之于民，用之于民，则公民依法向国家纳税，理应是其一项光荣的义务。税收具有强制性、无偿性和固定性的特点，所谓强制性，即公民必须履行纳税的义务，否则将会受到法律的制裁，如《刑法》专节规定了危害税收征管罪，对公民通过各种途径逃避缴纳税款的行为予以惩罚；无偿性指国家向公民征收税款后无须向纳税人支付任何报酬或代价；固定性指纳税人和税率都是事先由法律明文规定的，征税和纳税双方都必须共同遵守，不得任意改变。

第三章 国家机构

概述

国家机构是国家为实现其职能而建立起来的一整套有机联系的国家机关的总和。组织国家机构、规范权力运行是《宪法》的一项重要功能。《宪法》规定国家机构的体系，授予国家机构以国家权力，要求其按照《宪法》规定的原则、方式和程序来行使权力。从《宪法》的规定来看，我国当前的国家机构包括全国人民代表大会、国家主席、国务院、中央军事委员会、地方各级人民代表大会和地方各级人民政府、民族自治地方的自治机关、监察委员会、人民法院和人民检察院。

第一节　全国人民代表大会

第五十七条　【全国人大的性质及常设机关】中华人民共和国全国人民代表大会是最高国家权力机关。它的常设机关是全国人民代表大会常务委员会。

解读

本条是关于全国人民代表大会及其常务委员会性质的规定。

我国政权的组织形式是人民代表大会制度。国家的一切权力属于人民，人民行使国家权力的形式是通过选举产生人民代表，组成国家权力机关行使国家权力。全国人民代表大会在国家权力机关体系中居于核心地位，是最高国家权力机关。全国人大设立常务委员会，作为它的常设机关，在全国人大闭会期间，行使部分最高国家权力机关的职权，讨论决定除应当由全国人大讨论决定外的其他一系列国家重大问题，可以保证最高国家权力机关经常性地、有效地运作。全国人大常委会向全国人大负责和报告工作，接受全国人大的监督。全国人大由省、自治区、直辖市、特别行政区和人民解放军选出的代表组成。全国人大常委会由委员长、副委员长若干人、秘书长、委员若干人组成。

第五十八条　【国家立法权】全国人民代表大会和全国人民代表大会常务委员会行使国家立法权。

解读

本条是关于国家立法权的规定。

在我国，立法权通常是指特定的国家机关依据特定的程序制定、修改、补充、废止或解释法律、法规的权力。国家立法权，顾名思义，就是以国家的名义制定法律的权力。在我国，国家立法权由全国人大及其常委会行使。全国人大及其常委会的国家立法权具有以下特点:一是最高性。主要的原因是基于全国人大及其常委会地位的特殊性。二是主权性。立法权是国家主权的体现。全国人大及其常委会是反映全体人民意志和利益的代表机关,由它通过法定程序制定的法律,体现的是人民的主权和国家的主权。三是独立性。国家立法权作为国家权力体系的重要组成部分,是一种相对独立的权力。国家立法权的充分行使,为改革开放和现代化建设提供了重要法律保障。

第五十九条 【全国人大的组成及代表的选举】全国人民代表大会由省、自治区、直辖市、特别行政区和军队选出的代表组成。各少数民族都应当有适当名额的代表。

全国人民代表大会代表的选举由全国人民代表大会常务委员会主持。

全国人民代表大会代表名额和代表产生办法由法律规定。

解读

本条是关于全国人民代表大会的组成和全国人大代表选举产生方式的相关规定。

本条第一款是关于我国全国人民代表大会组成人员的规定。根据《全国人民代表大会和地方各级人民代表大会选举法》的相关规定,我国的选举采取直接选举和间接选举相结合的方式。全国人大代表的选举实行的是间接选举,即由各省、自治区、直辖市、特别行政区和军队选出相应的代表。台湾出席全国人大会议的代表,由各省、自治区、直辖市和人民解放军中的台湾省籍同胞推选代表来北京协商选举产生。之所以特别规定"各少数民族都应当有适当名额的代表",是因为我国是统一的多民族国家,为了保障各民族的平等的权利及相关的利益,保障各少数民族都能参与国家事务的决策和管理,在全国人民代表大会中,都应当有适当少数民族代表的名额。少数民族代表名额应当根据少数民族地区的具体情况来进行相应的分配。

本条第二款是对全国人大主持机构的规定。根据我国选举法相关规定,全国人大常委会主持全国人大代表的选举。其主要的内容包括:确定并分配全国人大代表的名额;建议提名候选人;对选举工作予以指导;对当选代表的资格进行审查;公布代表名单等。

本条第三款是对全国人大代表的产生方法的规定。《全国人民代表大会和地方各级人民代表大会选举法》对全国人大和地方各级人大的代表名额及其产生办法作了相关的规定,香港、澳门特别行政区的全国人大代表的名额及产生办法,由全国人大另行规定。

第六十条　【全国人大任期】全国人民代表大会每届任期五年。

全国人民代表大会任期届满的两个月以前,全国人民代表大会常务委员会必须完成下届全国人民代表大会代表的选举。如果遇到不能进行选举的非常情况,由全国人民代表大会常务委员会以全体组成人员的三分之二以上的多数通过,可以推迟选举,延长本届全国人民代表大会的任期。在非常情况结束后一年内,必须完成下届全国人民代表大会代表的选举。

解读

本条是关于全国人民代表大会任期的规定。

任期是指由选举产生的每一届人民代表大会行使宪法职权的法定期限。本条第一款规定全国人民代表大会的每一届任期为 5 年。按照《全国人民代表大会组织法》的相关规定,每届全国人大任期的起止时间是从本届全国人大举行第一次会议开始,到下届全国人大举行第一次会议为止。

本条第二款是关于全国人大延长任期的相关规定。为了使全国人大做到按期换届,全国人大代表的选举必须提前完成。即在全国人民代表大会任期届满的2个月以前,全国人民代表大会常务委员会必须完成下届全国人民代表大会代表的选举。遇到不能选举的非常情况,可以推迟选举,延长任期。何谓“非常情况”,法律没有作出明确的规定。应当理解为导致无法组织选举的紧急状态,如战争、暴乱、社会动乱、特大自然灾害等。对推迟选举的程序规定是十分严格的,要经过全国人大常委会全体成员的2/3以上的多数通过。

第六十一条　【全国人大会议制度】全国人民代表大会会议每年举行一次,由全国人民代表大会常务委员会召集。如果全国人民代表大会常务委员会认为必要,或者有五分之一以上的全国人民代表大会代表提议,可以临时召集全国人民代表大会会议。

全国人民代表大会举行会议的时候,选举主席团主持会议。

解读

本条是关于全国人大会议制度的规定。

全国人大行使职权的方式就是举行会议,全国人大每年举行一次会议。宪法对全国人大会议次数的要求不同于《地方各级人民代表大会和地方各级人民政府组织法》对地方各级人大会议次数的要求,地方各级人大会议每年至少举行1次。全国人大会议在每年第一季度举行。会议的召集主体是全国人大常委会,这意味着只有全国人大常委会有权召集全国人大会议,其他组织和个人都无权召集。全国人大常委会召集全国人大会议,主要进行以下工作:提出会议议程草案;提出主席团和秘书长名单草案;决定列席会议人员名单以及会议的其他准备事项等。在例会之外,还可以召开临时会议。召开临时会议,应当是遇到紧急的、重大的、突发的情况,由全国人大常委会或者1/5以上的全国人大代表联名提议。但是如何召开临时会议,程序上还不是很明确。

全国人大会议由主席团主持。全国人大常委会只能召集而不能主持全国人大会议,原因在于全国人大常委会是全国人大闭会期间的常设机构,在全国人大会议期间不履行职责,而要向全国人大会议报告工作,接受监督。

第六十二条　【全国人大职权】全国人民代表大会行使下列职权:

(一)修改宪法;

(二)监督宪法的实施;

(三)制定和修改刑事、民事、国家机构的和其他的基本法律;

(四)选举中华人民共和国主席、副主席;

(五)根据中华人民共和国主席的提名,决定国务院总理的人选;根据国务院总理的提名,决定国务院副总理、国务委员、各部部长、各委员会主任、审计长、秘书长的人选;

(六)选举中央军事委员会主席;根据中央军事委员会主席的提名,决定中央军事委员会其他组成人员的人选;

(七)选举国家监察委员会主任;

(八)选举最高人民法院院长;

(九)选举最高人民检察院检察长;

(十)审查和批准国民经济和社会发展计划和计划执行情况的报告;

(十一)审查和批准国家的预算和预算执行情况的报告;

(十二)改变或者撤销全国人民代表大会常务委员会不适当的决定;

（十三）批准省、自治区和直辖市的建置；

（十四）决定特别行政区的设立及其制度；

（十五）决定战争和和平的问题；

（十六）应当由最高国家权力机关行使的其他职权。

解读

本条是关于全国人民代表大会职权的规定。

全国人民代表大会的职权，是宪法所赋予的要求全国人民代表大会在一定的情况下必须完成的工作职责。全国人民代表大会作为最高国家权力机关，行使国家所有权力中最重要的权力，在国家政治生活中承担着重要的职权。

（1）修改宪法。宪法修改是宪法制定者或者是依照宪法的规定享有宪法修改权的国家机关或其他特定的主体对宪法规范中不符合社会实际需要的内容而根据宪法所规定的特定修改程序加以删除、增加、变更宪法部分内容的宪法创制活动。宪法修改包括三种形式：全面修改、部分修改（决议或宪法修正案）、无形修改（宪法变迁）。我国1975年、1978年、1982年的三部宪法对于1954年《宪法》来说都是全面修改。对于1982年《宪法》来说，1988年、1993年、1999年、2004年以及2018年五次修改都属于部分修改。

（2）监督宪法的实施。宪法的生命在于实施，宪法的权威也在于实施。所谓宪法实施，是指宪法在国家现实生活中的贯彻落实，使宪法规范的内容转化为具体社会关系中的人的行为。为了更好地实施宪法，要对宪法实施的情况进行相应的监督。宪法监督有广义和狭义之分：广义的宪法监督是指国家为了监控、督促宪法实施而建立的各项制度的总称，包括特定国家机关的监督和各种社会力量如政党、舆论、公民等的监督；狭义的宪法监督是指特定的国家机关依照法定的程序审理违宪事件的制度。在我国，全国人大享有监督宪法实施的职权，其内容主要包括：审查法律、法规和法律性文件的合宪性；审查国家机关及其工作人员的行为合宪性等。

(3)制定和修改基本法律。这一职权是1982年《宪法》的重要改革，它将全国人大与全国人大常委会的立法权限作了一个大致的划分，把全国人大的立法权限限定在基本法律方面。何为基本法律？可以从以下两个方面理解：一方面，从法律的性质上看，“基本法律”是对某一类社会关系的调整和规范，在国家和社会生活中应当具有全局的、长远的、普遍的和根本的规范意义。另一方面，从调整的内容上看，“基本法律”所涉及的事项应当是公民的基本权利和义务关系，国家经济和社会生活中某一方面的基本关系，国家政治生活各个方面的基本制度，事关国家主权和国内市场统一的重大事项以及其他基本和重大的事项。基本法律的范围包括刑事、民事、国家机构等。全国人大制定基本法律的程序主要包括四个环节：法律案的提出、审议、表决和公布。

(4)选举和决定任命权。最高国家行政机关、军事机关、监察机关、审判机关、检察机关由全国人大选举产生，表现在人事安排上，全国人大选举和决定任免中央国家机关的领导人员。对于代表来说，选举时可以投赞成、反对或者弃权票，还可以另选他人。而决定人选时，则不能另选他人。在全国人大的选举和决定任命权中，选举国家监察委员会主任是新增加的一项职权。监察委员会的增设，是宪法对国家机构的重要改革：一方面，将监察机关纳入宪法，使它成为由人民代表大会产生，受人大监督的国家机关；另一方面，给监察委员会一个特殊的地位，使监察委员会作为行使国家监察职能的专责机关。

(5)审查和批准国民经济和社会发展计划和计划执行情况的

报告是全国人大一项重要的职权,是宪法和法律赋予全国人民代表大会的职责,也是人民当家作主、行使国家权力的重要体现。这一项职权又包括两项内容,包括审查和批准国民经济和社会发展计划,审查和批准国民经济和社会发展计划执行情况的报告。国民经济和社会发展计划是指国家对国民经济和社会发展各项内容所进行的分阶段的具体安排,分为长期计划(10 年至 20 年)、中期计划(一般为 5 年)、年度计划。全国人大审查和批准国民经济和社会发展计划,应作出是否批准国民经济和社会发展计划的决议。审查和批准国民经济和社会发展计划执行情况的报告,目的是使全国人大能够对已批准的国民经济和社会发展计划的贯彻执行情况进行检查,以确保已经批准的计划得到贯彻落实。

(6)审查和批准国家的预算和预算执行情况的报告。这一项职权包括审查和批准国家的预算以及审查和批准国家预算执行情况的报告。预算是经法定程序审核批准的国家年度集中性财政收支计划。全国预算包括中央预算和地方预算。国家预算也称政府预算、中央预算,是政府的基本财政收支计划,即经法定程序批准的国家年度财政收支计划。国家预算是实现财政职能的基本手段,反映国家的施政方针和社会经济政策,规定政府活动的范围和方向。根据《预算法》的相关规定,中央预算由全国人民代表大会审查和批准。国务院财政部门应当在每年全国人民代表大会会议举行的45 日前,将中央预算草案的初步方案提交全国人民代表大会财政经济委员会进行初步审查。另外,根据《预算法》的相关规定,国务院在全国人民代表大会举行会议时,向大会作关于中央和地方预算草案以及中央和地方预算执行情况的报告。全国人民代表大会财政经济委员会向全国人民代表大会主席团提出关于中央和地方预算草案及中央和地方预算执行情况的审查结果报告。

(7)改变或者撤销全国人民代表大会常务委员会不适当的决定,是1982年修改宪法时增加的一项职权。全国人大常委会制定的法律、重大事项的决定、对人事任免的决定等,全国人大只要认为是“不适当”的,全国人大都可以改变或者撤销,体现了对全国人大常委会的监督。

(8)批准省、自治区和直辖市的建置是全国人大一项重要的职权。所谓的“建置”,可以理解为省、自治区、直辖市的构建、建立,包括增设一个省、自治区、直辖市或者撤销一个省、自治区、直辖市。建置不同于区域划分,区域划分可以理解为对此区域属于哪个省、自治区、直辖市进行相应的规划。

(9)决定特别行政区的设立及其制度,是1982年《宪法》新增加的内容,其目的是落实“一国两制”的构想,解决香港、澳门和台湾的问题,以实现祖国的统一。全国人大先后制定了香港、澳门特别行政区基本法,设立了香港、澳门特别行政区,实现了香港和澳门的顺利回归。

(10)决定战争和和平的问题。战争与和平的问题是国际社会关注的永恒主题。所谓的战争问题是指包括宣战、停战和与他国处于敌对状态在内的有关战争的问题。和平问题是相对于战争问题而言的,是指决定战争结束的状态。我国通常在两种情况下决定战争状态:一是受到外敌的入侵;二是为履行国际主义或者国际条约的义务,制止其他国家发动的侵略战争。而决定和平的状态主要包括以下三种情况:一是反侵略战争或者反非正义战争已经取得胜利;二是侵略者或者非正义战争的发动者宣布投降,放弃战争;三是与交战国达成协议,宣布停战。战争与和平问题与国家的生存发展息息相关,避免战争、保证国际安全与和平是国际社会的首要目标,所以需要由最高国家权力机关来决定战争与和平的状态。

(11)应当由最高国家权力机关行使的其他职权是一项兜底的条款。上述列举的职权是有限的,为确保最高国家权力由最高国家机关行使,立法规定了兜底条款。

第六十三条 【全国人大罢免权】全国人民代表大会有权罢免下列人员:

(一)中华人民共和国主席、副主席;

(二)国务院总理、副总理、国务委员、各部部长、各委员会主任、审计长、秘书长;

(三)中央军事委员会主席和中央军事委员会其他组成人员;

(四)国家监察委员会主任;

(五)最高人民法院院长;

(六)最高人民检察院检察长。

解读

本条是关于全国人大罢免权的相关规定。

罢免是对违法或失职的国家工作人员,在任期届满前,依照法定程序解除其职务的活动。罢免带有惩罚的性质,与免职有所不同。免职是指由人大及其常委会选举或任命的国家机关领导人员和工作人员,因正常工作变动或因轻微违规违纪需要停止职务,由有关国家机关负责人提请本级人大常委会给予表决通过的一种活动。全国人大的罢免权不仅是它为最高国家权力机关的重要体现,也是我国民主集中制的政权组织原则的体现。我国的人民代表大会所享有的罢免权的范围是非常广泛的,涉及所有的由它选举产生的机关,包括中华人民共和国主席、副主席,国务院的组成人员,中央军事委员会的组成人员,最高人民法院院长和最高人民检察院检察长,国家监察委员会主任。在何种情况下行使罢免权,宪法、法律并没有作出明确的规定。一般来说,提出罢免案要有充足的理由。根据《全国人民代表大会议事规则》的相关规定，有权提出罢免案的是全国人大会议主席团、3个以上的代表团或者1/10以上的人大代表联名。罢免案由主席团交各代表团审议后，提请大会全体会议表决；或者由主席团提议，经大会全体会议决定，组织调查委员会，由全国人大下次会议根据调查委员会的报告审议决定。罢免案应当写明罢免理由，并提供有关的材料。

第六十四条 【宪法修改的程序与法律案的通过】宪法的修改，由全国人民代表大会常务委员会或者五分之一以上的全国人民代表大会代表提议，并由全国人民代表大会以全体代表的三分之二以上的多数通过。

法律和其他议案由全国人民代表大会以全体代表的过半数通过。

解读

本条是关于宪法修改和通过法律及其他议案的规定。

宪法的修改要遵循严格的程序，必须由全国人大常委会或者1/5以上的全国人大代表提议。这是1982年《宪法》新增加的内容。通过修改宪法的议案必须经全国人大以全体代表的2/3以上（包括2/3）的多数通过。“全体代表”是指经代表资格审查委员会审查确认的代表名单，不包括应选而未选出的代表名额，也不包括选出之后死亡、出缺的代表。以全体代表的2/3以上（包括2/3）的多数通过，要求宪法的修改要有较高的会议出席率。1954年《宪法》规定的通过修改宪法议案的人数为“三分之二的多数”，没有“以上”二字，在一定程度上来说表述是不够严谨的。

本条第二款规定“法律和其他议案由全国人民代表大会以全体代表的过半数通过”。法律和其他议案的通过，采取绝对多数原则,而不是简单多数原则。“其他议案”指的是除宪法修改案和法律案之外的其他议案,包括选举案、罢免案、决定人选案等。

第六十五条 【全国人大常委会的组成及组成原则】全国人民代表大会常务委员会由下列人员组成:

委员长,

副委员长若干人,

秘书长,

委员若干人。

全国人民代表大会常务委员会组成人员中,应当有适当名额的少数民族代表。

全国人民代表大会选举并有权罢免全国人民代表大会常务委员会的组成人员。

全国人民代表大会常务委员会的组成人员不得担任国家行政机关、监察机关、审判机关和检察机关的职务。

解读

本条是关于全国人大常委会的组成及组成原则的相关规定。

全国人大常委会作为全国人大的常设机关,其人员的合理构成是十分重要的。本条第一款是对全国人大常委会组成人员的相关规定,包括委员长、副委员长若干人、秘书长、委员若干人。其中,委员长是全国人大常委会的领导人,负责主持全国人大常委会的工作,召集全国人大常委会会议。副委员长协助委员长的工作,受委员长的委托,可以代行委员长的部分职权。委员长因健康状况不能工作或者缺位的时候,由常委会在副委员长中推选一人代理委员长的职务,直到委员长恢复健康或者全国人大选出新的委员长为止。中华人民共和国主席、副主席缺位时,全国人大补选之前,由委员长暂时代理国家主席职位。秘书长由一人担任,是常务委员会中最关键的一个职务。其工作包括协助委员长工作,具体联系整个常委会等。关于全国人大常委会组成人员的名额没有具体规定,每届的具体名额通常由每届全国人大第一次会议选举和决定任命办法确定。

本条第二款规定在全国人大常委会组成人员中,应当有适当名额的少数民族代表。这一款是1982年修改宪法时新增加的一项规定。之所以增加这一项规定,是因为我国是一个统一的多民族国家,要让全国人大常委会能够更好地保障少数民族的利益,反映全国各民族的意志。

本条第三款规定"全国人民代表大会选举并有权罢免全国人民代表大会常务委员会的组成人员"。全国人大常委会组成人员由全国人大选举产生,即由每届全国人大第一次会议主席团从代表中提出人选,经各代表团酝酿协商后,再由主席团根据多数代表的意见确定正式候选人名单,最后由大会全体会议选举产生。从七届全国人大一次会议开始,常委会委员改为差额选举产生,委员长、副委员长、秘书长仍实行等额选举。差额比例没有明确的法律规定,由全国人大会议在选举办法中确定。关于全国人大常委会组成人员的罢免,即由主席团、3个以上的代表团或者1/10以上的代表提出对于全国人大常委会组成人员的罢免案,由主席团交各代表团审议后,提请大会全体会议表决;或者由主席团提议,经大会全体会议决定,组织调查委员会,由全国人大下次会议根据调查委员会的报告审议决定。

本条第四款是关于全国人大常委会组成人员担任职务的禁止性规定。其中,不能担任监察机关的职务是新增加的内容。之所以对全国人大常委会组成人员担任职务作出禁止性的规定,是为了提高全国人大常委会组成人员的专职化程度,避免角色冲突,使全国人大常委会能更有效地开展相应的工作。同时,全国人大常委会的组成人员，是最高国家权力机关的常设机关的工作人员，对国家行政机关、监察机关、审判机关、检察机关进行监督，所以不能兼任国家行政机关、监察机关、审判机关和检察机关的职务。如果担任上述职务，必须向常委会辞去在常委会所担任的职务。

第六十六条 【全国人大常委会任期】全国人民代表大会常务委员会每届任期同全国人民代表大会每届任期相同，它行使职权到下届全国人民代表大会选出新的常务委员会为止。

委员长、副委员长连续任职不得超过两届。

解读

本条是关于全国人大常委会任期的规定。

全国人大常委会作为全国人大的常设机构，其任期与全国人大的任期相同，每届5年。略有区别的是，它们任期的起止时间并不完全相同。全国人大的任期从每届宣布举行第一次会议开始到下届全国人大宣布举行第一次会议结束。而全国人大常委会的任期从每届全国人大宣布选出新的全国人大常委会组成人员开始到下届全国人大宣布选出新的全国人大常委会组成人员结束。

本条第二款是1982年修改宪法时新增加的内容，规定"委员长、副委员长连续任职不得超过两届"，是指委员长、副委员长连续担任同一职务最多只能两届，即不超过10年。"连续任职"指的是届与届之间不间断。

第六十七条 【全国人大常委会的职权】全国人民代表大会常务委员会行使下列职权：

（一）解释宪法，监督宪法的实施；

（二）制定和修改除应当由全国人民代表大会制定的法律以

外的其他法律；

（三）在全国人民代表大会闭会期间，对全国人民代表大会制定的法律进行部分补充和修改，但是不得同该法律的基本原则相抵触；

（四）解释法律；

（五）在全国人民代表大会闭会期间，审查和批准国民经济和社会发展计划、国家预算在执行过程中所必须作的部分调整方案；

（六）监督国务院、中央军事委员会、国家监察委员会、最高人民法院和最高人民检察院的工作；

（七）撤销国务院制定的同宪法、法律相抵触的行政法规、决定和命令；

（八）撤销省、自治区、直辖市国家权力机关制定的同宪法、法律和行政法规相抵触的地方性法规和决议；

（九）在全国人民代表大会闭会期间，根据国务院总理的提名，决定部长、委员会主任、审计长、秘书长的人选；

（十）在全国人民代表大会闭会期间，根据中央军事委员会主席的提名，决定中央军事委员会其他组成人员的人选；

（十一）根据国家监察委员会主任的提请，任免国家监察委员会副主任、委员；

（十二）根据最高人民法院院长的提请，任免最高人民法院副院长、审判员、审判委员会委员和军事法院院长；

（十三）根据最高人民检察院检察长的提请，任免最高人民检察院副检察长、检察员、检察委员会委员和军事检察院检察长，并且批准省、自治区、直辖市的人民检察院检察长的任免；

（十四）决定驻外全权代表的任免；

（十五）决定同外国缔结的条约和重要协定的批准和废除；

（十六）规定军人和外交人员的衔级制度和其他专门衔级制度；

（十七）规定和决定授予国家的勋章和荣誉称号；

（十八）决定特赦；

（十九）在全国人民代表大会闭会期间，如果遇到国家遭受武装侵犯或者必须履行国际间共同防止侵略的条约的情况，决定战争状态的宣布；

（二十）决定全国总动员或者局部动员；

（二十一）决定全国或者个别省、自治区、直辖市进入紧急状态；

（二十二）全国人民代表大会授予的其他职权。

解读

本条是关于全国人大常委会职权的规定。

1982年《宪法》赋予全国人大常委会一系列重要的职权，并且较之以往有所扩大，使常委会的地位进一步加强。《宪法》扩大常委会的部分职权的原因，彭真同志在《关于中华人民共和国宪法修改草案的报告》中说，“全国人大常委会是人大的常设机关，它的组成人员也可说是人大的常务代表，人数少，可以经常开会，进行繁重的立法工作和其他经常性工作。所以适当扩大全国人大常委会的职权是加强人民代表大会制度的有效办法”。以通过扩大全国人大常委会职权的方式来强化最高国家权力机关的常设机关的职能。实践证明，这对于我国人大制度的有序运行和我国依宪治国秩序的形成有着非常重要的作用。本条规定全国人大常委会的职权主要包括：

（1）解释宪法，监督宪法的实施。解释宪法，指的是为了适用宪法而对宪法条文的含义作出权威的有约束力的说明，包括立法机关解释、司法机关解释和专门机关解释。一般来说,以下四种情况需要进行宪法解释:一是《宪法》条文中通常只作原则规定,实施中如何具体理解和运用,有待于进一步说明;二是《宪法》条文中的某些用语因受文字表达的局限,需要进一步阐释;三是对有遗漏、不完善的地方,需要进行补充说明;四是由于《宪法》中的某些条文不适应已经发生变化的社会实际情况,需要通过相应的解释使其具有现实意义。在我国,与全国人大相比,由其常设机关行使解释宪法的职权更为便利。从现行宪法颁布到现在,全国人大常委会还没有专门进行过宪法解释。监督宪法实施就是纠正和撤销违宪行为,以确保宪法得以全面、准确的贯彻落实。全国人大常委会监督宪法实施主要体现在全国人大常委会有权撤销同宪法相抵触的行政法规、地方性法规、自治条例和单行条例、决定、命令、决议等。由于全国人大的地位高于全国人大常委会,所以全国人大常委会监督宪法实施的权力从属于全国人大。

(2)制定和修改除应当由全国人大制定的法律以外的其他法律,这一规定是全国人大常委会与全国人大立法权限的划分。

(3)在全国人大闭会期间,对全国人大制定的法律进行部分补充和修改,但是不得同该法律的基本原则相抵触。这是对全国人大常委会修改法律权限的相关规定。全国人大常委会在全国人大闭会期间,有权对全国人大制定的法律进行部分补充和修改。这里的“部分”是对补充和修改的量的限制,不能是全部。另外,补充和修改全国人大制定的法律不得同该法律的基本原则相抵触。什么是法律的基本原则?法律的基本原则,是指在该法律中带有统领整个法律条文或者指导其他法律条文适用的基本规定。什么是相抵触?相抵触主要包括违反、越权、缺少法律依据三种情况。在实践中判断是否同《宪法》抵触,需要有合宪性审查机制才能进行实际操作。

(4)解释法律。解释法律,是指为了适用法律而对法律作出的立法性解释。这种解释同法律具有同等的效力。根据《立法法》的规定,法律有以下情况之一的,由全国人民代表大会常务委员会解释:一是法律的规定需要进一步明确具体含义的;二是法律制定后出现新的情况,需要明确适用法律依据的。国务院、中央军事委员会、最高人民法院、最高人民检察院和全国人大各专门委员会以及省、自治区、直辖市的人大常委会可以向全国人大常委会提出法律解释要求。常委会工作机构研究拟订法律解释草案,由委员长会议决定列入常委会会议议程。法律解释草案经常委会会议审议,由宪法和法律委员会根据常委会组成人员的审议意见进行审议、修改,提出法律解释草案表决稿。法律解释草案表决稿由常委会全体组成人员的过半数通过,由常委会发布公告予以公布。

(5)在全国人大闭会期间,审查和批准国民经济和社会发展计划、国家预算在执行过程中所必须作的部分调整方案。本款是1982年修改宪法时赋予全国人大常委会的一项新的职权,使审查和批准行为成为一种经常性的行为,以适应现实变化的需要。所谓"必须作的",是指由于某种不能预见的突发状况,计划和预算没有安排这方面的费用,而这笔费用由于某种原因不能在原有的计划和预算内进行调整,需要报全国人大常委会进行调整和增加。关于什么是"部分调整方案",法律并没有一个明确的标准。但是从《宪法》规定的含义来看,国民经济和社会发展计划、国家预算在执行过程中的任何调整,都属于部分调整,都需要报全国人大常委会审查和批准。

(6)监督国务院、中央军事委员会、国家监察委员会、最高人民法院和最高人民检察院的工作。全国人大常委会的监督权是指全国人大常委会对由它产生的国家机关的工作是否符合宪法和法律,是否符合人民的意志和利益,是否履行自己的职责和对人民负责所进行的监督的一种权力。国务院、中央军事委员会、国家监察委员会、最高人民法院和最高人民检察院都由全国人大产生,根据《宪法》的规定,分别行使国家的各项权力。因此,它们都必须向全国人大负责并接受它的监督。但是,监督这些机关是一项经常性的日常工作,因此《宪法》规定,在全国人大闭会期间,由全国人大常委会行使监督权。全国人大常委会行使监督权,目的在于确保宪法和法律得到正确实施,维护社会主义法制的统一、尊严和权威;确保行政权、监察权、审判权、检察权得到正确行使,实现好、维护好、发展好广大人民的根本利益。全国人大常委会的监督工作主要包括:听取和审议上述机关的专项工作报告;听取和审议计划、预算的执行情况报告和审计工作报告;组织执法检查,对法律的实施情况进行检查监督;组织对特定问题的调查等。

(7)撤销国务院制定的同宪法、法律相抵触的行政法规、决定和命令以及撤销省、自治区、直辖市国家权力机关制定的同宪法、法律和行政法规相抵触的地方性法规和决议是有关全国人大常委会撤销权的相关规定,也是全国人大常委会监督宪法实施的合宪性审查手段。国务院制定的行政法规、决定和命令必须服从于宪法和法律,省、自治区、直辖市国家权力机关制定的地方性法规和决议也不得同宪法、法律和行政法规相冲突,这是维护社会主义法制统一的基本保证。根据《立法法》的相关规定,国务院、中央军事委员会、国家监察委员会、最高人民法院、最高人民检察院和各省、自治区、直辖市的人大常委会认为行政法规、地方性法规、自治条例和单行条例同宪法或者法律相抵触的,可以向全国人大常委会书面提出进行审查的要求,由全国人大有关的专门委员会和常委会工作机构进行审查、提出意见。其他国家机关和社会团体、企业事业组织以及公民认为行政法规、地方性法规、自治条例和单行条例同宪法或者法律相抵触的,可以向全国人大常委会书面提出进行审查的建议,由常委会工作机构进行审查;必要时,送有关的专门委员会进行审查、提出意见。

(8)决定、任免国家机关领导人员。作为全国人大常设机关的全国人大常委会,在全国人大闭会期间,有权代行全国人大的部分职权,即:全国人大常委会有权根据国务院总理的提名,决定部长、委员会主任、审计长、秘书长的人选;根据中央军事委员会主席的提名,决定中央军事委员会其他组成人员的人选;根据国家监察委员会主任的提请,任免国家监察委员会副主任、委员;根据最高人民法院院长的提请,任免最高人民法院副院长、审判员、审判委员会委员和军事法院院长;根据最高人民检察院检察长的提请,任免最高人民检察院副检察长、检察员、检察委员会委员和军事检察院检察长,并且批准省、自治区、直辖市的人民检察院检察长的任免。其中,根据国家监察委员会主任的提请,任免国家监察委员会副主任、委员是2018年修改宪法时新增加的内容。

(9)决定驻外全权代表的任免。驻外全权代表是一国派往另一国、国际组织或国际会议的持有全权证书或按其职位有权进行谈判、签订条约的代表。国家驻外全权代表分为常驻的和临时的两种。常驻的代表,如国家派往外国的大使和公使,是可全权处理某一事务的代表。外交上的全权代表须持有国家元首签署的全权证书。临时的代表,如国家为了和外国谈判、签订条约或参加国际会议而派出的全权代表。这种临时性的全权代表在完成任务后,国家赋予的全权即自行终止。全国人大常委会行使决定驻外全权代表的任免这一职权。在实践中,驻外全权代表的人选由国务院总理提名,全国人大常委会作出驻外全权代表任免的决定,由国家主席派遣和召回驻外全权代表。

(10)决定同外国缔结的条约和重要协定的批准和废除。根据《缔结条约程序法》规定,“条约和重要协定”是指:友好合作条约、和平条约等政治性条约;有关领土和划定边界的条约、协定;有关司法协助、引渡的条约、协定;同中华人民共和国法律有不同规定的条约、协定;缔约各方议定须经批准的条约、协定;其他须经批准的条约、协定。全国人大常委会决定批准和废除同外国缔结的条约和重要协定,国家主席根据全国人大常委会的决定予以批准和废除。

(11)规定军人和外交人员的衔级制度和其他专门衔级制度。军人的衔级制度是对军人职称和等级进行划分的制度。我国军官军衔设下列三等十级:一是将官,包括上将、中将、少将;二是校官,包括大校、上校、中校、少校;三是尉官,包括上尉、中尉、少尉。军衔是国家给予军人的一种荣誉。实行军衔划分制度有利于进一步理顺军官的编配关系,有效调整军官队伍的比例结构,增强军人的责任心和荣誉感。外交人员的衔级制是对外交人员的职称和等级进行划分的制度。外交衔级一般包括:大使衔、公使衔、参赞衔、一等秘书衔、二等秘书衔、三等秘书衔、随员衔。其他专门衔级制度,具体指什么,目前没有明确的法律规定和相关的解释。从我国的立法来看,目前我国的衔级包括海关关衔制和警衔制。我国海关关衔设五等十三级,最高级别为“海关总监”。海关总署、分署、特派员办公室、各直属海关、隶属海关和办事处的国家公务员可以授予海关关衔。我国警衔是区分人民警察等级、表明人民警察身份的称号和标志,是国家给予人民警察的荣誉。我国警衔设五等十三级,即总警监、副总警监;警监(一级、二级、三级);警督(一级、二级、三级);警司(一级、二级、三级);警员(一级、二级)。

(12)规定和决定授予国家的勋章和荣誉称号。授予国家的勋章和荣誉称号是给予为国家的建立、发展作出卓越贡献的人的一种国家的奖励和表彰。根据《国家勋章和国家荣誉称号法》的规定,国家勋章和国家荣誉称号为国家最高荣誉,由全国人民代表大会常务委员会决定授予国家勋章和国家荣誉称号。国家在国庆日或者其他重大节日、纪念日,举行颁授国家勋章、国家荣誉称号的仪式;必要时,也可以在其他时间举行颁授国家勋章、国家荣誉称号的仪式。

(13)决定特赦。特赦,是指对已受罪行宣告的特定犯罪人,免除其全部或者部分刑罚的制度。特赦不同于大赦,大赦是指对所有已判有其罪的犯人的赦免。我国有特赦而无大赦。特赦的“决定权”在全国人大常委会,而不在全国人大。2015 年 8 月 29 日,十二届全国人大常委会第十六次会议通过了《全国人民代表大会常务委员会关于特赦部分服刑罪犯的决定》,其中规定,为纪念中国人民抗日战争暨世界反法西斯战争胜利 70 周年,对依据 2015 年 1 月 1 日前人民法院作出的生效判决正在服刑、释放后不具有现实社会危险性的 4 类罪犯实行特赦。

(14)在全国人大闭会期间,如果遇到国家遭受武装侵犯或者必须履行国际间共同防止侵略的条约的情况,决定战争状态的宣布。本项内容与全国人大决定战争与和平问题的权力的区别在于,全国人大决定战争问题的权力范围比全国人大常委会决定战争状态的权力范围要广一些。由于战争是突发性的,如果在全国人大闭会期间,遇到国家遭受武装侵犯或者必须履行国际间共同防止侵略的条约的情况,需要立即作出相应的反应,宣布全国或某个地区进入战争状态,这时只能由全国人大常委会作出决定。

(15)决定全国总动员或者局部动员。总动员是国家在非常时期(如发生战争)采取的紧急措施,即把全部武装力量从平时状态转入紧急状态，并统一调度、指挥、管理一切可以利用的人力、物力为非常时期的任务服务。总动员令发布后，被动员征召的人员和物资，必须按命令规定的时间和地点到达，违抗命令者，要依法惩处。总动员是指在全国范围内的动员，局部动员是指在局部地区的动员。新中国成立后，从1950年开始，制定过一些含有工业、交通、物资等动员内容的条例、规定、办法；随着国家法制建设的加强，1997年，八届全国人大五次会议通过了《国防法》，该法第八章对国防动员作了相应的规定。全国人大常委会决定全国总动员或者局部动员，国务院和中央军事委员会共同领导动员准备和动员实施工作。

(16)决定全国或者个别省、自治区、直辖市进入紧急状态。紧急状态，是指发生或者即将发生特别重大突发事件，需要国家机关行使紧急权力予以控制、消除其社会危害和威胁时，有关国家机关按照宪法、法律规定的权限决定并宣布在局部地区或者全国实行的一种临时性的严重危急状态。为进一步完善应对严重自然灾害、重大人为事故、突发公共卫生事件、经济危机等紧急状况的法律制度，总结2003年抗击"非典"的教训，总结《防洪法》《防震减灾法》等法律实施的经验，并借鉴国际上的普遍做法，2004年修改宪法时用"紧急状态"一词取代了"戒严"，紧急状态包括戒严但不限于戒严。

(17)全国人大授予的其他职权。这是对全国人大常委会的授权条款。关于"应当"的具体含义，宪法没有作出明确的法律界定。全国人大有权对"应当属于自身行使的职权"的范围作出自己的判断。

第六十八条　【全国人大常委会委员长及委员长会议】全国人民代表大会常务委员会委员长主持全国人民代表大会常务委

员会的工作,召集全国人民代表大会常务委员会会议。副委员长、秘书长协助委员长工作。

委员长、副委员长、秘书长组成委员长会议,处理全国人民代表大会常务委员会的重要日常工作。

解读

本条是关于全国人大常委会委员长和委员长工作职责的规定。

本条第一款主要是对委员长职权的相关规定。由于全国人大常委会的工作具有经常性的特点,需要由专门的人员来主持相应的工作,所以全国人大常委会委员长负有相应的职责。副委员长、秘书长协助委员长工作,包括副委员长受委员长的委托,代行委员长的部分职权。

本条第二款是关于委员长会议的工作职责的规定。委员长会议是处理全国人大常委会的重要日常工作的一个会议,不是一个权力机构,不能行使常委会的职权。根据《全国人民代表大会组织法》的相关规定,全国人大常委会的重要的日常工作包括:决定常务委员会每次会议的会期,拟订会议议程草案,必要时提出调整会议议程的建议;对向常务委员会提出的议案和质询案,决定交由有关的专门委员会审议或者提请常务委员会全体会议审议;决定是否将议案和决定草案、决议草案提请常务委员会全体会议表决,对暂不交付表决的,提出下一步处理意见;通过常务委员会年度工作要点、立法工作计划、监督工作计划、代表工作计划、专项工作规划和工作规范性文件等;指导和协调各专门委员会的日常工作;处理常务委员会其他重要日常工作。

第六十九条 【全国人大常委会与全国人大的关系】全国人民代表大会常务委员会对全国人民代表大会负责并报告工作。

解读

本条是关于全国人大常委会与全国人大关系的规定。

全国人大常委会作为全国人大的常设机关，由全国人大选举产生，对全国人大负责。负责的具体表现形式就是向全国人大报告工作，如立法、监督、自身建设等，通过报告工作的方式使全国人大了解常委会的工作情况，从而接受大会的监督。

第七十条　【全国人大的专门委员会及其职责】全国人民代表大会设立民族委员会、宪法和法律委员会、财政经济委员会、教育科学文化卫生委员会、外事委员会、华侨委员会和其他需要设立的专门委员会。在全国人民代表大会闭会期间，各专门委员会受全国人民代表大会常务委员会的领导。

各专门委员会在全国人民代表大会和全国人民代表大会常务委员会领导下，研究、审议和拟订有关议案。

解读

本条是对全国人大各专门委员会的设立和职权的规定。

专门委员会工作的最大特点是专业化和经常化。由于专门委员会的组成人员一般都是相关领域中的专家、学者和实际工作者，他们对有关问题比较熟悉，而且人员较少，便于分门别类地研究、讨论问题，对相关问题可以考虑得更深入、更周到。同时，它们不会因全国人大闭会而停止工作，可以协助全国人大及其常委会进行经常性工作。因此，全国人大专门委员会的工作，对全国人大及其常委会有效地行使立法、监督、决定、任免等各项职权，更好地履行最高国家权力机关的职能，起着不可替代的作用。

本条第一款是对全国人大专门委员会的设立和其与全国人大常委会的关系的规定。各专门委员会由主任委员、副主任委员若干人和委员若干人组成，其人选由全国人大主席团在代表中提名，全国人大会议通过。在全国人大召开期间，各专门委员会是全国人大的工作机构，受全国人大领导；在全国人大闭会期间，各专门委员会是全国人大常委会的工作机构，受全国人大常委会领导。在全国人大闭会期间，常委会可以补充任命个别副主任委员和部分委员。专门委员会还可以由全国人大常委会任命若干不是人大代表的专家担任兼职顾问或专职顾问。特别值得指出的是，现行宪法于2018年作出修改，将原有的法律委员会更改为宪法和法律委员会，对于推进合宪性审查工作，推进依宪治国将起到重要作用。

本条第二款是对全国人大各专门委员会职权的规定。各专门委员会的共同职权是：审议全国人大主席团或者全国人大常委会交付的议案；向全国人大主席团或者全国人大常委会提出属于全国人大或者全国人大常委会职权范围内同本委员会有关的议案。审议全国人大常委会交付的被认为同宪法、法律相抵触的国务院的行政法规、决定和命令，国务院各部、各委员会的命令、指示和规章，省、自治区、直辖市人大及其常委会的地方性法规和决议，以及省、自治区、直辖市的人民政府的决定、命令和规章，提出报告。审议全国人大主席团或者全国人大常委会交付的质询案，听取受质询机关对质询案的答复。必要时向全国人大主席团或者全国人大常委会提出报告。对属于全国人大或者全国人大常委会职权范围内同本委员会有关的问题，进行调查研究，提出建议，协助全国人大和全国人大常委会开展立法、监督等工作。

第七十一条　【特定问题调查委员会】全国人民代表大会和全国人民代表大会常务委员会认为必要的时候，可以组织关于特定问题的调查委员会，并且根据调查委员会的报告，作出相应的决议。

调查委员会进行调查的时候，一切有关的国家机关、社会团体和公民都有义务向它提供必要的材料。

解读

本条是关于全国人大及其常委会组织特定问题调查委员会的规定。

特定问题调查委员会是全国人大及其常委会为查证某个重大问题依照法定程序成立的临时性调查组织，它是国家权力机关实施监督的一种重要形式，也是国家权力机关法定的调查方式。特定问题调查委员会是一种临时性的委员会，而非常设委员会。

成立调查委员会，取决于全国人大及其常委会判断是否为必要。根据《全国人民代表大会议事规则》的规定，主席团、3个以上的代表团或者1/10以上的代表联名，可以提议组织关于特定问题的调查委员会，由主席团提请大会全体会议决定。调查委员会由主任委员、副主任委员若干人和委员若干人组成，由主席团在代表中提名，提请大会全体会议通过。调查委员会可以聘请专家参加调查工作。

本条第二款是对调查委员会开展调查工作保障条件的规定。在调查工作中，调查委员会有权向一切与调查的问题有关的国家机关、社会团体和公民个人进行调查，被调查者要承担如实提供必要材料的义务，并对提供的材料负相应的责任。《全国人民代表大会议事规则》进一步规定，提供材料的公民如果要求调查委员会对材料来源保密，调查委员会应当予以保密。调查委员会在调查过程中，可以不公布调查的情况和材料。调查委员会在结束调查工作时，向全国人大或全国人大常委会提出报告，调查报告必须以书面形式作出。调查报告的内容必须真实、可靠、公正、合法，不仅要对所调查的重大问题的查证情况有客观的介绍，而且要有调查委员会所作的结论性意见。全国人大或全国人大常委会召开全体会议，听取调查委员会的调查报告，并可以对该特定问题作出相应的决定。

第七十二条 【提案权】全国人民代表大会代表和全国人民代表大会常务委员会组成人员，有权依照法律规定的程序分别提出属于全国人民代表大会和全国人民代表大会常务委员会职权范围内的议案。

解读

本条是关于全国人大代表和全国人大常委会的组成人员提出议案的规定。

本条是1982年《宪法》新增加的规定。议案指的是具有法定提案权的国家机关、会议常设或临时设立的机构和组织，以及一定数量的个人，向权力机构提出进行审议并作出决定的议事原案。议案是反映民意的重要载体，通常包括宪法修改案、立法案、质询案、人事任免案、重大事项决定案等。根据《全国人民代表大会组织法》的规定，一个代表团或者30名以上的代表，可以向全国人大提出属于全国人大职权范围内的议案；1/5以上的代表联名，可以向全国人大提出宪法修改的议案；全国人大常委会组成人员10人以上联名，可以向常委会提出属于常委会职权范围内的议案。所提议案的内容必须属于全国人大或者其常委会的职权范围(《宪法》第62—64条规定的是全国人大的职权，《宪法》第67条规定的是全国人大常委会的职权)。如果属于政府工作方面的事情，则不应以议案的形式提出，而要以建议、批评和意见的形式提出。实践中，由于对是否属于全国人大及其常委会职权范围内的内容不易把握，因而每年所提出的很多议案实际上属于对各方面工作的建议、批评和意见，如增加地区的投资、增加财政拨款等。对于超出全国人大及其常委会职权范围的事项，只能转作相关的批评建议交有关部门处理。那么，对于提出的议案如何处理？根据《全国人民代表大会组织法》的规定，向全国人民代表大会提出的议案，由主席团提请全国人大会议讨论，或者交付有关委员会单独审查或者联合审查后提请全国人大会议讨论。向常委会提出的议案，由委员长提请常委会会议讨论，或者交付有关委员会单独审查或者联合审查后提请常委会会议讨论。

第七十三条 【质询权】全国人民代表大会代表在全国人民代表大会开会期间，全国人民代表大会常务委员会组成人员在常务委员会开会期间，有权依照法律规定的程序提出对国务院或者国务院各部、各委员会的质询案。受质询的机关必须负责答复。

解读

本条是关于全国人大代表和全国人大常委会组成人员享有质询权的规定。

质询是国家权力机关的组成人员依照法定程序，就国家行政机关工作中的问题提出质问，由有关机关负责人答复的活动。质询的功能是获取信息和敦促受质询机关行动。与审议、询问、建议、约见等相比，其程序更复杂，略显刚性；与罢免、撤职、撤销等监督方式相比，其又显现柔性。把质询定位为刚性监督的“柔性版”，似乎更贴切一些。质询所指向问题的解决或部分解决，打开了民意上行的通道。质询给政府施政的压力及跟进处理，敦促政府公开施政，提高了管理绩效，促进了责任政府的构建，可以说，实现了区域性的政治和谐。

在我国，人大代表对行政机关工作严重不满，或发现行政机关有失职行为，给国家和社会造成重大损失的，在人大会议上，人大代表可以依法对有关部门提出质询。质询是人大代表的一项重要权利，可以发挥重要的监督作用，程度上要比询问严厉得多。“依照法律规定的程序”，这里的法律具体是指《全国人民代表大会组织法》《全国人民代表大会议事规则》《全国人民代表大会常务委员会议事规则》《代表法》等。“对国务院或者国务院各部、各委员会”，明确指出了质询权的对象范围。“受质询的机关必须负责答复”，从法理上看，作为权利和权力的结合体，质询权具有直接支配受质询对象的强制力量。质询权则是一种刚性的监督，是专属于人大代表的监督权，是对其他国家机关及其工作人员工作失误的一种纠察和责问，具有一定的强制性，其他任何公民、组织均无此权力。从这个意义上说，质询权是人大代表对国家机关的监督权之中的“标志性权力”，更应当得到认真对待，修补目前质询制度的不足，以充分保障人大代表行使监督权。

根据《全国人民代表大会组织法》的规定，在全国人民代表大会会议期间，一个代表团或者 30 名以上的代表联名，可以书面提出对国务院、国务院各部门、国家监察委员会、最高人民法院、最高人民检察院的质询案，常务委员会的委员长、副委员长、秘书长组成委员长会议对向常务委员会提出的议案和质询案，决定交由有关的专门委员会审议或者提请常务委员会全体会议审议。常务委员会会议期间，常务委员会组成人员 10 人以上联名，可以向常务委员会书面提出对国务院以及国务院各部门、国家监察委员会、最高人民法院、最高人民检察院的质询案。各专门委员会审议全国人民代表大会主席团或者全国人民代表大会常务委员会交付的质询案，听取受质询机关对质询案的答复，必要的时候向全国人民代表大会主席团或者全国人民代表大会常务委员会提出报告。

第七十四条　【代表特别人身保护】全国人民代表大会代表，非经全国人民代表大会会议主席团许可，在全国人民代表大会闭

会期间非经全国人民代表大会常务委员会许可，不受逮捕或者刑事审判。

解读

本条是关于全国人大代表享有特别人身保护权的规定。

人大代表的人身特殊保护，是针对公民的人身自由保护来说的。《宪法》第三十七条规定，“中华人民共和国公民的人身自由不受侵犯。任何公民，非经人民检察院批准或者决定或者人民法院决定，并由公安机关执行，不受逮捕。禁止非法拘禁和以其他方法非法剥夺或者限制公民的人身自由，禁止非法搜查公民的身体”。人大代表作为公民的一员，享有人身保护权。但同时其又作为国家权力机关的组成人员，其人身自由不受侵犯还受到特殊保障。对全国人大代表的人身特殊保护制度适用于代表资格存在的整个时期内，无论是在大会开会期间还是在大会闭会期间，代表的人身都受到特殊的保护。全国人大代表要受到逮捕或者刑事审判的，在大会开会期间，其批准机构是大会主席团；而在大会闭会期间，其批准机构则是全国人大常委会。关于本条中的“不受逮捕或者刑事审判”，1982 年《宪法》在基本恢复 1954 年《宪法》的基础上，将“不受逮捕或者审判”改为“不受逮捕或者刑事审判”，表明全国人大代表的人身特殊保护权不包括不受民事、行政的审判，而仅仅是指刑事审判。1982 年《宪法》颁布以来，全国人大主席团或全国人大常委会还没有许可过对全国人大代表的逮捕或者刑事审判。

我国法律赋予人大代表人身特殊保护的权利，是为了维护国家权力机关的权威和工作的正常运转，保障人大代表依法履行相应的职务而不受到打击报复或者诬陷迫害。有关机关应当认真保护代表的这一权利，如果需要对人大代表采取限制人身自由的措施,严格按照法律的规定提请许可或者及时报告。全国人大代表享有人身特殊保护权,不表明代表有超越法律的特权,并不违反"法律面前人人平等的原则"。代表与其他公民一样,要遵守法律,并且作为国家权力机关的组成人员,还应当模范地遵守和执行宪法和法律。如果代表违法,也将与普通公民一样受到法律制裁。

第七十五条 【代表言论免责权】全国人民代表大会代表在全国人民代表大会各种会议上的发言和表决,不受法律追究。

解读

本条是关于全国人大代表言论免责权的相关规定。

本条是1982年《宪法》新增加的内容。全国人大代表的言论免责权适用于全国人大的各种会议。这里的"各种会议"包括大会全体会议、代表团会议、代表团小组会议、主席团会议、专门委员会会议,同时也包括全国人大常委会的各种会议。本条中的"发言"包括正确、不正确、不完全正确甚至错误的发言。"表决"包括赞成、反对或者弃权,表决的事项主要包括审议各种报告、计划、预算案,相关人事的选举、罢免、撤职等。人大代表在人大各种会议上的发言和表决,不受法律的追究,包括民事、刑事、行政等各种法律责任,目的是保障人大代表的相关权利,使他们能够充分表达自己的意见,如实反映群众的意志和利益。虽然代表们的发言和表决不受法律的追究,但需遵守相关的议事规则。

第七十六条 【全国人大代表的义务】全国人民代表大会代表必须模范地遵守宪法和法律,保守国家秘密,并且在自己参加的生产、工作和社会活动中,协助宪法和法律的实施。

全国人民代表大会代表应当同原选举单位和人民保持密切

的联系,听取和反映人民的意见和要求,努力为人民服务。

解读

本条是关于全国人大代表义务的相关规定。

本条是1982年修改宪法时增加的内容。规定代表相应的义务主要是为了使代表能更好地履行相应的职责。本条第一款规定代表应遵守宪法和法律,保守国家秘密。国家秘密是关系国家安全和利益,依照法定程序,在一定的时间内只限一定范围的人员知悉的事项。保守国家秘密是我国公民的基本义务之一。全国人大代表在全国人大会议上能够知悉国家秘密,应当按照相关的法律规定保守国家秘密。本条第一款中还规定全国人大代表在自己参加的生产、工作和社会活动中,协助宪法和法律的实施。主要体现在:宣传宪法和法律的相关知识;协助有关部门开展相应的执法工作;帮助纠正执法过程中的违法现象;等等。

本条第二款要求人大代表应当同原选举单位和人民保持密切的联系,听取和反映人民的意见和要求,努力为人民服务。代表们应坚持"从群众中来,到群众中去"的原则,深入群众调查研究,采取多种方式听取人民群众的意见和要求,全面了解群众最为关心的问题,促使群众的问题尽可能得到满意的解决。要对政府的工作进行检查,了解法律实施的情况和相关的民意等。

第七十七条　【对全国人大代表的监督和罢免】全国人民代表大会代表受原选举单位的监督。原选举单位有权依照法律规定的程序罢免本单位选出的代表。

解读

本条是关于全国人大代表接受监督的相关规定。

在我国,选举权和监督权是不可分割的,由于人民代表大会制度是我国的根本政治制度，国家的一切权力属于人民，所以人民有权选举自己的代表，组成国家权力机关，行使国家权力。为了保障国家权力始终掌握在人民手里，人民除了有权选举自己的代表外，还必须有权监督他们。人民群众有权监督自己选出的代表，是我国人民代表大会制度的一大政治优势。本条规定了全国人大代表要接受原选举单位的监督。由于全国人大代表都是间接选举产生的，所以各人大代表都有原选举单位。全国人大代表接受监督的形式主要包括向原选举单位汇报工作，接受原选举单位的批评，列席原选举单位的人大会议或常委会会议，等等。

本条还规定“原选举单位有权依照法律规定的程序罢免本单位选出的代表”。罢免是指立法机关对于任期未满的违法失职人员用投票方式免去其行政职务的行为，是相对于人民代表大会选举而言的一种免职方式。近年来，随着经济、社会等各方面的变化与发展以及廉政建设的加强，人大代表职务被罢免的情况呈上升趋势。我国人大代表的选举分为直接选举和间接选举，两者在罢免程序上有所不同。全国人大代表采取的是间接选举的方式，所以对全国人大代表的罢免由省级人大或者其常委会进行。根据《全国人民代表大会和地方各级人民代表大会选举法》的相关规定，在省级人民代表大会会议期间，主席团或者1/10以上代表联名，可以提出罢免案；在大会闭会期间，省级人大常委会主任会议或者1/5以上的常委会组成人员联名，也可以提出罢免案。罢免案应当采用书面的形式并写明罢免理由。被提出罢免的代表有权提出申辩意见。罢免代表采取无记名投票的表决方式，由全体代表（闭会期间由常委会组成人员）的过半数通过。罢免的决议还必须送全国人大常委会备案、公告。

第七十八条　【全国人大及其常委会组织和工作程序】全国

人民代表大会和全国人民代表大会常务委员会的组织和工作程序由法律规定。

解读

本条是关于对全国人大及其常委会组织和工作程序授权立法的规定。

全国人大及其常委会的组织和工作程序都应遵循宪法和法律的相关规定。由于宪法的原则性,不可能对全国人大及其常委会的组织和工作程序作出具体化的规定,所以宪法直接授权由专门的法律来对其组织和工作程序作出相应的规定。目前,有关全国人大及其常委会的组织和工作程序的法律主要是《全国人民代表大会组织法》《全国人民代表大会议事规则》《全国人民代表大会常务委员会议事规则》。

第二节　中华人民共和国主席

第七十九条　【国家主席、副主席的选举与任期】中华人民共和国主席、副主席由全国人民代表大会选举。

有选举权和被选举权的年满四十五周岁的中华人民共和国公民可以被选为中华人民共和国主席、副主席。

中华人民共和国主席、副主席每届任期同全国人民代表大会每届任期相同。

解读

本条是对国家主席的产生和任期限制的规定。

本条第一款规定国家主席、副主席由全国人大经以下程序选举产生:(1)由全国人大主席团提名主席、副主席人选,并向会议介绍候选人的基本情况;(2)全国人大各代表团酝酿协商主席团提出的主席、副主席人选;(3)由全国人大主席团根据多数代表的意见,确定正式候选人名单,提交大会投票选举;(4)选举主席、副主席采用无记名投票方式,得票过半数的当选并即时公布。

本条第二款规定当选国家主席和副主席必须满足以下几个条件:(1)必须是中华人民共和国公民;(2)年满45周岁;(3)有选举权和被选举权。

本条第三款是对国家主席、副主席任职的规定。国家主席、副主席每届任期同全国人民代表大会每届任期相同,即自当选时起行使职权至下一届全国人大选出主席、副主席。国家主席、副主席可以连任。

第八十条 【国家主席对国内事务的职权】中华人民共和国主席根据全国人民代表大会的决定和全国人民代表大会常务委员会的决定,公布法律,任免国务院总理、副总理、国务委员、各部部长、各委员会主任、审计长、秘书长,授予国家的勋章和荣誉称号,发布特赦令,宣布进入紧急状态,宣布战争状态,发布动员令。

解读

本条是对国家主席对国内事务职权的规定。

本条规定,国家主席在对内事务中行使如下职权:(1)公布法律权。法案在全国人大和全国人大常委会通过后,由国家主席公布,使之成为法律。(2)任免权。国家主席有权向全国人大提出总理的人选;根据全国人大及其常委会的决定,任免国务院总理、副总理、国务委员、各部部长、各委员会主任、审计长、秘书长。(3)发布命令权。国家主席根据全国人大及其常委会的决定,发布特赦令,宣布进入紧急状态,宣布战争状态,发布动员令。(4)荣典权。国家主席根据全国人大常委会的决定,授予国家的勋章和荣誉称号。

第八十一条 【国家主席的外交职权】中华人民共和国主席代表中华人民共和国,进行国事活动,接受外国使节;根据全国人民代表大会常务委员会的决定,派遣和召回驻外全权代表,批准和废除同外国缔结的条约和重要协定。

解读

本条是对国家主席对外事务职权的规定。

(1)进行国事活动,体现为国家主席代表国家从事国事活动,出访他国以及参加国际组织和地区性的国家首脑会议等。

(2)接受外国使节,是各国国家元首的一项基本职权。派遣国国家元首签署特命全权大使证书,又称国书,由所在国国家元首接受,表示外交上的承认。

(3)派遣和召回驻外全权代表。驻外全权代表由全国人大常委会决定任命或免职,由国家主席签发大使证书,就是派遣。如果两国出现外交麻烦,需要召回大使,则要由全国人大常委会决定后,由国家主席发出召回国书。

(4)全国人大同外国缔结的条约和重要协定的批准权在国家主席,但要根据全国人大常委会的决定批准。这里的批准实际上就是要履行由国家元首签署的程序。

第八十二条 【国家副主席职权】中华人民共和国副主席协助主席工作。

中华人民共和国副主席受主席的委托,可以代行主席的部分职权。

解读

本条是关于国家副主席职权的规定。

本条第一款表明国家副主席没有独立的职权,其职责是协助国家主席工作。

本条第二款表明国家副主席受委托行使国家主席的部分职权时,具有与国家主席同等的法律地位,所作出的行为与国家主席作出的行为具有同等的法律效力。

第八十三条 【国家主席、副主席的任职期限】中华人民共和国主席、副主席行使职权到下届全国人民代表大会选出的主席、副主席就职为止。

解读

本条是对国家主席、副主席任期起止时间的界定。

根据《宪法》第七十九条的规定,国家主席、副主席每届任期同全国人大每届任期相同。但国家主席、副主席每届任期的起止时间同全国人大每届任期的起止时间并不完全一样。全国人大的任期始于大会宣布开幕,止于下一届代表大会开幕。而国家主席、副主席行使职权,始于代表大会选出他们并就职之时,止于下届代表大会选出的主席、副主席就职之时。从代表大会开幕到选举国家主席,有一个时间差,如果仅按第七十九条的规定,就会造成国家主席、副主席行使职权的空当。《宪法》对国家主席行使职权的时间作出如此明确的界定是非常必要和科学的。

第八十四条 【国家主席、副主席缺位的继任顺序】中华人民共和国主席缺位的时候,由副主席继任主席的职位。

中华人民共和国副主席缺位的时候,由全国人民代表大会补选。

中华人民共和国主席、副主席都缺位的时候,由全国人民代表大会补选;在补选以前,由全国人民代表大会常务委员会委员长暂时代理主席职位。

解读

本条是对国家主席缺位时继任顺序的规定。

本条第一款规定国家主席缺位时，由副主席依法继任为主席，不需要另外履行法律手续。

本条第二款规定了国家副主席缺位的时候，由全国人大补选。及时补选国家副主席，以保证国家主席缺位时顺利替补。

本条第三款规定了国家主席、副主席都缺位时，由全国人大补选；在补选前，由全国人大常委会委员长暂时代理主席职位，以确保继任制度完善。

第三节　国　务　院

第八十五条　【国务院的性质与地位】中华人民共和国国务院，即中央人民政府，是最高国家权力机关的执行机关，是最高国家行政机关。

解读

本条是对国务院性质、地位的规定。

首先，从国务院与最高国家权力机关即全国人大的关系来看，国务院是最高国家权力机关的执行机关。在我国，国家的一切权力属于人民，人民行使权力的国家机关是全国人大及其常委会。全国人大作为国家的最高权力机关，国务院是由其组织产生的，因此，国务院必须对全国人大及其常委会负责并报告工作，执行全国人大制定的法律和决议。其次，从国务院与其他行政机关的关系来看，国务院处于各级行政机关的最高层，是最高国家行政机关。在全国的各级行政机关中，国务院处于最高的领导地位，国务院所属的各部委和地方各级行政机关都要服从国务院的领导。

第八十六条　【国务院的组织】国务院由下列人员组成：

总理，

副总理若干人，

国务委员若干人，

各部部长，

各委员会主任，

审计长，

秘书长。

国务院实行总理负责制。各部、各委员会实行部长、主任负责制。

国务院的组织由法律规定。

解读

本条是对国务院组织的规定。

国务院实行总理负责制。总理负责制，是指总理领导国务院的全部工作，并就国务院的全部工作情况向最高国家权力机关负责的制度。

总理领导国务院的全部工作，并就国务院的全部工作情况向最高国家权力机关负责。

副总理是国务院组成人员中仅次于总理的一种职务，其任务是协助总理工作。

国务委员是1982年修改宪法时新增加的职务，目的是使国务院常务会议成为国务院的领导核心。国务委员受总理委托，负责某些方面的工作或者专项任务，并可以代表国务院进行外事活动。对于国务委员的人数，没有作明确的限制。

委员会是一个议事性机构，采取议决制即通过议事投票来决定问题。

审计长是1982年《宪法》新设立的国务院组成人员，具体解释参见第九十一条。

秘书长在总理领导下，负责处理国务院的日常工作。

国务院实行总理负责制，即总理对国务院工作全面负责。(1)国务院总理有权向全国人大提名副总理、国务委员、各部部长、各委员会主任、审计长、秘书长的人选；(2)总理领导国务院工作，副总理和国务委员协助总理工作；(3)总理召集和主持国务院常务会议和国务院全体会议，并由总理在集体讨论的基础上集中与会者的意见，形成国务院的决定；(4)国务院颁布行政法规，制定行政措施，发布决定和命令，任免国家工作人员以及向全国人大或者全国人大常委会提出议案，都需要总理签署。总理负责制是同国务院的集体作用结合在一起的，国务院中的重大问题，都必须经过国务院常务会议或国务院全体会议讨论决定。

各部、各委员会实行部长、主任负责制，即部长、主任对本部、委员会的全面工作负责，领导本部门的工作，召集和主持部务会议或者委员会会议、委务会议。对部、委员会工作中的问题有决定权。签署上报国务院的重要请示、报告和下达的命令、指示等。这是1982年《宪法》为提高各部、委员会的工作效率而采取的一项重要改革措施。按照《国务院组织法》第十条的规定，各部、各委员会工作中的方针、政策、计划和重大行政措施，应向国务院请示报告，由国务院决定。

法律规定指的是《国务院组织法》。1982年修改宪法的同时，制定了《国务院组织法》，该法对国务院的组织和责任制等作了规定。

第八十七条　【国务院任期】国务院每届任期同全国人民代表大会每届任期相同。

总理、副总理、国务委员连续任职不得超过两届。

解读

本条是对国务院每届任期和国务院主要组成人员任职限制的规定。

本条第一款规定国务院每届任期同全国人大每届任期相同。全国人大每届的任期为5年，国务院亦相同。但国务院任期的具体起止时间则是不一样的。全国人大的任期从每次换届大会宣布会议开幕时起到下一届大会宣布会议开幕时止。国务院的任期从国务院组成人员选举决定任免以后，并由国家主席公布任免时起，到下届代表大会选举、决定新的国务院组成人员，并由国家主席公布任免时为止。

本条第二款规定总理、副总理、国务委员连续任职不得超过两届，是对总理、副总理、国务委员任职限制的规定。

第八十八条　【国务院的基本工作制度与会议制度】总理领导国务院的工作。副总理、国务委员协助总理工作。

总理、副总理、国务委员、秘书长组成国务院常务会议。

总理召集和主持国务院常务会议和国务院全体会议。

解读

本条是对国务院基本工作制度和会议制度的规定。

本条第一款规定总理领导国务院的工作，是指总理对国务院的全部工作享有主持、领导决策、指挥执行的权力。

本条第二款规定国务院常务会议由总理、副总理、国务委员、秘书长组成。

本条第三款规定总理召集和主持国务院常务会议和国务院全体会议，即总理有权决定开会日期、议事内容，并按照总理负责制的原则讨论和决定问题。国务院常务会议和国务院全体会议，是1982年《宪法》明确规定的会议制度。国务院常务会议是指由总理、副总理、国务委员和秘书长参加的会议。国务院全体会议是国务院全体成员都参加的一种会议，除了上述参加常务会议的人员外，还包括各部部长、各委员会主任、审计长和中国人民银行行长。

第八十九条　【国务院职权】国务院行使下列职权：

（一）根据宪法和法律，规定行政措施，制定行政法规，发布决定和命令；

（二）向全国人民代表大会或者全国人民代表大会常务委员会提出议案；

（三）规定各部和各委员会的任务和职责，统一领导各部和各委员会的工作，并且领导不属于各部和各委员会的全国性的行政工作；

（四）统一领导全国地方各级国家行政机关的工作，规定中央和省、自治区、直辖市的国家行政机关的职权的具体划分；

（五）编制和执行国民经济和社会发展计划和国家预算；

（六）领导和管理经济工作和城乡建设、生态文明建设；

（七）领导和管理教育、科学、文化、卫生、体育和计划生育工作；

（八）领导和管理民政、公安、司法行政等工作；

（九）管理对外事务，同外国缔结条约和协定；

（十）领导和管理国防建设事业；

（十一）领导和管理民族事务，保障少数民族的平等权利和民族自治地方的自治权利；

（十二）保护华侨的正当的权利和利益，保护归侨和侨眷的合法的权利和利益；

（十三）改变或者撤销各部、各委员会发布的不适当的命令、指示和规章；

（十四）改变或者撤销地方各级国家行政机关的不适当的决定和命令；

（十五）批准省、自治区、直辖市的区域划分，批准自治州、县、自治县、市的建置和区域划分；

（十六）依照法律规定决定省、自治区、直辖市的范围内部分地区进入紧急状态；

（十七）审定行政机构的编制，依照法律规定任免、培训、考核和奖惩行政人员；

（十八）全国人民代表大会和全国人民代表大会常务委员会授予的其他职权。

解读

本条是对国务院职权的规定。

本条第一项规定国务院没有宪法和法律为依据，就不能规定行政措施，制定行政法规等。这一点充分反映了国务院的执行机关性质，反映了国务院制定行政法规不是独立的立法权，而只是"根据宪法和法律"作出具体化的规定，不可以创事设置。"根据宪法和法律"不仅是指根据宪法关于国务院职权的规定，而且还要根据宪法和法律的有关原则、精神和内容的规定，来规定行政措施、制定行政法规、发布决定和命令。

本条第二项规定国务院具有向全国人大或者全国人大常委会提出议案的职权。

本条第三项规定国务院下属各部和各委员会的任务和职责，属于国务院内部的职责分工，宪法授权国务院作出规定。国务院各部、各委员会按照国务院的职责分工自主地开展工作，但是国务院对各部、各委员会的重要工作仍有最后决定权。

本条第四项规定国务院是最高国家行政机关。我国地方行政机关有省级、地区级、县级和乡镇四级，全国地方各级行政机关都由国务院统一领导。国务院制定的行政法规，地方政府必须贯彻执行；国务院有权对地方各级国家行政机关发布指示、命令，规定和下达任务；对地方行政机关的工作进行监督，有权改变和撤销省级和较大的市的人民政府制定的规章，有权改变和撤销地方各级国家行政机关所发布的决定、命令和指示。

本条第五项规定国务院具有国民经济和社会发展计划和国家预算的编制权，由全国人大审查批准后，再由国务院执行。

本条第六项规定国务院有领导和管理经济工作和城乡建设、生态文明建设工作的双重职权，具有建设规范与制度价值，表现出国务院的职权向社会保障和社会服务性政府转变。需要特别指出的是，生态文明建设是2018年宪法修改新增加的内容，体现了生态文明建设的重要意义以及国家对它的高度重视。

本条第七项规定国务院具有领导和管理教育、科学、文化、卫生、体育和计划生育工作的职能。

本条第八项规定国务院领导和管理民政、公安、司法行政的工作职能。维护社会治安，为社会提供必要的救济，是对政府职能的必然要求。由于监察机关成为独立机构，因此，2018年《宪法》将“监察”从国务院的职权中删除。

本条第九项规定国务院具有管理对外事务的政府职权，同外国缔结条约和协定的决定权隶属全国人大常委会，同外国缔结条约和协定的批准权隶属国家主席，国务院从事国家外交事务的具体管理工作，为此国务院设有外交部。

本条第十项规定国务院具有领导和管理国防建设事业的职

权。所谓“国防建设事业”,主要是指兵役的征集,军工生产和发展军队的后勤保障和补给,军事设施的建设和保护等。在国务院设立国防部,以实现这部分职能。

本条第十一项规定国务院具有领导和管理民族事务的职权。为此,国务院设立民族事务委员会,贯彻执行《民族区域自治法》,研究提出民族工作的方针政策,组织开展民族理论、民族政策和民族问题等重大课题的调查研究,开展民族政策、法规的宣传教育并监督贯彻执行,监督实施和完善民族区域自治制度,监督办理少数民族权益保障事宜等。

本条第十二项规定国务院具有保护海外华侨在居住国应当享受的正当权利和利益以及保护归侨和侨眷在我国依法享有的各种权利和利益的职权。全国人大常委会通过《归侨侨眷权益保护法》对此作了专门规定。国务院办事机构中设有侨务办公室,专门从事华侨和归侨的权益保护工作。

本条第十三项规定了国务院对所属各部门、各委员会发布的指示、命令和规章的一种监督手段。

本条第十四项规定了国务院对地方各级国家行政机关发布的决定和命令的一种监督手段。

本条第十五项规定国务院批准省、自治区、直辖市的区域划分,批准自治州、县、自治县、市的建置和区域划分。批准省级建置的权力隶属全国人大,国务院只能批准省级的行政区划。

本条第十六项规定国务院依照法律规定决定省、自治区、直辖市的范围内部分地区进入紧急状态。本项是2004年《宪法》作出的修改,将宣布戒严改为依照法律规定决定进入紧急状态。

本条第十七项规定国务院对行政机构的组织形式、机构设置、部门职能、管理体制、运行机制以及根据管理职责和工作任务所确定的人员数量、职务配备具有审定职权。表现为审定国务院各部委、各直属机构、各办事机构以及省级国家行政机构的编制。同时，对全国总的行政机构人员编制进行控制以及依照法律规定任免、培训、考核和奖惩行政人员。

本条第十八项为授权兜底性条款，一方面，因行政管理的复杂多变性，不可能将国务院的职权全部列举完；另一方面，本应由国务院行使的职权，没有列举出的，可以再由全国人大或全国人大常委会授权。

第九十条　【各部、委的首长负责制及其职权】国务院各部部长、各委员会主任负责本部门的工作；召集和主持部务会议或者委员会会议、委务会议，讨论决定本部门工作的重大问题。

各部、各委员会根据法律和国务院的行政法规、决定、命令，在本部门的权限内，发布命令、指示和规章。

解读

本条是对国务院所属部门基本工作制度和职权的规定。

本条第一款规定政府各部门实行部长、主任负责制的同时，明确本部门工作中的重大问题由各部门领导人召集和主持部务会议或者委员会会议、委务会讨论决定。这表明部长负责制是建立在民主讨论决定的基础上的，部长负责制不是部长一个人说了算，而是集体讨论重大问题。

本条第二款规定各部、各委员会根据法律和国务院的行政法规、决定、命令，在本部门的权限内，发布命令、指示和规章。《立法法》对规章作了专门规定，从内容上来看，部门规章规定的事项属于执行法律或者国务院的行政法规决定、命令的事项；它不能创制规则，只能将法律和行政法规具体化；其规定的事项只能限于本部门权限范围内的事项。

第九十一条 【审计机关及其职权】国务院设立审计机关,对国务院各部门和地方各级政府的财政收支,对国家的财政金融机构和企业事业组织的财务收支,进行审计监督。

审计机关在国务院总理领导下,依照法律规定独立行使审计监督权,不受其他行政机关、社会团体和个人的干涉。

解读

本条是对国家审计机关的体制和职权的规定。

本条第一款规定国务院设立审计机关。审计机关是指对国家财政收支和财务活动进行审计监督的机关。审计监督的对象是国务院各部门和地方各级政府及其各部门的财政收支,对国家的财政金融机构和企业事业组织的财务收支。审计机关对上述对象的财政收支和财务收支的真实性、合法性和效益,依法进行审核和检查,对检查的情况,应向全国人大常委会报告,并向社会公开。

本条第二款规定审计机关在国务院总理领导下依照法律规定独立行使审计监督权,不受其他行政机关、社会团体和个人的干涉。要保证审计机关有效地行使监督职权,必须保证它独立行使权力的地位。《审计法》对审计机关独立行使审计监督权作了规定:审计机关独立向本级人大常委会作审计工作报告;审计人员依法行使职权受法律保护;任何组织和个人不得拒绝、阻碍审计人员依法行使职务,不得打击报复审计人员;审计机关负责人依法定程序任免,审计机关负责人没有违法失职或者其他不符合任职条件的情况的,不得随意撤换。

第九十二条 【国务院与全国人大及其常委会的关系】国务院对全国人民代表大会负责并报告工作;在全国人民代表大会闭会期间,对全国人民代表大会常务委员会负责并报告工作。

解读

本条是对国务院与全国人大及其常委会关系的规定。

在我国,国家的一切权力属于人民。全国人大及其常委会是全国人民行使国家权力的机关,其他机关由它产生,受它监督,对它负责。根据人民代表大会制度和民主集中制的原则,国家权力是统一的,由国家权力机关统一行使。国务院作为最高国家行政机关,是全国人大及其常委会的执行机关,应当也必须向全国人大及其常委会负责,并受其监督。国务院向全国人大及其常委会负责的主要形式是向其报告工作。

第四节　中央军事委员会

第九十三条　【中央军委的职责、组成与任期】中华人民共和国中央军事委员会领导全国武装力量。

中央军事委员会由下列人员组成:

主席,

副主席若干人,

委员若干人。

中央军事委员会实行主席负责制。

中央军事委员会每届任期同全国人民代表大会每届任期相同。

解读

本条是对中央军委的职责、组成和任期的规定。

我国的武装力量由中国人民解放军、中国人民武装警察部队和民兵组成。中央军委对全国武装力量具有绝对领导地位。

中央军委实行主席负责制,内容主要有三项:(1)必须坚持全国武装力量由军委主席统一领导和指挥;(2)国防和军队建设一切重大问题由军委主席决策和决定;(3)中央军委全面工作由军委主席主持和负责。

中央军委是全国人大选举和决定任命产生的国家机关,其任期与全国人大相同,每届任期5年。

第九十四条 【中央军委主席对全国人大及其常委会负责】中央军事委员会主席对全国人民代表大会和全国人民代表大会常务委员会负责。

解读

本条规定了中央军委主席与全国人大及其常委会的关系。

中央军委主席对全国人大和全国人大常委会负责具体表现在:(1)中央军委主席由全国人大选举产生;全国人大根据中央军委主席的提名,决定中央军委其他组成人员的人选。(2)全国人大有权罢免中央军委主席和其他组成人员。(3)在全国人大闭会期间,全国人大常委会根据中央军委主席的提名,决定中央军委其他组成人员的人选。

第五节 地方各级人民代表大会和地方各级人民政府

第九十五条 【地方人大及政府的设置和组织】省、直辖市、县、市、市辖区、乡、民族乡、镇设立人民代表大会和人民政府。

地方各级人民代表大会和地方各级人民政府的组织由法律规定。

自治区、自治州、自治县设立自治机关。自治机关的组织和工作根据宪法第三章第五节、第六节规定的基本原则由法律规定。

解读

本条是对地方各级人民政权组织的规定。

本条第一款规定省、直辖市、县、市、市辖区、乡、民族乡、镇应设立人民代表大会和人民政府，作为地方各级人民政权组织。

本条第二款规定地方各级人大和地方各级人民政府的组织由法律规定。体现为《地方各级人民代表大会和地方各级人民政府组织法》对地方各级人民代表大会和地方各级人民政府地方政权组织制度进行了规定，使地方政权制度更加完善。

本条第三款规定民族自治地方的自治机关是自治区、自治州、自治县的人民代表大会和人民政府，《民族区域自治法》对民族自治地方的建立、自治机关的组成、自治机关的自治权、民族自治地方的人民法院和人民检察院、民族自治地方的民族关系、上级国家机关对民族自治地方的职责等作了具体的规定。

第九十六条　【地方人大的性质及其常委会的设置】地方各级人民代表大会是地方国家权力机关。

县级以上的地方各级人民代表大会设立常务委员会。

解读

本条是对地方各级人大的性质和设立常委会的规定。

本条第一款规定地方各级人大在遵守宪法、法律、行政法规的前提下，制定地方性法规，决定本行政区域内的大事，并由本级国家行政机关执行。本级地方行政机关、人民法院和人民检察院由它产生，对它负责，受它监督。

本条第二款规定县级以上地方各级人大设立常委会，将加强对县级以上地方各级人民政府的管理和监督，加强行使管理国家的权力。

第九十七条　【地方人大代表的选举】省、直辖市、设区的市的人民代表大会代表由下一级的人民代表大会选举；县、不设区的市、市辖区、乡、民族乡、镇的人民代表大会代表由选民直接选举。

地方各级人民代表大会代表名额和代表产生办法由法律规定。

解读

本条是对地方各级人大选举产生办法的规定。

本条第一款规定省、直辖市、设区的市的人大代表由下一级的人大选举,即间接选举;县、不设区的市、市辖区、乡、民族乡、镇的人大代表由选民直接选举。保证民主选举,便于人民群众对国家机关和国家工作人员实行有效的监督。

本条第二款规定地方各级人大代表名额和代表产生办法的法律主要是《全国人民代表大会和地方各级人民代表大会选举法》、《中国人民解放军选举全国人民代表大会和地方各级人民代表大会代表的办法》和全国人民代表大会就香港、澳门特别行政区和台湾省的人大代表选举问题作出的专门决定,以及《全国人民代表大会常务委员会关于县级以下人民代表大会代表直接选举的若干规定》。

第九十八条　【地方各级人大的任期】地方各级人民代表大会每届任期五年。

解读

本条是对地方各级人大任期的规定。

1954年以来,我国各级人大的每届任期时间,经历了几次变化。1982年《宪法》规定,县、乡人大的任期为3年。1993年八届全国人大一次会议修改宪法时,为了使县级人大每届任期与中共县级委员会每届任期一致,相应地将县级人大的任期由3年改为5年,出现了县、乡两级人大任期不一致的情况。2004年,根据

《全国人民代表大会常务委员会关于修改〈中华人民共和国地方各级人民代表大会和地方各级人民政府组织法〉的决定》,《地方各级人民代表大会和地方各级人民政府组织法》第六条修改为:"地方各级人民代表大会每届任期五年。"自此,乡、镇人大的任期由3年改为5年;市、县人大常委会组成人员的名额也有所增加。

第九十九条 【地方各级人大的职权】地方各级人民代表大会在本行政区域内,保证宪法、法律、行政法规的遵守和执行;依照法律规定的权限,通过和发布决议,审查和决定地方的经济建设、文化建设和公共事业建设的计划。

县级以上的地方各级人民代表大会审查和批准本行政区域内的国民经济和社会发展计划、预算以及它们的执行情况的报告;有权改变或者撤销本级人民代表大会常务委员会不适当的决定。

民族乡的人民代表大会可以依照法律规定的权限采取适合民族特点的具体措施。

解读

本条是对地方各级人大职权的规定。

本条第一款规定地方各级人大保证宪法、法律、行政法规在本行政区域内的遵守和执行,从而保证中央集中统一的领导。地方各级人大保证国家法律的实施,主要是通过制定地方性法规和其他规范性文件,作出决定监督地方政府和司法机关严格执法等方式。地方各级人大在本行政区域内依照法律规定的权限通过和发布决议,审查和决定地方的经济建设、文化建设和公共事业建设的计划。

本条第二款规定县级以上的地方各级人大审查和批准本行政区域内的国民经济和社会发展计划、预算以及它们的执行情况的报告;有权改变或者撤销本级人大常委会不适当的决定的诸多职权。

本条第三款结合民族乡的特点,规定民族乡的人大可以依照法律规定的权限采取适合民族特点的具体措施,即规定了民族乡的人大除了具有一般乡级人大所具有的职权外,还有依照法律规定的权限采取适合民族特点的具体措施的权力,以有助于自身的发展建设。

第一百条 【地方人大及其常委会的立法权】省、直辖市的人民代表大会和它们的常务委员会,在不同宪法、法律、行政法规相抵触的前提下,可以制定地方性法规,报全国人民代表大会常务委员会备案。

设区的市的人民代表大会和它们的常务委员会,在不同宪法、法律、行政法规和本省、自治区的地方性法规相抵触的前提下,可以依照法律规定制定地方性法规,报本省、自治区人民代表大会常务委员会批准后施行。

解读

本条是对地方各级人大及其常委会立法权的规定。

本条第一款规定省、直辖市的人大和它们的常委会,在不同宪法、法律、行政法规相抵触的前提下,可以制定地方性法规。地方性法规不得与宪法、法律、行政法规相抵触是保持我国法制统一的需要,也是由地方性法规本身的属性决定的。根据《宪法》和《立法法》的规定,以下国家机关有权制定地方性法规:(1)省、自治区、直辖市的人大及其常委会根据本行政区域的具体情况和实际需要有权制定地方性法规,地方性法规不得与宪法、法律、行政法规相抵触,并须报全国人大常委会和国务院备案;(2)省、自治区人民政府所在地的市,经济特区所在地的市和经国务院批准的设区的市的人大及其常委会根据本市的具体情况和实际需要,在不同宪法、法律、行政法规和本省、自治区的地方性法规相抵触的前提下,可以对城乡建设与管理、生态文明建设、历史文化保护、基层治理等方面的事项制定地方性法规。设区的市的地方性法规须报省、自治区的人民代表大会常务委员会批准后施行。

本条第二款规定设区的市的人大和它们的常委会,在不同宪法、法律、行政法规和本省、自治区的地方性法规相抵触的前提下,可以依照法律规定制定地方性法规。即赋予设区的市人大及其常委会制定地方性法规的权力,这是加强民主法制建设,进行政治体制改革,扩大地方权力的重要举措。报本省、自治区人大常委会批准后施行,即是对设区的市的人大及其常委会制定的地方性法规进行审核监督的规定。本款规定体现了十八届四中全会中关于扩大地方立法权的精神,2018 年《宪法》新增加此处内容,有利于地方立法权的规范与行使。

第一百零一条　【地方各级人大的选举和罢免权】地方各级人民代表大会分别选举并且有权罢免本级人民政府的省长和副省长、市长和副市长、县长和副县长、区长和副区长、乡长和副乡长、镇长和副镇长。

县级以上的地方各级人民代表大会选举并且有权罢免本级监察委员会主任、本级人民法院院长和本级人民检察院检察长。选出或者罢免人民检察院检察长,须报上级人民检察院检察长提请该级人民代表大会常务委员会批准。

解读

本条是地方人大选举权和罢免权的规定。

本条第一款是对地方各级人大具有选举与罢免本级人民政府的省长和副省长、市长和副市长、县长和副县长、区长和副区长、乡长和副乡长、镇长和副镇长的职权规定。

本条第二款是对县级以上的各级人大选举并且有权罢免本级监察委员会主任、本级人民法院院长和本级人民检察院检察长的职权规定与程序规定。

第一百零二条　【地方各级人大代表的监督与罢免】省、直辖市、设区的市的人民代表大会代表受原选举单位的监督;县、不设区的市、市辖区、乡、民族乡、镇的人民代表大会代表受选民的监督。

地方各级人民代表大会代表的选举单位和选民有权依照法律规定的程序罢免由他们选出的代表。

解读

本条是对人大代表受选举单位和选民监督罢免的规定。

本条第一款规定地方各级人大代表受选举单位或选民监督,即省、直辖市、设区的市的人大代表受原选举单位的监督;县、不设区的市、市辖区、乡、民族乡、镇的人大代表受选民的监督。

本条第二款规定地方各级人大代表受选举单位和选民罢免,即地方各级人大代表的选举单位和选民有权依照法律规定的程序罢免由他们选出的代表。

第一百零三条　【地方人大常委会的组成、地位与职务禁止】县级以上的地方各级人民代表大会常务委员会由主任、副主任若干人和委员若干人组成,对本级人民代表大会负责并报告工作。

县级以上的地方各级人民代表大会选举并有权罢免本级人民代表大会常务委员会的组成人员。

县级以上的地方各级人民代表大会常务委员会的组成人员不得担任国家行政机关、监察机关、审判机关和检察机关的职务。

解读

本条是对县以上地方人大常委会的组成及与其有关的职业限制原则的规定。

本条第一款规定县级以上的地方各级人大常委会由常委会主任、副主任若干人和委员若干人组成,对本级人民代表大会负责并报告工作。

本条第二款规定县级以上的地方各级人大常委会与本级人大的关系是,本级人大具有选举以及罢免本级人大常委会的组成人员的职权,反映出选举与被选举、监督与被监督的关系。

本条第三款是为了保证县级以上的地方各级人大常委会的组成人员的独立性和常委会组成人员能够独立行使职权,对县级以上的地方各级人大常委会的组成人员的职业作了限制,即不得担任国家行政机关、监察机关、审判机关和检察机关的职务。

第一百零四条　【地方人大常委会的职权】县级以上的地方各级人民代表大会常务委员会讨论、决定本行政区域内各方面工作的重大事项;监督本级人民政府、监察委员会、人民法院和人民检察院的工作;撤销本级人民政府的不适当的决定和命令;撤销下一级人民代表大会的不适当的决议;依照法律规定的权限决定国家机关工作人员的任免;在本级人民代表大会闭会期间,罢免和补选上一级人民代表大会的个别代表。

解读

本条是对县级以上地方各级人大常委会职权的规定。

县级以上的地方各级人大常委会具有以下职权:(1)决定各方面重大事项。(2)监督本级人民政府、监察委员会、人民法院和人民检察院的工作。具体表现为:对经济、社会、文化等关系人民群众切身利益、公民权利义务的各方面工作的重大事项作出决定;听取"一府一委两院"的工作报告;受理人民群众对上述机关和国家工作人员的申诉和意见;对"一府一委两院"的工作提出质询;必要时对"一府一委两院"的工作进行特定调查;对实施法律的情况进行执法检查等。(3)撤销本级人民政府的不适当的决定和命令。(4)撤销下一级人大的不适当的决议。(5)依照法律规定的权限决定国家机关工作人员的任免。(6)在本级人大闭会期间,罢免和补选上一级人大的个别代表。

第一百零五条　【地方政府的性质与行政首长负责制】地方各级人民政府是地方各级国家权力机关的执行机关,是地方各级国家行政机关。

地方各级人民政府实行省长、市长、县长、区长、乡长、镇长负责制。

解读

本条规定了地方各级人民政府的性质及工作原则。

本条第一款对地方各级人民政府进行了定性,规定地方各级人民政府是地方各级国家权力机关的执行机关,是地方各级国家行政机关。

本条第二款中规定地方各级人民政府的工作原则为首长负责制,即地方各级人民政府实行省长、市长、县长、区长、乡长、镇长负责制。

第一百零六条　【地方政府的任期】地方各级人民政府每届任期同本级人民代表大会每届任期相同。

解读

本条是对地方人民政府任期的规定。

我国地方政府的任期从乡镇到省级政府都为5年,与地方各级人大任期相同。

第一百零七条 【地方政府的职权】县级以上地方各级人民政府依照法律规定的权限,管理本行政区域内的经济、教育、科学、文化、卫生、体育事业、城乡建设事业和财政、民政、公安、民族事务、司法行政、计划生育等行政工作,发布决定和命令,任免、培训、考核和奖惩行政工作人员。

乡、民族乡、镇的人民政府执行本级人民代表大会的决议和上级国家行政机关的决定和命令,管理本行政区域内的行政工作。

省、直辖市的人民政府决定乡、民族乡、镇的建置和区域划分。

解读

本条规定了地方各级人民政府的职权。

本条第一款规定县级以上地方各级人民政府依照法律规定的权限,具有以下职能:(1)对本区域内的经济、教育、科学、文化、卫生、体育事业、城乡建设事业和财政、民政、公安、民族事务、司法行政、计划生育等行政工作进行行政管理的职能;(2)在本行政区域内发布决定和命令,进行临时性的行政管理职能;(3)任免、培训、考核和奖惩行政工作人员的内部行政职能。由于监察委员会成为独立的机构,因此2018年《宪法》将“监察”从地方政府的职权中删除。

本条第二款规定乡、民族乡、镇的人民政府执行本级人大的决议和上级国家行政机关的决定和命令,管理本行政区域内的行政工作。体现了乡、民族乡、镇的人民政府执行本级人大的决议和上级国家行政机关的决定和命令的双重职责。

本条第三款的规定使地方政府关于行政区划的职权与全国人大批准省、自治区、直辖市的建置，国务院批准省、自治区、直辖市的区域划分，批准自治州、县、自治县、市的建置以及区域划分等一道形成完整的行政区域划分制度。

第一百零八条　【地方政府内部及各级政府之间的关系】县级以上的地方各级人民政府领导所属各工作部门和下级人民政府的工作，有权改变或者撤销所属各工作部门和下级人民政府的不适当的决定。

解读

本条是关于县级以上地方各级人民政府与其下级人民政府和其所属各部门关系的规定。

地方各级人民政府是地方各级国家权力机关的执行机关，是地方各级国家行政机关，负责本行政区域内的行政管理工作。首先，地方各级人民政府与其下级人民政府之间是领导与被领导的关系，下级人民政府必须接受上级人民政府的领导和监督。作为监督的手段，上级人民政府有权改变和撤销下级人民政府的不适当的决定。其次，由于政府管理的复杂性，需要建立不同的专业部门分别进行管理，各级人民政府与本级的政府工作部门之间也是领导与被领导的关系，地方各级人民政府的工作部门在本级人民政府的领导下开展工作，对于地方各级人民政府工作部门的不适当的决定，本级人民政府有权改变或者撤销。

第一百零九条　【地方政府审计机关的地位和职权】县级以上的地方各级人民政府设立审计机关。地方各级审计机关依照法律规定独立行使审计监督权，对本级人民政府和上一级审计机关负责。

解读

本条是对地方政府设立审计机关的规定。

地方各级审计机关依照法律规定独立行使审计监督权,对本级人民政府和上一级审计机关负责。规定地方审计机关实行双重领导体制,目的是保证审计机关在组织上具有相对的独立性,从而保证各级审计机关依法独立行使审计监督权。地方各级审计机关在本级政府正职领导人和上级审计机关的领导下,负责本行政区域内的审计工作,对本级人民政府和上一级审计机关负责并报告工作,审计业务以上级审计机关领导为主。

第一百一十条 【地方政府与同级人大及上级政府的关系】 地方各级人民政府对本级人民代表大会负责并报告工作。县级以上的地方各级人民政府在本级人民代表大会闭会期间,对本级人民代表大会常务委员会负责并报告工作。

地方各级人民政府对上一级国家行政机关负责并报告工作。全国地方各级人民政府都是国务院统一领导下的国家行政机关,都服从国务院。

解读

本条是关于地方各级人民政府与同级国家权力机关、上级人民政府关系的规定。

本条第一款规定地方各级人民政府与本级人大的关系是,地方各级人民政府向本级人大负责并报告工作。地方各级人大是地方各级国家权力机关,是本区域范围内代表人民行使权力的机关。地方各级人大通过选举产生并组成本级人民政府,地方各级人民政府是本级国家权力机关的执行机关,受其监督,对其负责。地方各级人民政府对本级国家权力机关负责的主要形式是向其报告工作。

本条第二款规定，基于我国是单一制国家，地方各级人民政府必须接受上级人民政府的领导，向上级人民政府负责和报告工作，执行上级行政机关的决定和命令。国务院是国家的最高行政机关，统一领导全国的行政管理工作，全国地方各级人民政府都必须服从国务院的统一领导，同时又要发挥自己的主动性，努力履行自身的职能。

第一百一十一条　【居民委员会和村民委员会】城市和农村按居民居住地区设立的居民委员会或者村民委员会是基层群众性自治组织。居民委员会、村民委员会的主任、副主任和委员由居民选举。居民委员会、村民委员会同基层政权的相互关系由法律规定。

居民委员会、村民委员会设人民调解、治安保卫、公共卫生等委员会，办理本居住地区的公共事务和公益事业，调解民间纠纷，协助维护社会治安，并且向人民政府反映群众的意见、要求和提出建议。

解读

本条是对基层群众性自治组织的规定。

本条第一款规定了居民委员会、村民委员会的性质及其组成人员的产生方式。群众自治是现代民主社会的基础。基层群众性自治组织是指基层群众自我管理、自我教育、自我服务的基层群众自治性组织，实行民主选举、民主决策、民主管理、民主监督。村民委员会、居民委员会同基层政权的关系分别在《城市居民委员会组织法》《村民委员会组织法》中作了规定。基层群众性自治组织与基层政府之间是指导关系，而不是领导关系。政府与自治组织不是领导关系是群众自治的核心。

改革开放后,适应新时期发展社会主义民主的需要,1982年《宪法》确立了城市和农村基层群众自治制度。1987年,全国人大常委会经全国人大授权制定了《村民委员会组织法(试行)》,经过十余年的农村村民自治实践,在总结经验的基础上,1998年全国人大常委会正式颁布了《村民委员会组织法》。1989年,全国人大常委会在对建国初期颁布的《城市居民委员会组织条例》进行修改的基础上,制定了《城市居民委员会组织法》。这两部法律对落实宪法的基层民主制度发挥了巨大的作用。

本条第二款规定了基层群众性自治组织的组织机构及其职责。居民委员会和村民委员会负责办理居住区的公共事务和公益事业。公共事务是指与村民、居民公共服务和共同利益有关或涉及相互关系的事务。公益事业主要指与公共利益有关的事务。

第六节　民族自治地方的自治机关

第一百一十二条　【民族自治机关】民族自治地方的自治机关是自治区、自治州、自治县的人民代表大会和人民政府。

解读

本条是对民族自治地方自治机关的解释。

本条明确规定了民族自治地方的自治机关是人民代表大会和人民政府。这充分体现了民族区域自治的原则,有利于民族自治地方行使自治权。

第一百一十三条　【民族自治地方人大及其常委会的组成】自治区、自治州、自治县的人民代表大会中,除实行区域自治的民族的代表外,其他居住在本行政区域内的民族也应当有适当名额的代表。

自治区、自治州、自治县的人民代表大会常务委员会中应当有实行区域自治的民族的公民担任主任或者副主任。

解读

本条是对民族区域自治机关的人民代表大会中民族构成的特别规定。这是为了更好地保障民族区域自治权。然而,1982年以前的《宪法》对此只是作了原则性规定,直到1982年《宪法》才作出具体性规定。

本条第一款是关于民族区域自治地方的人民代表大会中代表组成的规定。"实行民族区域自治的民族"是指以该民族为主体或以这个民族的名称命名成立的民族自治地方的民族。"其他居住在本行政区域内的民族"是指在实行民族区域自治的地区,除了实行区域自治的主体民族外,还有其他的民族。对于什么是适当名额的代表,《全国人民代表大会和地方各级人民代表大会选举法》作了专门规定,只要是少数民族聚居的地方,每个聚居的少数民族都应有代表参加当地的人民代表大会。

本条第二款是关于在实行区域自治的地方人大常委会中应当有实行区域自治的民族的公民担任主任或者副主任的规定。这样规定是为了体现和保障实行区域自治的民族的自治权。需要注意的是,实行区域自治的民族的公民可以担任正主任,也可以担任副主任,而不一定必须担任正主任。

第一百一十四条　【民族自治地方政府首长的人选】自治区主席、自治州州长、自治县县长由实行区域自治的民族的公民担任。

解读

本条是对实行区域自治地方行政机关领导人民族构成的特别规定。这是1982年《宪法》新增加的规定,和上一条规定的目的相同,都是为了从组织上更好地贯彻民族区域自治政策和保障少数民族的权益。

第一百一十五条 【民族自治地方的自治权】自治区、自治州、自治县的自治机关行使宪法第三章第五节规定的地方国家机关的职权,同时依照宪法、民族区域自治法和其他法律规定的权限行使自治权,根据本地方实际情况贯彻执行国家的法律、政策。

解读

本条是对民族自治地方自治机关职权总体的规定。

民族自治地方自治机关的职权可以分为两类:一种是和其他地方国家机关一样,享有地方人大和政府的各项职权。另一种是享有宪法和法律赋予的特别的自治权。"自治权"是指实行区域自治的少数民族依照宪法和法律通过自治机关而享有的管理本民族内部事务和地方性事务的权利。《宪法》第一百一十六条至第一百二十二条是对民族自治地方自治机关自治权的具体规定。《民族区域自治法》对此作了进一步的规定。自治权主要包括:制定自治条例和单行条例;对国家有关法律的变通执行权利;使用本民族语言文字的权利;培养干部的权利;组建公安部队的权利;自主发展经济的权利;进行贸易活动的权利;管理财政的权利;自主发展文化教育的权利;等等。"根据本地方实际情况贯彻执行国家的法律、政策"是宪法赋予地方自治机关的一项重要的自治权。这就是说,只要不与国家法律和政策的基本精神相抵触,就可以将法律和政策的具体规定来变通执行。

第一百一十六条 【自治条例和单行条例】民族自治地方的人民代表大会有权依照当地民族的政治、经济和文化的特点,制定自治条例和单行条例。自治区的自治条例和单行条例,报全国人民代表大会常务委员会批准后生效。自治州、自治县的自治条例和单行条例,报省或者自治区的人民代表大会常务委员会批准后生效,并报全国人民代表大会常务委员会备案。

解读

本条是对自治地方立法权的规定。

民族自治地方除了按本条规定有制定自治法规的权力外,还有按《宪法》第一百条和《立法法》第六十三条的规定,制定地方性法规的权力。所以自治区制定的法规有的是自治法规,有的是一般性的地方性法规。两者的主要区别是有没有自治权的内容。"自治条例"是指由民族自治地方的人大制定的、有关本地方实行区域自治的组织和活动原则、自治机关的构成和职权等内容的综合性的规范性文件。"单行条例"是指民族区域自治地方的人大在自治权的范围内,依法根据当地民族的特点,针对某一方面的具体问题而制定的法规。民族自治地方的法规要报批准,而一般性法规只需要备案,是因为在制定地方性法规的时候,不得同宪法、法律和行政法规相抵触。全国人大常委会可以对备案的法规进行审查,发现有违背宪法和法律的情况再予以撤销。而民族自治地方的自治法规要报批准,是因为它是对法律和政策的变通规定,涉及改变法律的规定,所以应采取事先报批的制度。

第一百一十七条 【民族自治地方的财政自治权】民族自治地方的自治机关有管理地方财政的自治权。凡是依照国家财政体制属于民族自治地方的财政收入,都应当由民族自治地方的自治机关自主地安排使用。

解读

本条是对自治地方财政自治权的规定。

财政自治权是民族自治地区自治机关的一项重要的自治权。在我国，虽然在税收上实行分税制，但是，国家的财政还是统一的，即使是地方财政收入，也常常上交中央财政，再由中央财政转移支付。本条的规定说明，民族自治地方的财政收入由自治机关自主地安排使用。

第一百一十八条 【民族自治地方的经济建设自主权】民族自治地方的自治机关在国家计划的指导下，自主地安排和管理地方性的经济建设事业。

国家在民族自治地方开发资源、建设企业的时候，应当照顾民族自治地方的利益。

解读

本条是对民族自治地方经济建设自主权的规定。

本条第一款是关于民族自治地方自治机关自主安排地方性经济事务的规定。“地方性的经济建设事业”，具体是指由民族自治地方财政投资或者中央财政部门拨款资助地方的经济建设事业。

本条第二款是关于国家照顾民族自治地方的利益的规定。国家在开发资源和建设企业的时候，要给地方一定的分成，不能全都占有，要留出一定的利益给少数民族地方，并要保护好当地的自然和生态环境。

第一百一十九条 【民族自治地方的文化事业自主权】民族自治地方的自治机关自主地管理本地方的教育、科学、文化、卫生、体育事业，保护和整理民族的文化遗产，发展和繁荣民族文化。

解读

本条是对民族自治地方文化教育自治权的规定。

过去，少数民族的文化受到很大的歧视和严重破坏，对于少数民族的文化事业,应当加以特别保护。“自主地管理”是指自治机关可以根据法律和依法变通有关法律、行政法规,制定自治地方的自治条例,再依次进行管理。

第一百二十条 【民族自治地方的公安部队】民族自治地方的自治机关依照国家的军事制度和当地的实际需要,经国务院批准,可以组织本地方维护社会治安的公安部队。

解读

本条是对民族自治地方可以建立地方公安部队的规定。

虽然规定民族自治地方的自治机关可以建立地方公安部队,但是由于新中国成立后国家不允许保留地方武装,所以民族自治地方建立公安武装的条件必须明确且严格:是否建立公安部队要依照国家的军事制度、当地的实际需要;能否建立公安部队要经过国务院批准;公安部队的职能仅是“维护社会治安”。

第一百二十一条 【自治机关的公务语言】民族自治地方的自治机关在执行职务的时候,依照本民族自治地方自治条例的规定,使用当地通用的一种或者几种语言文字。

解读

本条是关于民族自治地方自治机关执行公务时有使用民族语言的权利的规定。

执行公务时使用当地语言更有利于和少数民族公民进行沟通,保障了少数民族公民能更好地行使自己的权利,使得工作顺利进行。

第一百二十二条 【国家对民族自治地方的帮助、扶持】国家从财政、物资、技术等方面帮助各少数民族加速发展经济建设和文化建设事业。

国家帮助民族自治地方从当地民族中大量培养各级干部、各种专业人才和技术工人。

解读

本条是关于国家帮助少数民族发展和培养人才的规定。

虽然在过去的《宪法》中都有过类似的规定，但是并不具体。为了促进少数民族地区的经济建设和文化事业的发展，1982 年《宪法》明确指出国家具体应从哪些方面对少数民族地区经济发展进行帮扶。

本条第一款是关于国家帮助少数民族发展经济建设的规定。从“财政、物资、技术等方面”入手是因为少数民族在这几方面都比较缺乏。财政方面，给了少数民族地区很大的财政自主权；物资方面，国家给予西部大量的物质资源保障其发展；技术方面，国家采取“西部开发”引进人才和技术的战略。

本条第二款是关于国家帮助少数民族地方培养人才的规定。之所以规定这一条，是因为根据宪法和法律，各级国家机关都需要有少数民族干部。具体的帮助办法有：创办少数民族学校；在普通大学办少数民族班；给予少数民族学生更优惠的录取条件；培养少数民族干部；等等。

第七节　监察委员会

第一百二十三条　【监察委员会的性质】中华人民共和国各级监察委员会是国家的监察机关。

解读

本条是对监察委员会性质的规定。

监察委员会是我国为了防治腐败，对行使公权力的公职人员进行监察，调查职务违法和职务犯罪，使公权力始终置于人民群众的监督之下，而设立的国家监察机关。国家监察机关是顺应新时代国家发展形势而构建的具有中国特色的国家监察体系，目的是建立集中统一、权威高效的反腐败体制，强化党和国家的自我监督，推进国家治理体系和治理能力现代化。

第一百二十四条 【监察委员会的组成与任期】中华人民共和国设立国家监察委员会和地方各级监察委员会。

监察委员会由下列人员组成：

主任，

副主任若干人，

委员若干人。

监察委员会主任每届任期同本级人民代表大会每届任期相同。国家监察委员会主任连续任职不得超过两届。

监察委员会的组织和职权由法律规定。

解读

本条是对监察委员会设置和监察委员会主任任期的规定。

我国设立国家监察委员会和地方各级监察委员会，目的是实现对国家所有行使公权力的公职人员监察全覆盖。在中央设立中华人民共和国监察委员会，在地方设立省、自治区、直辖市、自治州、县、自治县、市、市辖区监察委员会。监察委员会把分散在监察部、国家预防腐败局以及检察机关的反贪污贿赂、渎职、预防职务犯罪的职能整合在一起，组建成新的国家监察机关。监察委员会由主任、副主任、委员组成。各级监察委员会主任由各级国家权力机关选举产生，但只有国家监察委员会主任一人有连任不得超过两届的限制，每届代表大会第一次会议换届选举时，只选举主任一人。副主任、委员等监察委员会组成人员，不受届期的影响。

监察委员会的组织由《监察法》规定。《监察法》对监察委员会的性质、设置体系、任务原则，监察委员会的组织和职权，监察委员会的人员作了规定。

第一百二十五条　【各级监察委员会之间的关系】中华人民共和国国家监察委员会是最高监察机关。

国家监察委员会领导地方各级监察委员会的工作，上级监察委员会领导下级监察委员会的工作。

解读

本条是对国家监察委员会的地位和监察机关内部关系的规定。

按照《监察法》的规定，国家监察委员会是我国的最高监察机关。国家监察委员会由主任、副主任若干人、委员若干人组成，主任由全国人大选举产生，副主任、委员由国家监察委员会主任提请全国人大常委会任免。监察委员会上下级之间是领导关系。下级监察委员会在工作任务、业务上接受上级监察委员会的领导和监督。

第一百二十六条　【监察委员会与人大的关系】国家监察委员会对全国人民代表大会和全国人民代表大会常务委员会负责。地方各级监察委员会对产生它的国家权力机关和上一级监察委员会负责。

解读

本条是对监察委员会与国家权力机关的关系的规定。

国家监察委员会由全国人大产生，负责全国监察工作。国家监察委员会主任由全国人大选举产生，副主任、委员由国家监察委员会主任提请全国人大常委会任免。国家监察委员会对全国人大及其常委会负责,并接受监督。

监察委员会奉行双重领导体制。地方各级监察委员会由本级人大选举产生,负责本行政区域内的监察工作。地方各级监察委员会由主任、副主任若干人、委员若干人组成,主任由本级人大选举产生,副主任、委员由监察委员会主任提请本级人大常委会任免。监察委员会在队伍建设上接受同级人大及其常委会的领导,在业务和工作任务上接受上级监察机关的领导。

第一百二十七条 【监察权的行使】监察委员会依照法律规定独立行使监察权,不受行政机关、社会团体和个人的干涉。

监察机关办理职务违法和职务犯罪案件,应当与审判机关、检察机关、执法部门互相配合,互相制约。

解读

本条是对监察机关办理案件行使权力的规定。

我国监察委员会依据《宪法》《监察法》《刑事诉讼法》《民事诉讼法》《行政诉讼法》等,独立行使监察权。独立行使监察权不是监察委员会独立,而是监察人员在办理案件的时候,独立地以事实为根据,以法律为准绳,按照自己的判断认定事实,适用法律,并独立作出判断,而不受行政机关、社会团体和个人的干涉。但是,人大及其常委会、上级监察机关和中国共产党可以通过合法的途径对办案工作进行必要的干预。中国共产党对监察委员会在政治上进行领导并且注重选拔推荐优秀的监察委员会领导干部。我国司法机关在办理案件时一直奉行公正司法原则,监察机关办理职务违法和职务犯罪案件,与审判机关、检察机关、执法部门互相配合、互相制约,是为了在办理案件的过程中坚持公正并且提高办案效率。

第八节　人民法院和人民检察院

第一百二十八条　【人民法院的性质】中华人民共和国人民法院是国家的审判机关。

解读

本条是对人民法院性质的规定。

只有国家设立的人民法院才有司法审判权,其他任何机关都没有司法审判权。以审判为中心应体现在所有的法律程序中。

从理论上讲,司法权实质上是裁判权。司法权被宪法赋予代表法律、代表国家及社会共同体的裁量权力,可以对任何涉法行为及活动进行法律评判。而审判,则是针对进入诉讼程序的行为及事实进行法律上的定性,因而,从司法权的本质及功能来看,审判应成为司法活动的中心,任何事实及行为在法律诉讼程序中的最终定性,均应该通过审判的方式进行。

第一百二十九条　【人民法院的设置、任期和组织】中华人民共和国设立最高人民法院、地方各级人民法院和军事法院等专门人民法院。

最高人民法院院长每届任期同全国人民代表大会每届任期相同,连续任职不得超过两届。

人民法院的组织由法律规定。

解读

本条是对人民法院的设置和对最高人民法院院长任期的规定。

本条第一款规定了人民法院的设置。最高人民法院是我国的最高审判机关,院长由全国人大选举产生,副院长、审判员、审判委员会委员由全国人大常委会任命。地方各级人民法院分为基层人民法院、中级人民法院、高级人民法院,分别由本级人大和人大常委会选举、任命的院长、副院长和审判人员等人员组成。其中,在省、自治区按地区设立的和在直辖市内设立的中级人民法院的组成人员,由省、自治区、直辖市的人大及其常委会选举或任命。专门人民法院除了军事法院外还包括海事法院(级别上属于中级法院)、铁路运输法院(包括基层法院和中级法院)。

本条第二款规定了法院院长的任期制。审判机关只有院长一人有任期限制,每届代表大会第一次会议换届选举时,只选举院长一人。副院长、审判员等法院组成人员,只有在有关人员缺额时由院长提请本级人大常委会任命,而不受届期的影响。

本条第三款是指人民法院的组织由《人民法院组织法》规定。《人民法院组织法》对法院的性质、设置体系、任务原则,法院的组织和职权,法院的审判人员和其他人员作了规定。

第一百三十条 【公开审判与被告人的辩护权】人民法院审理案件,除法律规定的特别情况外,一律公开进行。被告人有权获得辩护。

解读

本条是对法院公开审判原则和被告人辩护权的规定。

公开审判和被告人的辩护权是现代民主司法制度的基本原则,公开审判是指人民法院开庭审判的时间、地点对外公开,允许群众进入法庭旁听,允许新闻记者采访,判决结果对外公布。对不公开审判的案件,也必须做到判决的公开。这既是保证司法审判接受社会监督从而保证司法程序公正的需要,也是宣传法律和公民接受法律教育的良好途径。根据《刑事诉讼法》《民事诉讼法》的规定,涉及国家机密、商业秘密、个人隐私和未成年人犯罪的案件不能公开审判。

公民不能行使或者不能充分行使辩护权,就无法保证公民受到公正审判,国家权力的合理界限会被超越,国家权力的价值会因此降低,公民与国家的关系会偏离正常轨道,这既不利于公民权利的有效保障,也不利于国家权力的规范行使。因而,被告人的辩护权是公正审判和保护被告人权利的必要程序。

对被告人"有权获得辩护"这一原则,《刑事诉讼法》等法律作了具体规定。《刑事诉讼法》规定:"人民法院有义务保证被告人获得辩护。"这就意味着被告人有权为自己进行辩护,也可以委托律师或其他公民为自己进行辩护。

第一百三十一条 【法院独立行使审判权】人民法院依照法律规定独立行使审判权,不受行政机关、社会团体和个人的干涉。

解读

本条是对法院独立行使审判权的规定。

我国法院依据《宪法》《人民法院组织法》《刑事诉讼法》《民事诉讼法》《行政诉讼法》等法律规定,独立行使审判权。这个独立行使审判权既不是法院独立,也不是司法独立,而是审判人员在审判案件的时候,独立地以事实为根据,以法律为准绳,认定事实,适用法律,并独立作出判决,而不受行政机关、社会团体和个人的干涉。但是,人大及其常委会、检察机关和中国共产党可以通过合法的途径对人民法院的审判工作进行必要的干预。检察院依法对审判工作进行监督,提出上诉或抗诉。人大及其常委会对法院的组成人员进行人事任免,听取工作报告,开展质询。中国共产党对法院在政治上进行领导并选拔推荐优秀的法院领导干部。

第一百三十二条 【各级审判机关之间的关系】最高人民法

院是最高审判机关。

最高人民法院监督地方各级人民法院和专门人民法院的审判工作，上级人民法院监督下级人民法院的审判工作。

解读

本条是对最高人民法院的地位及人民法院内部关系的规定。

本条第一款规定最高人民法院是我国的最高审判机关。按照《人民法院组织法》的规定，最高人民法院在我国审判机关体系中处于最高地位。最高人民法院的组成人员由最高国家权力机关选举或任命产生；最高人民法院对于在审判过程中如何适用法律的问题，进行解释，下级法院应当遵循；最高人民法院可以直接审理一些全国性的大案、要案；最高人民法院是各级法院的最高上诉或申诉审判机关，它作出的判决和裁定是终审的判决和裁定，一经宣判，即发生法律效力；最高人民法院有权监督地方各级人民法院和专门人民法院的审判工作。

本条第二款规定上级法院与下级法院的监督关系。上级法院对下级法院在审判活动中是否正确适用法律进行监督。最高人民法院对各级人民法院已经发生法律效力的判决和裁定，上级人民法院对下级人民法院已发生法律效力的判决和裁定，如果发现确有失误，有权提审或者指令下级人民法院再审；有权审判检察院按审判监督程序提起的案件；可以通过对审判过程中具体运用法律的解释纠正审判过程中的违法和不当行为；等等。

第一百三十三条　【法院与人大的关系】最高人民法院对全国人民代表大会和全国人民代表大会常务委员会负责。地方各级人民法院对产生它的国家权力机关负责。

解读

本条是对人民法院与国家权力机关关系的规定。

我国的人民代表大会制度决定了法院对人民代表大会负责，并受其监督。与国外的司法制度不同，国外奉行司法独立原则，法院不可能对议会负责、受议会监督。

1954年《宪法》规定，人民法院对全国人大负责并报告工作，在全国人大闭会期间对全国人大常委会负责并报告工作。1975年《宪法》和1978年《宪法》都有此规定。1982年《宪法》删掉了人民法院要向人大和它的常委会报告工作的内容。但是在实践中，各级人民法院都向人大和它的常委会报告工作。《全国人民代表大会议事规则》《地方各级人民代表大会和地方各级人民政府组织法》都要求人民法院向人大和它的常委会报告工作。由此可知，人民法院向国家权力机关报告工作《宪法》虽未直接规定，却已经成为一种惯例。

第一百三十四条　【人民检察院的性质】中华人民共和国人民检察院是国家的法律监督机关。

解读

本条是对检察机关性质的规定。

我国的人民检察院不仅有公诉职能，还有对国家机关工作人员的犯罪进行侦查的监督国家机关工作人员的职权，对司法机关进行司法监督和对其他国家机关进行一般法律监督的职能。1982年《宪法》明确了人民检察院是国家的法律监督机关。

第一百三十五条　【检察院的设置、任期和组织】中华人民共和国设立最高人民检察院、地方各级人民检察院和军事检察院等专门人民检察院。

最高人民检察院检察长每届任期同全国人民代表大会每届任期相同，连续任职不得超过两届。

人民检察院的组织由法律规定。

解读

本条是对检察院的设置和最高人民检察院检察长任期的规定。

最高人民检察院是国家的最高检察机关，检察长由全国人大选举产生和罢免，副检察长、检察员、检察委员会委员由全国人大常委会任免。我国地方各级人民检察院包括省级检察院（省、自治区、直辖市人民检察院）、地级检察院（省、自治区、直辖市人民检察院分院，自治州和省辖市的人民检察院）、基层检察院（县、市、自治县和市辖区的人民检察院）。专门人民检察院主要包括军事检察院和铁路运输检察院。

地方各级人民检察院的检察长由本级人大选举，副检察长、检察员和检察委员会委员的任免由本级人大常委会决定。下级人民检察院检察长的任免，须由上级人民检察院检察长报同级人大常委会批准任命。

人民检察院的组织由《人民检察院组织法》规定，该法律对人民检察院的性质、设置体系、任务原则，检察院的组织和职权，检察人员和其他人员作了规定。

第一百三十六条　【检察院独立行使检察权】人民检察院依照法律规定独立行使检察权，不受行政机关、社会团体和个人的干涉。

解读

本条是对检察院独立行使检察权的规定。

我国检察院依据《宪法》《人民检察院组织法》《刑事诉讼法》《民事诉讼法》《行政诉讼法》等,独立行使检察权。这里的"独立行使检察权"不是指检察院独立,而是检察人员在办理案件的时候,独立地以事实为根据,以法律为准绳,按照自己的判断认定事实,适用法律,并独立作出判断,而不受行政机关、社会团体和个人的干涉。但是,人大及其常委会、上级人民检察机关和中国共产党可以通过合法的途径对人民检察院的办案工作进行必要的干预。人大及其常委会对法院的组成人员进行人事任免,听取工作报告,开展质询。中国共产党对人民检察院在政治上进行领导和选拔推荐优秀的检察院领导干部。

第一百三十七条 【各级检察机关之间的关系】最高人民检察院是最高检察机关。

最高人民检察院领导地方各级人民检察院和专门人民检察院的工作,上级人民检察院领导下级人民检察院的工作。

解读

本条是对最高人民检察院的地位及人民检察院相互关系的规定。

按照《人民检察院组织法》的规定,最高人民检察院是我国的最高检察机关。最高人民检察院的组成人员由最高国家权力机关选举或任命产生;最高人民检察院领导地方各级人民检察院的工作和专门人民检察院的工作;对于在检察过程中如何适用法律的问题进行的解释,下级检察机关应当遵循;最高人民检察院对于地方各级人民法院已经发生法律效力的判决和裁定,如果发现确有错误,可以按照审判监督程序提出抗诉。

人民检察院上下级之间是领导关系。1954 年《宪法》以及依 1954 年《宪法》制定的《人民检察院组织法》确立了人民检察院垂直领导的体制,下级人民检察院只对上级人民检察院负责,不受地方国家机关的干涉。1978 年《宪法》将其修改为监督关系,1979 年《宪法》又将其改为领导关系,1982 年《宪法》确立了和 1954 年《宪法》不完全相同的领导关系,即检察机关的双重领导体制,下级检察机关既接受上级检察机关的领导,又要向同级人大及其常委会负责并报告工作。

第一百三十八条　【检察院与人大的关系】最高人民检察院对全国人民代表大会和全国人民代表大会常务委员会负责。地方各级人民检察院对产生它的国家权力机关和上级人民检察院负责。

解读

本条是对人民检察院与国家权力机关关系的规定。

人民检察院实行双重领导体制,地方各级人民检察院既要对产生它的国家权力机关负责,又要对上级检察机关负责。在检察院的工作任务、队伍建设等总体工作方面,主要对同级人大负责;在业务上主要接受上级检察院的领导和监督,对上级人民检察院负责。

第一百三十九条　【诉讼语言】各民族公民都有用本民族语言文字进行诉讼的权利。人民法院和人民检察院对于不通晓当地通用的语言文字的诉讼参与人,应当为他们翻译。

在少数民族聚居或者多民族共同居住的地区,应当用当地通用的语言进行审理;起诉书、判决书、布告和其他文书应当根据实际需要使用当地通用的一种或者几种文字。

解读

本条是对少数民族使用本民族语言文字进行诉讼权利的保障性规定。

各民族都有使用和发展自己的语言文字的自由，使用本民族语言文字进行诉讼，是为了消除少数民族公民在诉讼中的语言障碍，保障少数民族公民平等参加诉讼的权利。主要表现在人民法院、人民检察院要对不通晓当地通用的语言文字的诉讼参与人提供翻译；起诉书、判决书等应当根据需要使用当地通用的一种或者几种文字。

第一百四十条　【司法机关之间的分工与制约原则】 人民法院、人民检察院和公安机关办理刑事案件，应当分工负责，互相配合，互相制约，以保证准确有效地执行法律。

解读

本条是对法院、检察院、公安机关在刑事诉讼中相互关系的原则规定。

在我国的刑事司法活动中，形成特有的法院、检察院和公安机关分工负责、互相配合、互相制约的关系。在三机关中，公安机关属于行政机关，其在刑事司法中行使的职权属于行政权，主要包括带有执行性质的行为以及为司法审判提供证据、线索等侦查行为；检察院除了履行法律监督的职能之外，还须承担公诉人的角色；法院是刑事司法活动的中心，是刑事判决的关键。

在刑事案件中，公安机关负责侦查、拘留、执行逮捕、预审，查证是否犯罪的证据。检察机关负责对公安机关侦查案件批准逮捕，对国家机关工作人员的犯罪行为进行侦查、提起公诉。法院负责对公诉案件的审判。对公安机关侦办的案件，检察院可依情况依法作出是否批准逮捕、是否提起公诉的决定，也可以作出不起诉的决定。公安机关认为检察院决定不起诉有错误时，可以要求复议，也可以向上一级检察院申请复核。对法院审判的案件，检察院可依据情况依法向法院提出纠正意见或者抗诉。

第四章　国旗、国歌、国徽、首都

概述

国家标志是国家的象征，是国家与国家相区别的重要元素，世界各国均有自己的国家标志。在近现代民族国家史上，每当新的国家政权产生，均将确立新的国家标志列为头等大事。国家标志代表了一个国家的主权、独立和尊严，反映了一个国家的历史文化传统、民族精神甚至国体和政体的确立等。确立国家标志有利于增强公民的民族意识和国家情感。

第一百四十一条　【国旗、国歌】中华人民共和国国旗是五星红旗。

中华人民共和国国歌是《义勇军进行曲》。

解读

本条是对我国国旗和国歌的规定。

本条第一款是关于国旗的确定。我国的国旗是五星红旗，于1949年9月召开的中国人民政治协商会议第一届全体会议上正式确定。1954年《宪法》正式以“五星红旗”表述，并明确它是中华人民共和国国旗，之后的历次《宪法》都作了同样的规定。

本条第二款是关于国歌的规定。国歌是由一国政府制定或采用的代表国家的歌曲，主要在举行隆重集会、庆典或国际交往仪式时进行演奏或演唱。我国的国歌是《义勇军进行曲》，是戏剧家田汉、音乐家聂耳为影片《风云儿女》创作的主题歌。

第一百四十二条　【国徽】中华人民共和国国徽，中间是五星照耀下的天安门，周围是谷穗和齿轮。

解读

本条是关于我国国徽的规定。

1950年6月28日，中央人民政府委员会第八次会议通过中华人民共和国国徽图案及对该图案的说明。1954年9月，一届全国人大一次会议及其通过的以后历次《宪法》对其均予以确认。中华人民共和国国徽的内容为国旗、天安门、齿轮和麦稻穗（国旗和天安门象征国家，齿轮象征工人阶级，麦稻穗象征农民阶级），象征中国人民自"五四运动"以来的新民主主义革命斗争和工人阶级领导的以工农联盟为基础的人民民主专政的新中国的诞生。

第一百四十三条　【首都】中华人民共和国首都是北京。

解读

本条是对国家首都的规定。

首都也称国都、首府。现代各国都有自己的首都，而且一般只有一个。在1949年9月27日，中国人民政治协商会议第一届全体会议一致通过中华人民共和国的国都定于北平，即日起北平改名北京。1954年《宪法》继续确定了这个决议，但将"国都"改为"首都"，之后的历次《宪法》也作了相同的规定。

图解《中华人民共和国宪法》

- 我国三大基本制度
  - 基本政治制度
    - 国体：人民民主专政的社会主义国家
    - 政体：人民代表大会制度 ← 选举制度
    - 国家结构形式：单一制 —— 具有中国特色
      - 民族区域自治制度
      - 特别行政区制度
  - 基本经济制度
    - 所有制
    - 分配方式
  - 基本文化制度
    - 发展教育科学医疗卫生体育事业
    - 加强社会主义精神文明建设

- 公民的基本义务
  - 维护国家统一和民族团结
  - 遵守宪法和法律
  - 维护祖国安全、荣誉和利益
  - 依法服兵役和参加民兵组织
  - 依法纳税

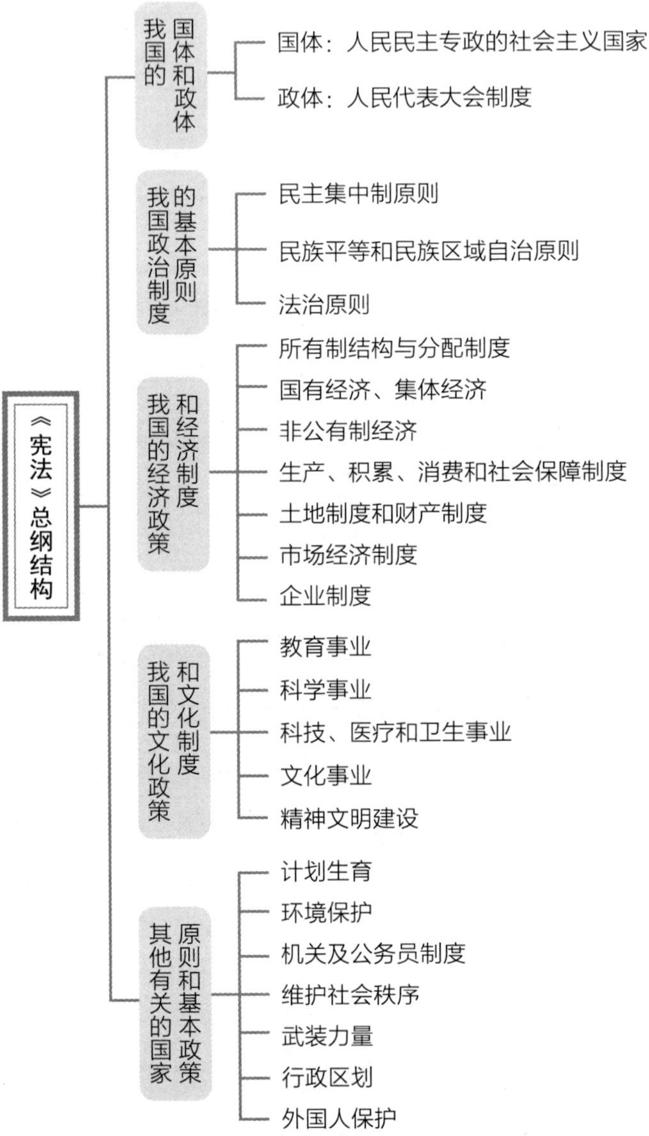
《宪法》总纲结构
我国的国体和政体
国体：人民民主专政的社会主义国家
政体：人民代表大会制度
我国政治制度的基本原则
民主集中制原则
民族平等和民族区域自治原则
法治原则
我国的经济政策和经济制度
所有制结构与分配制度
国有经济、集体经济
非公有制经济
生产、积累、消费和社会保障制度
土地制度和财产制度
市场经济制度
企业制度
我国的文化政策和文化制度
教育事业
科学事业
科技、医疗和卫生事业
文化事业
精神文明建设
其他有关的国家原则和基本政策
计划生育
环境保护
机关及公务员制度
维护社会秩序
武装力量
行政区划
外国人保护

- 公民的基本权利
  - 平等权
  - 政治权利和自由
    - 选举权和被选举权
    - 政治自由
      - 言论、出版自由
      - 集会、结社自由
      - 游行、示威自由
    - 监督权
      - 批评、建议权
      - 控告、检举权
      - 申诉权
      - 获得国家赔偿请求权
  - 宗教信仰自由
  - 人身自由
    - 生命权
    - 狭义的人身自由
    - 人格尊严不受侵犯
    - 住宅不受侵犯
    - 通信自由和通信秘密受法律保护
  - 经济社会文化权利
    - 财产权
    - 劳动权
    - 休息权
    - 获得物质帮助权
    - 受教育权
    - 文化自由
  - 特定主体的权利
    - 妇女的权利
    - 保护婚姻、家庭、母亲、儿童和老人
    - 保护华侨、归侨和侨眷的权益

- 我国国家机构
  - 中央国家机构
    - 全国人大及其常委会
      - 国家主席
      - 国务院
      - 中央军事委员会
      - 国家监察委员会
      - 最高人民法院
      - 最高人民检察院
  - 地方国家机构
    - 一般地方
      - 县级以上人大及其常委会
        - 本级人民政府
        - 本级监察委员会
        - 本级人民法院
        - 本级人民检察院
      - 乡级人大——乡政府
    - 民族自治地方——民族自治机关
    - 特别行政区
      - 香港特别行政区
      - 澳门特别行政区

- 全国人民代表大会的罢免权
  - 中华人民共和国主席、副主席
  - 国务院总理、副总理、国务委员、各部部长、各委员会主任、审计长、秘书长
  - 中央军事委员会主席和中央军事委员会其他组成人员
  - 国家监察委员会主任
  - 最高人民法院院长
  - 最高人民检察院检察长

全国人民代表大会的职权

- 修改宪法
- 监督宪法的实施
- 制定和修改刑事、民事、国家机构的和其他的基本法律
- 选举中华人民共和国主席、副主席
- 根据中华人民共和国主席的提名，决定国务院总理的人选；根据国务院总理的提名，决定国务院副总理、国务委员、各部部长、各委员会主任、审计长、秘书长的人选
- 选举中央军事委员会主席；根据中央军事委员会主席的提名，决定中央军事委员会其他组成人员的人选
- 选举国家监察委员会主任
- 选举最高人民法院院长
- 选举最高人民检察院检察长
- 审查和批准国民经济和社会发展计划和计划执行情况的报告
- 审查和批准国家的预算和预算执行情况的报告
- 改变或者撤销全国人民代表大会常务委员会不适当的决定
- 批准省、自治区和直辖市的建置
- 决定特别行政区的设立及其制度
- 决定战争和和平的问题
- 应当由最高国家权力机关行使的其他职权

全国人民代表大会常务委员会的职权 1

- 解释宪法，监督宪法的实施
- 制定和修改除应当由全国人民代表大会制定的法律以外的其他法律
- 在全国人民代表大会闭会期间，对全国人民代表大会制定的法律进行部分补充和修改，但是不得同该法律的基本原则相抵触
- 解释法律
- 在全国人民代表大会闭会期间，审查和批准国民经济和社会发展计划、国家预算在执行过程中所必须作的部分调整方案
- 监督国务院、中央军事委员会、国家监察委员会、最高人民法院和最高人民检察院的工作
- 撤销国务院制定的同宪法、法律相抵触的行政法规、决定和命令
- 撤销省、自治区、直辖市国家权力机关制定的同宪法、法律和行政法规相抵触的地方性法规和决议
- 在全国人民代表大会闭会期间，根据国务院总理的提名，决定部长、委员会主任、审计长、秘书长的人选
- 在全国人民代表大会闭会期间，根据中央军事委员会主席的提名，决定中央军事委员会其他组成人员的人选
- 根据国家监察委员会主任的提请，任免国家监察委员会副主任、委员

全国人民代表大会常务委员会的职权 2

- 根据最高人民法院院长的提请，任免最高人民法院副院长、审判员、审判委员会委员和军事法院院长
- 根据最高人民检察院检察长的提请，任免最高人民检察院副检察长、检察员、检察委员会委员和军事检察院检察长，并且批准省、自治区、直辖市的人民检察院检察长的任免
- 决定驻外全权代表的任免
- 决定同外国缔结的条约和重要协定的批准和废除
- 规定军人和外交人员的衔级制度和其他专门衔级制度
- 规定和决定授予国家的勋章和荣誉称号
- 决定特赦
- 在全国人民代表大会闭会期间，如果遇到国家遭受武装侵犯或者必须履行国际间共同防止侵略的条约的情况，决定战争状态的宣布
- 决定全国总动员或者局部动员
- 决定全国或者个别省、自治区、直辖市进入紧急状态
- 全国人民代表大会授予的其他职权

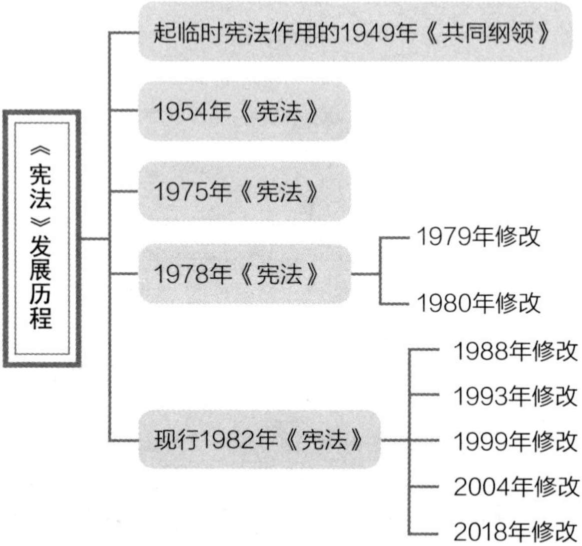
《宪法》发展历程
起临时宪法作用的1949年《共同纲领》
1954年《宪法》
1975年《宪法》
1978年《宪法》
1979年修改
1980年修改
现行1982年《宪法》
1988年修改
1993年修改
1999年修改
2004年修改
2018年修改

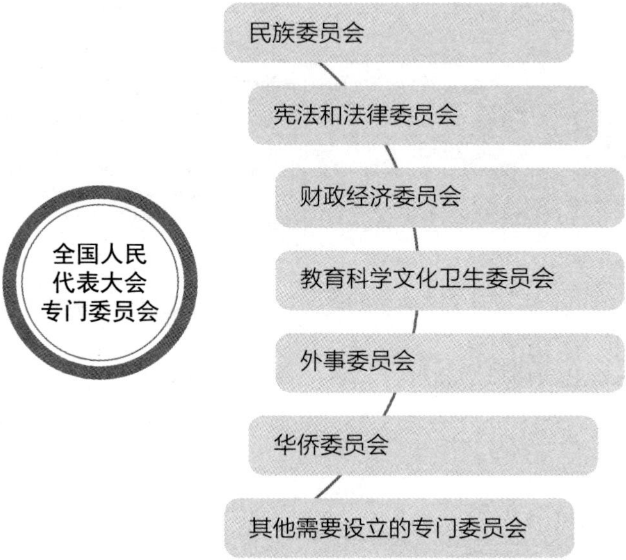
全国人民代表大会专门委员会
民族委员会
宪法和法律委员会
财政经济委员会
教育科学文化卫生委员会
外事委员会
华侨委员会
其他需要设立的专门委员会

全国人民代表大会代表的职权

- 提出属于全国人民代表大会和全国人民代表大会常务委员会职权范围内的议案
- 提出对国务院或者国务院各部、各委员会的质询案
- 非经全国人民代表大会会议主席团许可，在全国人民代表大会闭会期间非经全国人民代表大会常务委员会许可，不受逮捕或者刑事审判
- 在全国人民代表大会各种会议上的发言和表决，不受法律追究

国务院的人员组成

- 总理
- 副总理若干人
- 国务委员若干人
- 各部部长
- 各委员会主任
- 审计长
- 秘书长

国家主席的职权（根据全国人民代表大会的决定和全国人民代表大会常务委员会的决定，代表中华人民共和国行使）

- 公布法律
- 任免国务院总理、副总理、国务委员、各部部长、各委员会主任、审计长、秘书长
- 授予国家的勋章和荣誉称号
- 发布特赦令
- 宣布进入紧急状态
- 宣布战争状态
- 发布动员令
- 进行国事活动
- 接受外国使节
- 派遣和召回驻外全权代表
- 批准和废除同外国缔结的条约和重要协定

全国人民代表大会常务委员会的人员组成

- 委员长
- 副委员长若干人
- 秘书长
- 委员若干人

国务院的职权 1

- 根据宪法和法律，规定行政措施，制定行政法规，发布决定和命令
- 向全国人民代表大会或者全国人民代表大会常务委员会提出议案
- 规定各部和各委员会的任务和职责，统一领导各部和各委员会的工作，并且领导不属于各部和各委员会的全国性的行政工作
- 统一领导全国地方各级国家行政机关的工作，规定中央和省、自治区、直辖市的国家行政机关的职权的具体划分
- 编制和执行国民经济和社会发展计划和国家预算
- 领导和管理经济工作和城乡建设、生态文明建设
- 领导和管理教育、科学、文化、卫生、体育和计划生育工作
- 领导和管理民政、公安、司法行政等工作
- 管理对外事务，同外国缔结条约和协定
- 领导和管理国防建设事业

国务院的职权 2

- 领导和管理民族事务，保障少数民族的平等权利和民族自治地方的自治权利
- 保护华侨的正当的权利和利益，保护归侨和侨眷的合法的权利和利益
- 改变或者撤销各部、各委员会发布的不适当的命令、指示和规章
- 改变或者撤销地方各级国家行政机关的不适当的决定和命令
- 批准省、自治区、直辖市的区域划分，批准自治州、县、自治县、市的建置和区域划分
- 依照法律规定决定省、自治区、直辖市的范围内部分地区进入紧急状态
- 审定行政机构的编制，依照法律规定任免、培训、考核和奖惩行政人员
- 全国人民代表大会和全国人民代表大会常务委员会授予的其他职权

县级以上地方各级人民代表大会常务委员会的职权

- 讨论、决定本行政区域内各方面工作的重大事项
- 监督本级人民政府、监察委员会、人民法院和人民检察院的工作
- 撤销本级人民政府的不适当的决定和命令
- 撤销下一级人民代表大会的不适当的决议
- 依照法律规定的权限决定国家机关工作人员的任免
- 在本级人民代表大会闭会期间，罢免和补选上一级人民代表大会的个别代表

《宪法》的结构

- 序言
- 总纲
- 公民的基本权利和义务
- 国家机构
- 国旗、国歌、国徽、首都

民族自治地方的自治权

- 宪法规定的地方国家机关的职权
- 自治地方立法权
- 自治地方财政自治权
- 自治地方经济建设自主权
- 自治地方文化教育自治权
- 自治地方公安武装力量
- 执行公务时有使用民族语言文字的权利

国旗、国歌、国徽、首都

- 国旗：五星红旗
- 国歌：《义勇军进行曲》
- 国徽：中间是五星照耀下的天安门，周围是谷穗和齿轮
- 首都：北京

延伸阅读

中华人民共和国的宪法发展

1949 年,中国共产党领导中国人民建立了自己的国家政权。制定全国性的宪法就具有了可能性和必要性。

一、《中国人民政治协商会议共同纲领》

1949 年 9 月,中国共产党邀请各民主党派、人民团体、无党派人士、人民解放军、各地区、各民族以及海外华侨等各方面代表组成了中国人民政治协商会议,决定由中国人民政治协商会议第一届全体会议代行全国人民代表大会的职权,制定宪法性文件以规范和统一全国人民的行动,指导当时各项重大任务的完成。9 月 29 日,会议通过了具有临时宪法性质的《中国人民政治协商会议共同纲领》(以下简称《共同纲领》)。

《共同纲领》规定中华人民共和国的国家性质为新民主主义国家,即人民民主主义国家,确认人民代表大会制度为政权组织形式,规定人民享有广泛的权利和自由。《共同纲领》是中华人民共和国的建国纲领和建设蓝图,发挥了临时宪法的重要作用,为 1954 年《宪法》的制定奠定了基础,在中华人民共和国的制宪史上具有极其重要的地位。

二、1954 年《宪法》

中华人民共和国成立后,通过《共同纲领》的有效实施,国家政权逐渐得到巩固,社会秩序逐步好转,人民安定团结的局面已经形成,在这种形势下,召开全国人民代表大会制定宪法的条件趋于成熟。1953年1月13日，中央人民政府委员会第二十次会议通过《关于召开全国人民代表大会及地方各级人民代表大会的决议》，决定成立以毛泽东为主席的中华人民共和国宪法起草委员会，负责宪法的起草工作。1954年3月，中共中央拟定的宪法草案初稿提交宪法起草委员会讨论。经广泛征求各方面意见并多次修改，草案初稿于1954年6月向全国公布，交付全国人民讨论。经过全国人民的讨论，宪法草案最终形成，提交1954年9月15日召开的第一届全国人民代表大会第一次会议审议。同年9月20日，会议全票通过《宪法》，当日由主席团公布实施。

1954年《宪法》除序言外，共分4章106条。这部宪法把坚持走社会主义道路确立为中华人民共和国的一条基本原则，对社会主义过渡时期的经济制度作了规定。在总结中华人民共和国成立5年来工作经验基础上，对国家政治制度作了更加完备的规定。还设专章规定了公民的基本权利和义务。1954年《宪法》是在从新民主主义向社会主义过渡时期制定和颁布的，是中华人民共和国第一部社会主义类型的宪法。

三、1975年《宪法》

1954年《宪法》颁布实施后，农业、手工业和资本主义工商业的社会主义改造于1956年基本完成。1957年以后，国家政治生活一度脱离正常的轨道。在多次政治运动中，由于极左思潮和法律虚无主义的影响，人民代表大会制度的地位和作用遭到削弱，国家机构的正常工作秩序被干扰，公民基本权利受到侵犯，宪法秩序受到严重冲击，以致在"文化大革命"时期，宪法成为空文。

1970年3月，中共中央提出召开第四届全国人民代表大会和修改宪法的建议。1975年1月17日，四届全国人大一次会议审议通过了1975年《宪法》。1975年《宪法》与1954年《宪法》结构相同，但除序言外只有30条。它是在"文化大革命"这一特殊历史时期修改和颁布的，虽然保留了社会主义制度的基本性质，但在指导思想上存在严重的错误，是一部非常不完善的宪法。

四、1978 年《宪法》

1976 年 10 月，“文化大革命”结束后，为清除宪法中的极左问题，恢复被破坏的民主法制原则，适应新的历史时期的需要，有必要对 1975 年《宪法》进行修改。1978 年 3 月 5 日，五届全国人大一次会议全面修改 1975 年《宪法》，通过了 1978 年《宪法》。

1978 年《宪法》的结构不变，除序言外共 60 条。这部宪法具有一定的进步性，强调坚持社会主义民主原则，保障人民参加国家管理的权利，恢复检察机关的设置，健全了国家机构体系等，但是受到历史条件的限制，它未能完全摆脱“文化大革命”的消极影响，未能彻底纠正 1975 年《宪法》中的错误。例如，在序言中继续保留了“坚持无产阶级专政下的继续革命”的表述，沿袭了以阶级斗争为纲的基本路线；在国家机构中未恢复国家主席的建制，保留了地方各级革命委员会的制度；在公民基本权利和义务中，继续规定“大鸣、大放、大辩论、大字报”的权利；等等。

1978 年《宪法》在公布实施后不久，便进行了两次部分修改。第一次修改是在 1979 年，主要是：决定在县和县以上的地方各级人民代表大会设立常务委员会；将地方各级革命委员会改称为地方各级人民政府；将县的人民代表大会代表改为由选民直接选举产生；将上下级人民检察院的关系由监督关系改为领导关系；扩大人民代表大会的职权，赋予人大代表质询权和罢免权。第二次修改是在 1980 年，取消公民“有运用‘大鸣、大放、大辩论、大字报’的权利”的规定。

五、1982 年《宪法》

1978 年《宪法》虽经两次局部修改，但总体上仍不能适应新时期社会发展的需要。1978 年 12 月召开的党的十一届三中全会，确定了党的工作重心由“以阶级斗争为纲”转移到社会主义现代化建设上来的战略任务，提出了加强社会主义民主和健全社会主义法制的目标。1980 年 9 月，五届全国人大三次会议根据中共中央的建议，作出《关于修改宪法和成立宪法修改委员会的决议》。1981 年 6 月召开的党的十一届六中全会，通过了具有重大意义的《关于建国以来党的若干历史问题的决议》。1982 年 9 月，召开了党的第十二次全国代表大会。决议和十二大文件得到了全国人民的拥护，为宪法修改提供了良好的社会历史条件，也成为宪法修改的重要理论基础。经过长时期的筹备和起草工作，在广泛征求意见的基础上，形成并公布了宪法修改草案。草案经全国人民讨论，最后由全国人大常委会将《中华人民共和国宪法修改草案》提交全国人民代表大会审议。1982 年 12 月 4 日，五届全国人大五次会议以无记名投票方式通过《宪法》。

1982 年《宪法》在国家机构、公民基本权利和义务等方面均继承并发展了 1954 年《宪法》的基本原则，其结构为：序言，总纲，公民的基本权利和义务，国家机构以及国旗、国徽、首都，除序言外共 4 章 138 条。随着时代的不断发展，全国人民代表大会又分别于 1988 年、1993 年、1999 年、2004 年和 2018 年对 1982 年《宪法》进行了修改。①

① 对 1982 年《宪法》的 5 次修改情况，见本书附录中的宪法修正案。

宪法是治国理政的总章程

党的十八大以来,习近平总书记高度重视发挥宪法在治国理政中的重要作用,围绕宪法发表了一系列重要讲话,对宪法作出了一系列重要论述,带头尊崇宪法,维护宪法权威,捍卫宪法尊严。习近平总书记关于宪法的重要论述,立意高远,内涵丰富,思想深邃,阐述精辟,是习近平新时代中国特色社会主义思想的重要组成部分,为新时代法治建设指明了方向,提供了遵循,作出了表率。

一、全面贯彻实施宪法是建设社会主义法治国家的首要任务和基础性工作

2012 年 12 月 4 日,习近平总书记在首都各界纪念现行宪法公布施行 30 周年大会上讲话指出,回顾我国宪法制度发展历程,我们愈加感到,我国宪法同党和人民进行的艰苦奋斗和创造的辉煌成就紧密相连,同党和人民开辟的前进道路和积累的宝贵经验紧密相连。《宪法》以国家根本法的形式,确立了中国特色社会主义道路、中国特色社会主义理论体系、中国特色社会主义制度的发展成果,反映了我国各族人民的共同意志和根本利益,成为党和国家的中心工作、基本原则、重大方针、重要政策在国家法制上的最高体现。全面贯彻实施宪法,是建设社会主义法治国家的首要任务和基础性工作。宪法是国家的根本法,是治国安邦的总章程,具有最高的法律地位、法律权威、法律效力,具有根本性、全局性、稳定性、长期性。任何组织或者个人,都不得有超越宪法和法律的特权。一切违反宪法和法律的行为,都必须予以追究。

宪法的生命在于实施,宪法的权威也在于实施。我们要坚持不懈抓好宪法实施工作,把全面贯彻实施宪法提高到一个新水平。一是要坚持正确政治方向,坚定不移走中国特色社会主义政治发展道路,坚持国家一切权力属于人民的宪法理念,发展更加广泛、更加充分、更加健全的人民民主。最广泛地动员和组织人民依照宪法和法律规定行使国家权力,共同建设,共同享有,共同发展,成为国家、社会和自己命运的主人。二是要落实依法治国基本方略,加快建设社会主义法治国家,以宪法为最高法律规范,维护社会主义法制的统一和尊严,全面推进科学立法、严格执法、公正司法、全民守法进程,维护社会公平正义。三是要坚持人民主体地位,切实保障公民享有权利和履行义务,宪法的根基在于人民发自内心的拥护,宪法的伟力在于人民出自真诚的信仰,只有保证公民在法律面前一律平等,尊重和保障人权,保证人民依法享有广泛的权利和自由,宪法才能深入人心,走入人民群众,宪法实施才能真正成为全体人民的自觉行动。要在全社会牢固树立宪法和法律的权威,让广大人民群众充分相信法律、自觉运用法律,使广大人民群众认识到宪法不仅是全体公民必须遵循的行为规范,而且是保障公民权利的法律武器。四是要坚持党的领导,更加注重改进党的领导方式和执政方式,依法治国首先是依宪治国,依法执政关键是依宪执政,党领导人民制定宪法和法律,党自身必须在宪法和法律范围内活动,真正做到党领导立法、保证执法、带头守法。要健全权力运行制约和监督体系,有权必有责,用权受监督,失职要问责,违法要追究,保证人民赋予的权力始终用来为人民谋利益。

2014 年 9 月 5 日,习近平总书记在庆祝全国人民代表大会成立60周年大会上讲话指出,宪法是国家的根本法,坚持依法治国首先要坚持依宪治国,坚持依法执政首先要坚持依宪执政。我们必须坚持把依法治国作为党领导人民治理国家的基本方略、把法治作为治国理政的基本方式,不断把法治中国建设推向前进。要通过人民代表大会制度,弘扬社会主义法治精神,依照人民代表大会及其常委会制定的法律法规来展开和推进国家各项事业和各项工作,保证人民平等参与、平等发展权利,维护社会公平正义,尊重和保障人权,实现国家各项工作法治化。

二、宪法具有最高的法律地位、法律权威、法律效力

宪法是国家的根本法,是治国安邦的总章程,是党和人民意志的集中体现,具有最高的法律地位、法律权威、法律效力。我国宪法是符合国情、符合实际、符合时代发展要求的好宪法,是我们国家和人民经受住各种困难和风险考验、始终沿着中国特色社会主义道路前进的根本法制保证。坚持依法治国首先要坚持依宪治国,坚持依法执政首先要坚持依宪执政。要坚持党的领导、人民当家作主、依法治国有机统一,坚定不移走中国特色社会主义法治道路,坚决维护宪法法律权威。要以设立国家宪法日为契机,深入开展宪法宣传教育,大力弘扬宪法精神,切实增强宪法意识,推动全面贯彻实施宪法,更好发挥宪法在全面建成小康社会、全面深化改革、全面推进依法治国中的重大作用。

2015年2月2日,习近平总书记在省部级主要领导干部学习贯彻十八届四中全会精神全面推进依法治国专题研讨班开班式上发表重要讲话强调,领导干部都要牢固树立宪法法律至上、法律面前人人平等、权由法定、权依法使等基本法治观念,对各种危害法治、破坏法治、践踏法治的行为要挺身而出、坚决斗争。对领导干部的法治素养,从其踏入干部队伍的那一天起就要开始抓,加强教育、培养自觉,加强管理、强化监督。学法懂法是守法用法的前提。要系统学习中国特色社会主义法治理论,准确把握我们党处理法治问题的基本立场。首要的是学习宪法,还要学习同自己所担负的领导工作密切相关的法律法规。各级领导干部尤其要弄明白法律规定我们怎么用权,什么事能干、什么事不能干,心中高悬法律的明镜,手中紧握法律的戒尺,知晓为官做事的尺度。各级党委要重视法治培训,完善学法制度。

2016 年 12 月 4 日,在第三个国家宪法日到来之际,习近平总书记作出重要指示强调,宪法是国家的根本法,是治国安邦的总章程,是党和人民意志的集中体现。坚持依法治国首先要坚持依宪治国,坚持依法执政首先要坚持依宪执政。中国共产党领导人民制定了“五四宪法”。设立“五四宪法”历史资料陈列馆,对开展宪法宣传教育、增强社会主义民主法治意识、推动尊法学法守法用法具有重要意义。开展宪法宣传教育是全面依法治国的重要任务。“五四宪法”历史资料陈列馆要坚持党的领导、人民当家作主、依法治国有机统一,努力为普及宪法知识、增强宪法意识、弘扬宪法精神、推动宪法实施作出贡献。

三、宪法的权威源自人民的内心拥护和真诚信仰

2018 年 2 月 24 日,中共中央政治局就我国宪法和推进全面依法治国举行第四次集体学习,习近平总书记在主持学习时强调,决胜全面建成小康社会、开启全面建设社会主义现代化国家新征程、实现中华民族伟大复兴的中国梦,推进国家治理体系和治理能力现代化、提高党长期执政能力,必须更加注重发挥宪法的重要作用。要坚持党的领导、人民当家作主、依法治国有机统一,加强宪法实施和监督,把国家各项事业和各项工作全面纳入依法治国、依宪治国的轨道,把实施宪法提高到新的水平。我国宪法实现了党的主张和人民意志的高度统一,具有显著优势、坚实基础、强大生命力。宪法是国家根本法,是国家各种制度和法律法规的总依据。我们坚定中国特色社会主义道路自信、理论自信、制度自信、文化自信，要对我国宪法确立的国家指导思想、发展道路、奋斗目标充满自信，对我国宪法确认的中国共产党领导和我国社会主义制度充满自信，对我国宪法确认的我们党领导人民创造的社会主义先进文化和中华优秀传统文化充满自信。

宪法具有最高的法律地位、法律权威、法律效力。我们党首先要带头尊崇和执行宪法，把领导人民制定和实施宪法法律同党坚持在宪法法律范围内活动统一起来。任何组织或者个人都不得有超越宪法法律的特权。一切违反宪法法律的行为，都必须予以追究。要加快形成完备的法律规范体系、高效的法治实施体系、严密的法治监督体系、有力的法治保障体系，形成完善的党内法规体系，用科学有效、系统完备的制度体系保证宪法实施。要完善宪法监督制度，积极稳妥推进合宪性审查工作，加强备案审查制度和能力建设。同时，要加强宪法学习宣传教育，弘扬宪法精神、普及宪法知识，为加强宪法实施和监督营造良好氛围。宪法法律的权威源自人民的内心拥护和真诚信仰，加强宪法学习宣传教育是实施宪法的重要基础。要在全社会广泛开展尊崇宪法、学习宪法、遵守宪法、维护宪法、运用宪法的宣传教育，弘扬宪法精神，弘扬社会主义法治意识，增强广大干部群众的宪法意识，使全体人民成为宪法的忠实崇尚者、自觉遵守者、坚定捍卫者。要坚持从青少年抓起，把宪法法律教育纳入国民教育体系，引导青少年从小掌握宪法法律知识、树立宪法法律意识、养成遵法守法习惯。要完善国家工作人员学习宪法法律的制度，推动领导干部加强宪法学习，增强宪法意识，带头尊崇宪法、学习宪法、遵守宪法、维护宪法、运用宪法，做尊法学法守法用法的模范。

2018 年 12 月 4 日，在第五个国家宪法日到来之际，习近平总书记作出重要指示强调，坚持依法治国首先要坚持依宪治国，坚持依法执政首先要坚持依宪执政。我国现行宪法是在党的领导下，在深刻总结我国社会主义革命、建设、改革实践经验基础上制定和不断完善的，实现了党的主张和人民意志的高度统一，具有强大生命力，为改革开放和社会主义现代化建设提供了根本法治保障。党领导人民制定和完善宪法，就是要发挥宪法在治国理政中的重要作用。要用科学有效、系统完备的制度体系保证宪法实施，加强宪法监督，维护宪法尊严，把实施宪法提高到新水平。要在全党全社会深入开展尊崇宪法、学习宪法、遵守宪法、维护宪法、运用宪法的宣传教育活动，弘扬宪法精神，树立宪法权威，使全体人民都成为社会主义法治的忠实崇尚者、自觉遵守者、坚定捍卫者。

依法治国是党领导人民治理国家的基本方略，法治是治国理政的基本方式。宪法具有最高的法律地位、法律权威、法律效力，具有根本性、全局性、稳定性、长期性。维护宪法尊严和权威，是维护国家法制统一、尊严、权威的前提，也是维护最广大人民根本利益、确保国家长治久安的重要保障。2018 年 3 月 11 日，第十三届全国人民代表大会第一次会议通过了《宪法修正案》。这是时代大势所趋、事业发展所需、党心民心所向，是推进全面依法治国、推进国家治理体系和治理能力现代化的重大举措，对更好发挥宪法在新时代坚持和发展中国特色社会主义中的重大作用，为实现“两个一百年”奋斗目标和中华民族伟大复兴的中国梦提供有力宪法保障，具有重大现实意义和深远历史意义。

宪法是治国安邦的总章程，是党和人民意志的集中体现，在我们党治国理政活动中具有十分重要的地位和作用。在保持宪法连续性、稳定性、权威性的基础上，推动宪法与时俱进、完善发展，这是我国法治实践的一条基本规律。从 1954 年我国第一部宪法诞生至今，我国宪法一直处在探索实践和不断完善过程中。

1982 年《宪法》公布施行后，分别进行了 5 次修改。通过修改，我国宪法在中国特色社会主义伟大实践中紧跟时代步伐，为改革开放和社会主义现代化建设提供了根本法治保障。实践证明，及时把党和人民创造的伟大成就和宝贵经验上升为国家宪法规定，实现党的主张、国家意志、人民意愿的有机统一，是我们党治国理政的一条成功经验。

中国特色社会主义进入新时代，这是我国发展新的历史方位。我国宪法必须随着党领导人民建设中国特色社会主义实践的发展而不断完善发展。确立习近平新时代中国特色社会主义思想在国家政治和社会生活中的指导地位，把"中国共产党领导是中国特色社会主义最本质的特征"写入《宪法》总纲第一条，完善国家主席任期任职制度，深化国家监察体制改革……根据新时代坚持和发展中国特色社会主义的新形势新任务，把党的十九大确定的重大理论观点和重大方针政策载入国家根本法，把党和人民在实践中取得的重大理论创新、实践创新、制度创新成果上升为宪法规定，体现了党和国家事业发展的新成就新经验新要求，必将更好地发挥宪法的规范、引领、推动、保障作用，在法治轨道上更好地坚持和发展中国特色社会主义。

习近平总书记指出："维护宪法权威，就是维护党和人民共同意志的权威。捍卫宪法尊严，就是捍卫党和人民共同意志的尊严。保证宪法实施，就是保证人民根本利益的实现。"修改宪法是为了更好实施宪法，更好发挥宪法的国家根本法作用。全面贯彻实施宪法，是建设社会主义法治国家的首要任务和基础性工作。我们要把实施宪法摆在新时代全面依法治国的突出位置，采取有力措施加强宪法实施和监督工作，为保证宪法实施提供强有力的政治和制度保障，把依法治国、依宪治国提高到一个新水平。

翻开《宪法》序言，从站起来、富起来到强起来，中华民族伟大复兴的历程清晰可见。中国特色社会主义的伟大实践,在国家根本法上留下辉煌篇章。踏上新征程、奋进新时代,维护宪法作为国家根本法的权威地位,更好发挥宪法治国安邦总章程的作用,中国特色社会主义道路就一定能越走越宽广,我们就一定能实现中华民族伟大复兴的中国梦。①

---

① 人民日报社论:《为民族复兴提供有力宪法保障》,载《人民日报》2018 年 3 月 12 日,第 2 版。

宪法宣誓制度

宪法的根基在于人民发自内心的拥护，宪法的伟力在于人民出自真诚的信仰。人民有信仰，国家有力量，民族有希望。法律需要被信仰，宪法更需要被信仰，否则将形同虚设。而要使宪法真正成为人民的信仰，就必须在全党全社会深入开展尊崇宪法、学习宪法、遵守宪法、维护宪法、运用宪法的宣传教育活动，大力弘扬宪法精神，大力弘扬社会主义法治精神，不断增强人民群众宪法意识，不断加大全民普法力度，建立和发展宪法宣誓制度，建设社会主义法治文化，树立宪法法律至上、法律面前人人平等的法治理念。

一、国家工作人员的宪法宣誓

宪法宣誓是国家工作人员在就任职务时，宣誓遵守宪法的一种承诺方式。忠于宪法乃宣誓的精义所在。宪法宣誓制度在国外由来已久。

中华人民共和国宪法宣誓制度是国家工作人员就职时应当依照法律规定公开进行宪法宣誓。国家工作人员宪法宣誓制度的建立，体现了人民对国家工作人员忠于宪法和国家的普遍要求。宣誓忠于宪法，并非一句空洞的口号，它意味着不仅人民要受宪法约束，国家工作人员更要受宪法约束；意味着国家工作人员的每项职务行为都要有宪法依据；意味着违宪行为要受到法律追究。让国家工作人员在众目睽睽之下，按照法定程序进行效忠宪法的宣誓,接过人民授予的权力,强化了人民主权的理念,有助于他们在行使职权时忠于宪法,尽忠职守。

国家宪法宣誓制度始于党的十八届四中全会。2014 年 10 月 23 日,中国共产党第十八届中央委员会第四次全体会议审议通过的《中共中央关于全面推进依法治国若干重大问题的决定》提出,宪法是党和人民意志的集中体现,是通过科学民主程序形成的根本法。坚持依法治国首先要坚持依宪治国,坚持依法执政首先要坚持依宪执政。全国各族人民、一切国家机关和武装力量、各政党和各社会团体、各企业事业组织,都必须以宪法为根本的活动准则,并且负有维护宪法尊严、保证宪法实施的职责。一切违反宪法的行为都必须予以追究和纠正。完善全国人大及其常委会宪法监督制度,健全宪法解释程序机制。加强备案审查制度和能力建设,把所有规范性文件纳入备案审查范围,依法撤销和纠正违宪违法的规范性文件,禁止地方制发带有立法性质的文件。将每年 12 月 4 日定为国家宪法日。在全社会普遍开展宪法教育,弘扬宪法精神。建立宪法宣誓制度,凡经人大及其常委会选举或者决定任命的国家工作人员正式就职时公开向宪法宣誓。

2015 年 6 月 24 日,十二届全国人大常委会第十五次会议审议全国人大常委会关于实行宪法宣誓制度的决定草案。

2015 年 7 月 1 日,十二届全国人大常委会第十五次会议通过、2018 年 2 月 24 日十二届全国人大常委会第三十三次会议修订的《全国人民代表大会常务委员会关于实行宪法宣誓制度的决定》提出,宪法是国家的根本法,是治国安邦的总章程,具有最高的法律地位、法律权威、法律效力。国家工作人员必须树立宪法意识,恪守宪法原则,弘扬宪法精神,履行宪法使命。为彰显宪法权威,激励和教育国家工作人员忠于宪法、遵守宪法、维护宪法,加强宪法实施,全国人民代表大会常务委员会决定:各级人民代表大会及县级以上各级人民代表大会常务委员会选举或者决定任命的国家工作人员，以及各级人民政府、监察委员会、人民法院、人民检察院任命的国家工作人员，在就职时应当公开进行宪法宣誓。国务院及其各部门、国家监察委员会、最高人民法院、最高人民检察院任命的国家工作人员，在就职时进行宪法宣誓。宣誓仪式由任命机关组织。宣誓仪式根据情况，可以采取单独宣誓或者集体宣誓的形式。单独宣誓时，宣誓人应当左手抚按《宪法》，右手举拳，诵读誓词。集体宣誓时，由一人领誓，领誓人左手抚按《宪法》，右手举拳，领诵誓词；其他宣誓人整齐排列，右手举拳，跟诵誓词。宣誓场所应当庄重、严肃，悬挂中华人民共和国国旗或者国徽。宣誓仪式应当奏唱中华人民共和国国歌。负责组织宣誓仪式的机关，可以根据本决定并结合实际情况，对宣誓的具体事项作出规定。

2016 年 1 月 16 日，福建省第十二届人民代表大会第四次会议闭幕式上，新当选的福建省省长于伟国左手抚按《宪法》，右手举拳，诵读誓词。于伟国因此成为全国首位面向《宪法》宣誓就职的省长。

2018 年 2 月 24 日，十二届全国人大常委会第三十三次会议表决通过了关于实行宪法宣誓制度的决定，对宪法宣誓制度相关规定作出适当修改。修改后的宪法宣誓誓词为："我宣誓：忠于中华人民共和国宪法，维护宪法权威，履行法定职责，忠于祖国、忠于人民，恪尽职守、廉洁奉公，接受人民监督，为建设富强民主文明和谐美丽的社会主义现代化强国努力奋斗！"

2018 年 3 月 11 日下午，十三届全国人大一次会议通过了《宪法修正案》。同意在《宪法》第一章总纲第二十七条增加一款，作为第三款："国家工作人员就职时应当依照法律规定公开进行宪法宣誓。"主要考虑是：全国人民代表大会常务委员会已于 2015

年7月1日通过了关于实行宪法宣誓制度的决定,全国人大常委会又作了修订,将宪法宣誓制度在《宪法》中确认下来,有利于促使国家工作人员树立宪法意识、恪守宪法原则、弘扬宪法精神、履行宪法使命,也有利于彰显宪法权威,激励和教育国家工作人员忠于宪法、遵守宪法、维护宪法,加强宪法实施。

这一修改,将党的十八届四中全会提出的"建立宪法宣誓制度"具体化为《宪法》条文,有利于在全社会树立宪法权威,增强国家工作人员的宪法观念,激励和教育国家工作人员提高宪法意识,培育宪法信仰,更好地忠于宪法、遵守宪法、维护宪法。让法治成为人民的信仰,形成举国上下尊重宪法、宪法至上的社会氛围,国家工作人员要做表率,带头践行。宪法宣誓不仅是一种仪式,更是一份担当、一份责任、一份沉甸甸的承诺。在仪式之后履职过程中,国家工作人员要将宣誓誓言铭刻在心,时刻用宣誓誓言提醒、警示自己,切实做到遵守宪法,严格按照宪法规定办事。通过修改宪法,将国家工作人员公开进行宪法宣誓写入宪法,让国家工作人员带头对国家根本法表明忠诚和决心,可以使公众真切地感受到宪法中有你我他,从而增强公众的宪法意识,保持宪法的生命和权威,坚定全社会的法治信仰。从以立法形式正式规定实行宪法宣誓制度,到设立国家宪法日,再到建议将国家工作人员就职时进行宪法宣誓写入宪法,随着宪法的每一次修改完善,宪法与我们的日常生活越来越紧密,宪法精神必将深深植根于人们的内心中,形成全民笃信的法治信仰。

2018年3月17日,十三届全国人大一次会议在北京人民大会堂举行第五次全体会议。习近平当选中华人民共和国主席、中华人民共和国中央军事委员会主席,习近平主席进行了宪法宣誓。习近平主席面对近3000名全国人大代表、面对近14亿人民,庄严进行宪法宣誓。这是新中国成立以来,我国最高领导人首次进行宪法宣誓，充分体现了习近平总书记率先垂范，带头尊崇宪法、维护宪法、恪守宪法的高度政治自觉，充分体现了国家领袖对宪法的尊重、对人民的尊重，体现了以习近平同志为核心的党中央把实施宪法摆在全面依法治国的突出位置，加强宪法实施和监督工作、维护宪法法律权威所取得的重大法治建设成果。

随后，其他国家工作人员也根据《宪法》规定进行了宪法宣誓。2018 年 4 月 16 日，新一届国务院在中南海举行宪法宣誓仪式。国务院总理李克强监誓。2018 年 11 月 20 日，国务院在中南海举行宪法宣誓仪式。国务院总理李克强监誓。11 时，国务委员兼国务院秘书长肖捷宣布宪法宣誓仪式开始。全体起立，唱中华人民共和国国歌。随后，领誓人手抚《宪法》，领诵誓词，其他宣誓人在后方列队站立，跟诵誓词。2018 年 12 月 29 日，十三届全国人大常委会在北京人民大会堂举行宪法宣誓仪式。全国人大常委会副委员长沈跃跃主持并监誓。十三届全国人大常委会第七次会议任命胡晓犁为第十三届全国人大常委会副秘书长、武增为全国人大常委会法制工作委员会副主任。根据《宪法》和全国人大常委会关于实行宪法宣誓制度的决定，上述人员依法进行宪法宣誓。下午 5 时许，沈跃跃宣布宪法宣誓仪式开始。全体起立，同唱中华人民共和国国歌。胡晓犁手抚《宪法》，领诵誓词，武增跟诵誓词。

二、公民的宪法宣誓

宪法作为国家的根本法，必须牢牢根植在全民心中。国家工作人员向宪法宣誓，表明了国家工作人员在庄严的场合对宪法的一种郑重承诺，增强其宪法责任感和使命感，对宪法产生内心的认同和良心上的约束，增强其对于宪法的崇尚，并让宪法信仰内化于心、外化于行，更好地行使权力、履行职责。带头遵守法律，带头依法办事，不违法行使权力，更不以言代法、以权压法、徇私枉法。

从本质上看,国家工作人员也是我国公民,只不过是一类行使着国家公权力的公民。对国家工作人员来说,遵守宪法、信仰宪法有利于国家权力的正确行使,确保党和国家政策法律的顺利实施。对于普通公民来说,遵守宪法、宪法信仰有利于增强自己的宪法意识和权利意识,通过合法途径来维护自己的合法权利和自由。在性质上,宪法是规定人的尊严和基本权利的根本法;在内容上,宪法是用来保障人民的基本权利和自由的根本法。学习宪法文本、培养宪法感情,增强宪法知识、提高宪法素养,是培养宪法思维、强化宪法信仰的前提和基础。包括国家工作人员在内的每个公民要切实增强法治学习的自觉性、责任感和紧迫感,既要认真学习宪法,也要认真学习与履行工作职责有关的法律法规;既要认真学习基本法律知识,也要认真学习法治的原则、原理和精神,养成学法、知法、懂法、尊法的良好习惯。不管是国家工作人员还是普通群众,都必须要重视宪法的重要意义,熟练掌握运用法治思维处理工作。让广大群众学法,懂法,用法,才能让其明法、守法、重法,才能在一步步坚定的步伐中实现全面法治社会。学习宪法、遵守宪法、维护宪法、运用宪法,既是每个公民的法定义务,也是每个公民的应尽职责。因此,强化宪法意识,弘扬宪法精神,坚决做宪法的忠实崇尚者、自觉遵守者、坚定捍卫者是包括国家工作人员在内的新时代每一个公民的神圣权利和光荣职责。

对此,一些地方和公民已经开始了积极的探索。2018 年 5 月 10 日,深圳市普法办、深圳市司法局在银湖会议中心酒店开展"宪法进酒店"活动,在全国率先将新修订的《宪法》,送进酒店房间。从 9 月 7 日开始,深圳市 24 家五星级酒店的 8717 间客房的床头柜上,都会放置一本《宪法》单行本。送进酒店的《宪法》将放置于酒店床头柜,方便客人取阅。据了解,“宪法进酒店”活动是深圳市普法办、市司法局开展的“宪法进万家”系列活动中的一个子活动,是深圳学习宣传宪法系列活动的重要组成部分,旨在推动宪法走入日常生活,走入人民群众,使文本上的宪法“活起来”“落下去”。“宪法进酒店”活动是对学习宣传和贯彻实施宪法的深入和延伸,星级酒店作为企业组织,有宣传宪法、宣传法律的社会责任,“宪法进酒店”活动就是利用这一接待、服务境内外客人的商务场所进行宪法宣传,使中外客人有更多途径了解中国法律。只有不断深化对宪法和法律的认识和理解,公民才能逐渐形成法治意识和法律思维,自觉尊崇宪法、学习宪法、遵守宪法、维护宪法、运用宪法。

另外,一些地方也出现了不少民间组织发起的以“尊法”为主题的法治活动,例如“法治信仰中国行”活动、向宪法宣誓公益活动等。这些活动,或者以演讲、宣誓等实践主题活动形式,或者以电影、歌曲、摄影、书法、绘画及体育运动等艺术活动形式,来引导、感召人们宪法宣誓,号召人们尊法爱国,做尊法、学法、守法、用法的合格公民。

2018 年 12 月 4 日,在全国第五个国家宪法日到来之际,在深圳市盐田区举行的 2018 年“国家宪法日”大型宣传活动中,原“东和法治文化公园”更名为“深圳宪法公园”,同时,也标志着全国首个公民宪法宣誓平台正式落成。“东和法治文化公园”位于深圳市盐田区沙头角海涛路,与中英街仅一墙之隔,地理位置极其特殊。近年来,深圳市盐田区委区政府不断向公园注入法治文化元素,建有反邪教宣传长廊、法治橱窗等,市民和游客在休憩游玩的同时既能学习法律知识,又可感受浓厚的法治文化氛围。深圳市盐田区委区政府与深圳市司法局研究决定,将该园更名为“深圳宪法公园”,并在园内搭建以宪法墙、宪法宣誓台为主体的全国首个公民自主宪法宣誓平台，为普通市民提供向宪法宣誓、表达尊宪爱国情感的场所。在该宪法宣誓平台举办的宪法宣誓活动中，来自深圳各部门机关干部代表和社会各界市民代表伫立宪法宣誓平台，面向宪法墙，举起右手，向宪法庄严宣誓，切身体验宪法的神圣感、庄严感。与会者纷纷表示，宪法宣誓有助于培育公民宪法精神和法治素养，有助于树立法治信仰，有助于激发爱国情怀，希望宪法宣誓能成为公民的“法治第一课”，让法治成为公民的基本素质。宪法是法治的根本和准绳，“深圳宪法公园”落成是推动宪法宣传的创新举措，标志着宪法精神更贴近生活、贴近大众，是一次让文本上的宪法真正“活起来”“落下去”的实质性探索。

由于公民不行使国家权力，在宣誓内容上，公民的宪法宣誓词也有别于公职人员的宣誓词。公民宪法宣誓誓词目前无国家发布的统一版本，按照宪法宣誓制度本义，宪法宣誓应当以忠于中华人民共和国宪法为目的、以维护宪法信仰为最大公约数。

万流归宗，殊途同归。虽然各个活动的宪法宣誓词或公民宣誓词名称不同、内容各异，但不管是宪法宣誓还是公民宣誓，这项活动的目的和作用是非常明确和一致的，那就是，通过宣誓仪式，进一步增强了宣誓人作为中华人民共和国公民的宪法意识、国家意识、公民意识、法治意识，强化了宣誓人对伟大祖国、中华民族、中华文化、中国特色社会主义道路的认同，激励宣誓人积极维护宪法尊严、国家统一、民族团结和社会稳定的信心。因此，宪法宣誓对于宣誓人增强宪法意识、树立宪法观念、遵守宪法规定、培养宪法文化具有十分积极的推动促进作用。

宪法相关事例

事例一　湖南衡阳破坏选举案、辽宁拉票贿选案

2012年12月28日至2013年1月3日，湖南省衡阳市召开第十四届人民代表大会第一次会议，在差额选举湖南省人大代表的过程中，发生了贿选事件。初步查明，共有56名当选的省人大代表存在送钱拉票行为，涉案金额人民币1.1亿余元，有518名衡阳市人大代表和68名大会工作人员收受钱物。根据选举法和代表法的有关规定，湖南省十二届人大常委会第六次会议决定，对以贿赂手段当选的56名省人大代表依法确认当选无效并予以公告；对5名未送钱拉票但工作严重失职的省人大代表，依法公告终止其代表资格。衡阳市有关县（市、区）人大常委会会议分别决定，接受512名收受钱物的衡阳市人大代表及3名未收受钱物但工作严重失职的市人大代表辞职。另有6名收受钱物的衡阳市人大代表此前因调离本行政区域已经终止代表资格。2013年8月18日，69名涉案人员一审分别被判处有期徒刑、拘役或剥夺政治权利等刑罚。2013年12月28日，湖南省十二届人大常委会第六次会议决定成立衡阳市第十四届人民代表大会第三次会议筹备组，负责筹备衡阳市第十四届人民代表大会第三次会议的有关事宜，接受由衡阳市选出的部分省人大代表辞职并报省人大常委会备案、公告，接受衡阳市所属县、不设区的市、市辖区人大常委会报送的代表资格终止的报告并公告，召集衡阳市第十四届人民代表大会第三次会议。

2011 年 10 月辽宁省委常委选举、2013 年辽宁省第十二届人大常委会副主任选举和辽宁省 2013 年第十二届全国人大代表选举均发生贿选行为，成为辽宁系列贿选案。其中第三起贿选案牵涉广泛，影响最为巨大。2013 年 1 月 27 日，辽宁省十二届人大一次会议第二次全体会议上，一共选出 102 位十二届全国人大代表，其中 45 名当选的全国人大代表以金钱或者其他财物拉票贿选。根据《全国人民代表大会和地方各级人民代表大会选举法》的规定，以金钱或者其他财物贿赂代表的，其当选无效。第十二届全国人民代表大会常务委员会依法确定其当选无效。而当日投票的 619 名十二届辽宁省人大代表有 523 人涉及贿选，受贿金额惊人。523 名辽宁省人大代表已经全部辞职或被罢免，其中包括 38 名省人大常委会原委员。辽宁省十二届人大常委会共有组成人员 62 名，38 名因代表资格终止，其常委会组成人员的职务相应终止。由于半数以上成员辞职或遭罢免，辽宁省人大常委会已经无法召开常委会会议履行职责。一个省级人大常委会出现这种情况，新中国历史上还没有过。为此，全国人大常委会作出了创制性安排。2016 年 9 月 13 日，十二届全国人大常委会第二十三次会议通过《全国人民代表大会常务委员会关于成立辽宁省第十二届人民代表大会第七次会议筹备组的决定》，成立辽宁省第十二届人民代表大会第七次会议筹备组，负责筹备辽宁省第十二届人民代表大会第七次会议的相关事宜。筹备组是代行省人大常委会部分法定职权的临时性机构，根据选举法、地方组织法的规定，负责筹备并召集省人民代表大会，以及办理省人大代表辞职后的备案、公告，代表补选后的资格确认等事项。

【事例评析】

湖南衡阳破坏选举案、辽宁拉票贿选案是近些年查处的重大人大代表贿选案件。在这两个案件中，相关部门都对有关拉票贿选的当事人作出了严肃处理,凡是拉票贿选而“当选”的人大代表一律“当选无效”,一些人员被追究法律责任。同时,对于本级人大及其常委会出现的无法正常履行职责的情形,上级人大常委会采取设立“筹备组”的做法。

1. 贿选对人民代表大会制度的极大危害性

对贿选行为必须零容忍,这是因为此种行为对人民代表大会制度构成极大负面冲击。

人民代表大会制度是我国的根本政治制度,是实现人民当家作主的重要组织载体。习近平总书记指出:“人民代表大会制度是中国特色社会主义制度的重要组成部分,也是支撑中国国家治理体系和治理能力的根本政治制度。”通过人民代表大会制度,真正实现了人民当家作主,动员了全体人民以国家主人翁的使命感投身社会主义建设,保证了国家机关协调高效运转,维护了国家统一和民族团结。

充分保障人民当家作主是我国人民代表大会制度与“三权分立”、多党轮流执政等西方议会制度的根本区别之所在。习近平总书记指出:“坚持和完善人民代表大会制度,必须保证和发展人民当家作主。人民当家作主是社会主义民主政治的本质和核心。人民民主是社会主义的生命。没有民主就没有社会主义,就没有社会主义的现代化,就没有中华民族伟大复兴。我们必须坚持国家一切权力属于人民,坚持人民主体地位,支持和保证人民通过人民代表大会行使国家权力。”拉票贿选者以金钱贿赂践踏民意、用幕后交易操纵选举的恶劣行为,粗暴忽视民意、践踏民意,是对人民当家作主的严重破坏,是对我国人民代表大会制度的挑战,是对社会主义民主政治的挑战,是对国家法律和党的纪律的挑战。如果放任拉票贿选行为,那么可能会走向以金钱收买选民、搞“金钱政治”的邪路,这与我国人民代表大会制度在根本上不能相容。因此，严厉查处拉票贿选行为，是对社会主义民主政治的维护，是对社会主义民主法治的维护。

新形势下，做好人大工作的核心要旨是保证国家的一切权力属于人民，让最广大人民群众通过人民代表大会这一组织形式参与国家事务的管理，行使当家作主的权力。习近平总书记强调，坚持和完善人民代表大会制度，必须毫不动摇坚持中国共产党的领导，必须保证和发展人民当家作主，必须全面推进依法治国，必须坚持民主集中制。

2. 以“筹备组”代行本级人大常委会部分职权的正当性

对于人大及其常委会的正常换届，宪法法律规定了相关制度，以保证各级人大及其常委会履行职责的连续性。宪法和地方组织法规定，县级以上各级人大常委会每届任期同本级人民代表大会每届任期相同，它行使职权到下届人民代表大会选出新的常委会为止。对于特殊情况，实践中则采取由上一级人大常委会作出决定，成立筹备性机构，代行法定机关职权的做法。1997 年 3 月，八届全国人大五次会议作出关于批准设立重庆直辖市的决定后，同年 5 月，八届全国人大常委会第二十五次会议通过了《关于成立重庆市第一届人民代表大会筹备组的决定》。2009 年，上海市撤销南汇区将其并入浦东新区，采取由上海市人大常委会作出决定，成立筹备组的做法。当然，这些既往的筹备组与两个“贿选案”中成立的筹备组，其性质有所不同。既往是原本就没有该地方人大及其常委会，属于首次创制而成立筹备组，而“贿选案”是以原人大及其常委会无法履职为前提的。

2013 年处理湖南衡阳破坏选举案时，经反复研究并报党中央同意，由湖南省人大常委会通过“关于成立衡阳市第十四届人民代表大会第三次会议筹备组的决定”，规定筹备组“负责筹备衡阳市第十四届人民代表大会第三次会议的有关事宜”。2016 年处理辽宁贿选案,全国人大常委会决定“成立辽宁省第十二届人民代表大会第七次会议筹备组”,规定筹备组“负责筹备辽宁省第十二届人民代表大会第七次会议的相关事宜”。

全国人大常委会和湖南省人大常委会都采取成立筹备组的做法来解决两级人大所出现的权力真空的问题。筹备组的设立也引起一些讨论,比如筹备组的设立是否有明确具体的宪法和法律规范依据?实际上,我国宪法和地方组织法、选举法没有关于人民代表大会筹备组的明确规定,这需要从宪法及相关法律的规定中寻找规范支撑。

对于辽宁省的“筹备组”,其宪法依据可以是《宪法》第六十七条第一项。该项规定,全国人大常委会有权“解释宪法,监督宪法的实施”。全国人民代表大会是最高国家权力机关,全国人大常委会作为全国人民代表大会的常设机关,负有监督宪法和法律实施的职责。辽宁省人大及其常委会不能正常履行职责,属于“宪法的实施”过程中出现的问题,全国人大常委会有权予以“监督”。对于宪法规定的人民代表大会制度在辽宁省出现的实际问题,全国人大常委会针对性地作出设立“筹备组”的决定,属于因“监督宪法的实施”而采取的具体措施。

对于湖南省衡阳市的“筹备组”,可以从宪法和地方组织法寻找制度依据。衡阳市人大筹备组事由湖南省人大常委会决定设立。《宪法》第一百零四条规定,县级以上的地方各级人大常委会讨论、决定本行政区域内各方面工作的重大事项。地方组织法也规定了地方各级人大常委会的职权,包括讨论、决定本行政区域内重大事项。贿选导致衡阳市人大及其常委会不能履行职责,显然属于湖南省行政区域内的重大事项。据此,湖南省人大常委会可以作出决定,设置衡阳市人大筹备组。

因此,由上级人大常委会为下级人大会议设立筹备组,代行下级人大常委会的部分职权,是必要的、可行的,符合宪法精神,符合选举法和地方组织法的原则。当然,筹备组作为代行下级人大常委会部分职权的机构,其行使职权至该级人大会议完成相关选举等事项为止。

事例二　涉宪性问题的合宪性审查

2015年10月，浙江省杭州市居民潘某斌骑行的一辆电动自行车被杭州交警依据《杭州市道路交通安全管理条例》扣留。潘某斌认为，该条例在《道路交通安全法》的有关规定之外，增设了扣留非机动车并托运回原籍的行政强制手段，违反了法律规定。潘某斌于2016年4月致信全国人大常委会提出审查建议，建议对《杭州市道路交通安全管理条例》进行审查，请求撤销该条例中违反行政强制法设立的行政强制措施。收到审查建议后，全国人大常委会法工委对《杭州市道路交通安全管理条例》有关规定的相关问题进行监督纠正，要求制定机关进行研究，对条例的相关规定进行修改。2017年6月，杭州市人大常委会对该地方性法规的相关内容作出修改。全国人大常委会法工委向潘某斌书面反馈了审查情况。

党的十九大以来，我国高度重视合宪性审查工作的推进，党的十九大报告对完善我国合宪性审查制度，维护宪法权威作出了重要部署。报告中明确提出要完善人大专门委员会设置，加强宪法实施和监督，推进合宪性审查工作，维护宪法权威。这是合宪性审查这个概念首次出现在党的正式文件中。2018年《宪法修正案》将全国人大法律委员会修改为宪法和法律委员会。10月，全国人大常委会法工委宪法室正式成立。2021年1月20日，全国人大常委会听取了全国人大常委会法制工作委员会2020年度的备案审查报告,该报告首次将“合宪性、涉宪性问题”单列。报告指出:有地方性法规规定,各级各类民族学校应当使用本民族语言文字或者本民族通用的语言文字进行教学;还有的地方性法规规定,经本地教育行政部门同意,有条件的民族学校部分课程可以用汉语言文字授课。经全国人大常委会法工委审查认为,上述地方立法与《宪法》第十九条第五款规定的关于国家推广全国通用的普通话的规定和国家通用语言文字法、教育法等有关法律的规定不一致,法工委已要求制定机关作出修改。而在2019年度的备案审查工作报告中则指出:有地方法规规定交管部门调查交通事故时可以查阅、复制当事人通讯记录,该规定不符合保护公民通信自由和通信秘密的原则和精神。这突破了过去备案审查报告中对于“宪法”字样的回避,表明了我国的合宪性审查制度有了新的突破,合宪性审查制度得到进一步完善。

【事例评析】

根据《宪法》和《立法法》的规定,如果认为行政法规、地方性法规、自治条例和单行条例同宪法或者法律相抵触,国务院、中央军委、国家监察委员会、最高人民法院、最高人民检察院和各省、自治区、直辖市人大常委会可以向全国人大常委会书面提出进行审查的要求,由全国人大有关的专门委员会和常委会工作机构进行审查、提出意见。其他国家机关和社会团体、企业事业组织以及公民可以向全国人大常委会书面提出进行审查的建议,由常委会工作机构进行研究,必要时送有关的专门委员会进行审查、提出意见。潘某斌作为公民有权依据《立法法》的规定提出审查建议。全国人民代表大会宪法和法律委员会、有关的专门委员会、常务委员会工作机构经审查、研究认为行政法规、地方性法规、自治条例和单行条例同宪法或者法律相抵触,但制定机关不予修改的,应当向委员长会议提出予以撤销的议案、建议,由委员长会议决定提请常务委员会会议审议决定。全国人民代表大会有关的专门委员会和常务委员会工作机构应当按照规定要求,将审查情况向提出审查建议的国家机关、社会团体、企业事业组织以及公民反馈,并可以向社会公开。

合宪性审查制度具有重要的宪法意义,主要是:

1. 合宪性审查有利于监督宪法实施,维护宪法权威

宪法作为国家的根本法,其生命在于实施,其权威也在于实施。为了保障宪法的精神能够得到充分的落实,就需要合宪性审查这一制度来对宪法的实施进行一个保障。合宪性审查制度作为现代法治国家实施宪法、限制公权力、保障宪法实施的重要机能,已经被许多国家宪法实施的经验所证实。党的十九大报告将合宪性审查与宪法监督实施及宪法权威有机地联系在一起,三者之间存在密切的关联,构成缜密的逻辑体系。宪法在国家政治生活中起着纲领性的作用,是治国安邦的总章程。党的十九大以来我国法治建设取得了许多重要的成就,并已构建了完善的法律体系,但在实践中仍然存在立法不规范的现象,某些规范性文件的合宪性受到广泛质疑。通过合宪性审查,对法律和各类型的规范性法律文件是否符合宪法进行审查,为有权机关纠正或者撤销违宪的法律文件提供依据。另外,合宪性审查能够督促立法始终贯彻宪法的基本原则和精神,防止法律体系内部发生矛盾,从源头上降低了法律文件违宪的可能性。合宪性审查制度的构建对于宪法监督工作的落实有极大的推动作用,对于依法治国和依宪治国目标的实现起到了重要的维护意义。

2. 合宪性审查对于人民权利起到了重要的保障作用

我国社会主义宪法的精神体现了最广大人民的意志,反映了最广大人民的利益要求。宪法的内容大多是原则性规定,为了使宪法的精神得以贯彻就需要通过立法对国家和社会生活进行具

体的规定。但这也导致在实践中经常出现一些违反宪法精神的法律文件,如地方立法规定交警可以对公民的通信记录进行查询,明显违背了宪法对于公民通信自由和通信秘密受法律保护的规定。通过合宪性审查,有权机关能够及时撤销下级机关制定的侵犯公民宪法权利的法律文件,有效保障公民权利不受侵害。此外,合宪性审查的存在为公民在宪法权利受到侵害时提供了一个救济的途径,当前我国公民对于法律文件可以提出合宪性审查的建议。曾经有数百名学者联名全国人大常委会废止收容教育制度,收容教育的废止被认为是全国人大常委会首次回应公民的合宪性审查申请,有力地保障了公民权利的实现。

3. 合宪性审查对于加强党的执政能力执政水平及加强党的领导具有重要意义

依法治国首先要依宪治国,依法执政首先要依宪执政。党在执政过程中需要通过法治思维化解各种难题,而合宪性审查就是党以法治方式解决违宪问题以及利用宪法治国理政最好的体现。在中国共产党的领导下,合宪性审查制度不断得到发展和完善。如今弘扬宪法精神,树立宪法权威的理念日渐深入人心,在多年的法治建设下,已经成为全国人民的共识。从"知宪法"到"维护宪法"的过程并非一帆风顺,这须有一系列的体制机制作保障,合宪性审查便是其中一项尤为关键的制度。宪法是由党领导人民制定的,是党和人民意志的集中体现。从这个方面出发,维护宪法权威,就是维护党和人民共同意志的权威;保证宪法实施,就是保证党和人民共同意志的实现。

事例三　废止收容教育制度

2019年12月28日，十三届全国人大常委会第十五次会议通过了《全国人民代表大会常务委员会关于废止有关收容教育法律规定和制度的决定》，自2019年12月29日起施行。该决定废止了《全国人民代表大会常务委员会关于严禁卖淫嫖娼的决定》第四条第二款、第四款，以及据此实行的收容教育制度。同时该决定还明确规定，在收容教育制度废止前，依法作出的收容教育决定有效；收容教育制度废止后，对正在被依法执行收容教育的人员，解除收容教育，剩余期限不再执行。

废止收容教育制度毫无疑问是法治以及人权保障事业的一大进步，也与宪法保障人权的理念相契合。2018年12月24日，全国人大常委会法工委主任沈春耀在十三届全国人大常委会第七次会议上作报告称："通过调研论证，各有关方面对废止收容教育制度已经形成共识，启动废止工作的时机已经成熟。为了深入贯彻全面依法治国精神，我们建议有关方面适时提出相关议案，废止收容教育制度。"

从历史来看，1993年国务院公布的《卖淫嫖娼人员收容教育办法》规定了对卖淫嫖娼人员的收容教育措施。其中第七条明确规定，"对卖淫、嫖娼人员，除依照《中华人民共和国治安管理处罚条例》第三十条的规定处罚外，对尚不够实行劳动教养的，可以由公安机关决定收容教育"。2011年，该办法配合他法作出了一定修改，但是实质内容没有变更，仍旧保留收容教育制度。至2020年，伴随《卖淫嫖娼人员收容教育办法》的失效，该制度彻底被废除。

【事例评析】

收容教育制度实施20多年来，即便遭受众多非议，却也不能忽视该制度对于教育挽救卖淫、嫖娼人员的重要作用，更深层次地讲，对维护良好社会风气和社会治安秩序也是意义重大。应当说任何时代，卖淫嫖娼行为都无法完全禁绝。新中国曾有“一举禁娼成功”的历史。但是伴随着中国城市化、商业化的进程，卖淫嫖娼活动再度复苏，而仅仅以《治安管理处罚法》“10日以上、15日以下”的行政拘留处罚，不足以威慑卖淫嫖娼者，也不是整治卖淫嫖娼行为的有效手段。但是卖淫嫖娼行为，毕竟区别于强奸等严重危害社会秩序的犯罪行为，所以不用刑法规制此种行为。所以该制度只能看作一种对社会现实的折中。

收容教育制度虽然起到了实效，但是它与全面依法治国精神不相符。收容教育虽然不是刑罚，却严重限制人身自由，限制时间不是行政处罚的“十五日以下”，而是有可能达到2年。这样严重的侵犯公民人身自由的措施，与《宪法》第三十七条“中华人民共和国公民的人身自由不受侵犯”的精神严重相悖。另外，根据《立法法》的规定，只有“法律”才能设置剥夺和限制人身自由的强制性措施和处罚，《卖淫嫖娼人员收容教育办法》属于国务院颁布的行政法规。该办法所设置的收容教育措施，不具备立法上的正当性。若举重以明轻，该办法依附《治安管理处罚法》存在，该法是全国人大常委会制定的，只规定了15日以内的人身自由限制措施，一部下位法却规定6个月到2年的限制措施，无疑也是失当的。

随着全面依法治国的深入推进和社会治理环境的变化，继续以收容教育实现打击卖淫嫖娼行为的现实合理性也在消散。事实上,在实践中,公安机关也在谨慎使用收容教育措施,不难作出这样的判断:收容教育制度的历史作用已经完成,废除收容教育制度正当其时。法治国家建设包含两个方面,既包括实质正义的实现也注重程序正义的践行。废除收容教育制度,既是在实现“保护人身自由”的实质正义目标,也与“非经正当程序不得剥夺人身自由”的程序正义理念相契合。另外,《卖淫嫖娼人员收容教育办法》的失效,解决了该办法违背《立法法》的法理障碍。法治社会中,立法者、执法者、普通民众都应当习惯用“法律”而不是“办法”来追责。随着国家发展和民众法治意识的进步,民众对公平正义的要求要高,对“公平正义”的感知力越发敏感,人民要求以正当程序、合法手段满足大众的合理要求。同时也对与法治相背离的解决问题的手段深恶痛绝,不公平和非正义无疑都会激化矛盾。因此废除收容教育制度迎合了人民的法治要求,行驶在国家治理能力提升的正确轨道上,符合宪法精神的深刻内涵。

需要明确的是,收容教育制度的废止并不意味着国家打击卖淫、嫖娼行为的信心有所动摇,相反卖淫、嫖娼行为仍然是《治安管理处罚法》明确规定的违法行为。《治安管理处罚法》第六十六条规定:“卖淫、嫖娼的,处十日以上十五日以下拘留,可以并处五千元以下罚款;情节较轻的,处五日以下拘留或者五百元以下罚款。在公共场所拉客招嫖的,处五日以下拘留或者五百元以下罚款。”此外,《刑法》将组织卖淫、强迫卖淫认定为犯罪,明确法定刑,严厉打击严重影响社会正常秩序的卖淫行为。

事例四　宪法修改与监察委员会的设立

在国家治理现代化持续推进的同时,腐败问题逐渐演变成当今社会发展的“毒瘤”,严重阻碍着经济社会可持续发展的步伐,防治腐败已逐渐成为社会热点问题,不论是国家政府层面、社会层面,还是人民大众层面,都对腐败现象深恶痛绝。腐败制约着国家政治经济的良性发展,如何防治和打击腐败成为党的十八大以来党和政府以及社会公众尤为关心的问题。

以习近平同志为核心的党中央领导集体在深入把握中国特色社会主义规律特点和新时代下中国具体国情的基础上,创造性地提出成立国家监察机构的设想,对国家权力框架进行全新的顶层设计,构建中国特色的国家制度体系,为全面深入地打击腐败行为勾勒蓝图。2018 年 3 月 11 日十三届全国人大一次会议通过的《宪法修正案》在“国家机构”中增加一节“监察委员会”,明确规定中华人民共和国设立国家监察委员会和地方各级监察委员会。2018 年《宪法修正案》还在原来“国家行政机关、审判机关、检察机关都由人民代表大会产生,对它负责,受它监督”的基础上,把监察机关也纳入其中。在 2018 年 3 月 20 日十三届全国人大一次会议上,《监察法》经表决通过,自公布之日起施行。其中,第一条明确规定,“根据宪法,制定本法”。

【事例评析】

宪法是国家根本法,是国家各种制度和法律法规的总依据。

2018 年修改后的《宪法》以最高法律形式确立了监察权力体系的合法性，为我国监察制度有序建构与合法运行奠定了基础。2018年《宪法修正案》用一节对监察委员会作出规定，确立监察委员会作为国家机构的法律地位，充分彰显了监察委员会在国家治理体系中的重要作用，也为深化国家监察体制改革、保证国家监察委员会履职尽责提供了根本遵循。监察委员会是反腐败工作机构，其主要职责是维护党章和其他党内法规，检查党的路线方针政策和决议执行情况，对党员领导干部行使权力进行监督，维护宪法法律，对公职人员依法履职、秉公用权、廉洁从政以及道德操守情况进行监督检查，对涉嫌职务违法和职务犯罪的行为进行调查并作出政务处分决定，对履行职责不力、失职失责的领导人员进行问责，负责组织协调党风廉政建设和反腐败宣传等。赋予监察委员会宪法地位，并明确其性质定位和职能职责，实现对所有行使公权力的公职人员监察全覆盖，必将推动反腐败斗争深入开展，进一步增强人民群众对党的信心和信赖，厚植党执政的政治基础。

我国的监察委员会，无论是在宪法中的地位，还是从其权力来源上来看，它的设立和设置在修改《宪法》后是完全合宪合法的。作为新的国家机关，他同其他国家机关一样，是代表人民经过授权行使监察权的。就监察权产生的宪法规范依据来说，主要包括从党的意志、权力属于人民、权力行使受监督三个维度基于宪法规范从理论层面诠释监察权产生过程中对“政治力量、国家权力归属、国家权力监督”的综合考量。其一，经法定程序合法化的党的意志。将党的国家监察体制改革意志，通过《宪法修正案》予以法律化，为国家监察体制改革奠定宪法基础，提供宪法依据。同时，将党的纪律检查委员会行使的纪检权，与国家监察权整合，使之纳入法治化轨道，解决党的纪律检查“法治性”较弱难以服众的困境。其二,对国家权力属于人民的解读。《宪法》第二条规定“中华人民共和国的一切权力属于人民”,公职人员行使的权力都来源于人民的授权,因此,权力的行使必须受到监督。授权监察委员公行使监察权是为了防止国家权力的滥用,达到对国家权力监督的目的。其三,国家权力行使接受监督的必然性。《宪法》第二十七条规定“一切国家机关和国家工作人员必须依靠人民的支持……接受人民的监督”。国家监察委员会专门行使对所有行使公权力的公职人员监督的权力,整合了分散的国家监督力量,实现了国家监察全面覆盖。因此,从“接受人民监督”的角度而言,国家权力行使接受监督的必然性,促成了国家监察权的诞生。

监察委员会的设立无疑是我国法律制度、政治制度的一次重大变革。第一,从国家权力角度来看,监察委员会的设立形成了人大、“一府一委两院”新格局。国家权力由原来的立法权、行政权、司法权改变成为立法、行政、监察、司法四项权力。新的国家权力由此产生,国家机构的结构有了新变化。第二,从监察对象上来说,其范围比以前的行政监察更加广泛。《监察法》规定了六类监察对象,覆盖了所有行使公权力的公职人员,所涉及的具体行使公权力的人员范围有所扩展,以前很难被约束的一些不是党员的村委会主任以及会计也成为了被监察的对象。这就让基层群众性自治组织的管理工作受到更有效的监督,当然还包括公办的教育和医疗卫生等机构中从事管理的人员,这无不体现了监察对象的广泛性。第三,从独立行使监察权来看,监察委员会的设立使监察权统一在一个监督体系之下,通过宪法和人民代表大会的授权,其行使权力更加合法和独立,相比原来行政监察权力的分散,监察权上升成为独立权力对公权力的监督力度更大,更便于监察权的集中重点行使,极大地节约了监督成本。

事例五　全国人大常委会通过《香港特别行政区维护国家安全法》

近年来,香港特别行政区国家安全风险凸显,分裂国家、暴力恐怖活动等各类违法活动严重危害着国家主权、统一和领土完整,一些境外势力公然干预香港事务,利用香港从事危害我国国家安全的活动。为坚定不移地贯彻"一国两制"、"港人治港"、高度自治的方针,维护国家安全,防范、制止和惩治与香港特别行政区有关的分裂国家、颠覆国家政权、组织实施恐怖活动和勾结境外势力危害国家安全等犯罪,保持香港特别行政区的繁荣和稳定,保障香港特别行政区居民的合法权益,根据《宪法》和《香港特别行政区基本法》,2020 年 5 月 28 日,全国人大通过了《关于建立健全香港特别行政区维护国家安全的法律制度和执行机制的决定》,授权全国人大常委会就建立健全香港特别行政区维护国家安全的法律制度和执行机制制定相关法律。2020 年 6 月 30 日,全国人大常委会通过《香港特别行政区维护国家安全法》。该法堵住了香港维护国家安全的法律和制度漏洞,它的实施是对"一国两制"制度体系的重大完善,使"一国两制"在香港的实践进入了新里程。

《香港特别行政区维护国家安全法》主要包含六个方面的内容:第一,明确规定了中央人民政府对有关国家安全事务的根本责任和香港特别行政区维护国家安全的宪制责任;第二,明确规定了香港特别行政区维护国家安全应当遵循的重要法治原则;第三,明确规定了香港特别行政区维护国家安全相关机构的职责与活动的准则;第四,明确规定了防范、制止和惩治四类危害国家安全的罪行,包括分裂国家罪、颠覆国家政权罪、恐怖活动罪、勾结外国或者境外势力危害国家安全罪这四类犯罪行为的构成及其应当承担的法律责任;第五,明确规定了案件管辖、法律适用、程序等内容;第六,明确规定了中央人民政府驻香港特别行政区维护国家安全的机构,机构的名称在法律中明确规定为驻香港特别行政区维护国家安全公署,还明确规定了驻港国家安全公署和国家有关机关在特定情况下管辖危害国家安全犯罪案件的情形和程序。

【事例评析】

"一国两制"从伟大构想到生动实践、从解决港澳回归问题到用于港澳治理制度,都同国家宪法密切相关。1982 年《宪法》明确规定:"国家在必要时得设立特别行政区。在特别行政区内实行的制度按照具体情况由全国人民代表大会以法律规定。"这是贯彻落实"一国两制"伟大构想的创制性、宪制性安排,在宪法发展史、人类政治制度史上也是一项创举。1990 年 4 月,七届全国人大三次会议通过了《香港特别行政区基本法》;1993 年 3 月,八届全国人大一次会议通过了《澳门特别行政区基本法》。同时,还分别通过了关于两部基本法的决定,明确基本法是根据宪法,按照香港、澳门的具体情况制定的,是符合宪法的。两个特别行政区和两部基本法,从来就是同国家宪法、同全国人大及其常委会行使职权紧密联系在一起的。

宪法是国家的根本法、最高法。"一国两制"在国家法治上的最高体现,就是宪法。宪法具有最高的法律地位、法律权威、法律效力,包括港澳同胞在内的全国人民和国家各机关、各方面,都要维护宪法尊严、保证宪法实施。

《宪法》是《香港特别行政区基本法》《澳门特别行政区基本法》的立法依据和效力来源。《宪法》为制定特别行政区基本法、贯彻落实“一国两制”方针提供了直接的宪制依据。《宪法》是上位法，是“母法”，基本法来源于《宪法》；基本法是下位法，是“子法”，从属、派生于《宪法》并统一于国家法律体系。

香港、澳门回归祖国后完成了香港、澳门宪制秩序的巨大转变。宪法和基本法共同构成特别行政区的宪制基础，共同确定特别行政区的宪制秩序，这是特别行政区宪制基础、宪制秩序的本质属性和基本特征。只讲某一个方面，或者把二者割裂开来、对立起来，都是不完整、不准确的，既不符合“一国两制”方针，也不符合香港、澳门回归之前和回归以来的实际情况。

严格依照《宪法》和基本法办事是全面准确贯彻“一国两制”方针的题中应有之义。新时代全面准确贯彻“一国两制”方针，必须坚持依法治港治澳，切实维护《宪法》和基本法共同构成的特别行政区宪制基础，严格依照《宪法》和基本法对特别行政区实行治理；同时，根据新的实践和需要，完善同宪法和基本法实施相关的制度机制，不断提高依法治理水平。

《香港特别行政区维护国家安全法》是在宪法精神的指引下，为维护宪法所规定的“一国两制”制度所制定的专门法律，充分体现了“一国两制”的严谨和特色。内地和香港的国家安全法律在两套不同的法律系统下运作，然而，两套系统均源于宪法，并共同组成完整的国家安全法律体系。宪法是全国所有法律，包括香港特别行政区法律的渊源，基本法衍生自宪法，专门规定香港的法律体制。《香港特别行政区维护国家安全法》依照《宪法》而立，并通过基本法而成为香港特别行政区法律制度的组成部分。这样的宪法安排既保障了公民的权利和安全，也是体现“一国两制”精神的范例。

宪法相关法律汇编

中华人民共和国民族区域自治法

（1984年5月31日第六届全国人民代表大会第二次会议通过　根据2001年2月28日第九届全国人民代表大会常务委员会第二十次会议《关于修改〈中华人民共和国民族区域自治法〉的决定》修正）

目　　录

序　　言

中华人民共和国是全国各族人民共同缔造的统一的多民族国家。民族区域自治是中国共产党运用马克思列宁主义解决我国民族问题的基本政策，是国家的一项基本政治制度。

民族区域自治是在国家统一领导下，各少数民族聚居的地方实行区域自治，设立自治机关，行使自治权。实行民族区域自治，体现了国家充分尊重和保障各少数民族管理本民族内部事务权利的精神，体现了国家坚持实行各民族平等、团结和共同繁荣的原则。

实行民族区域自治，对发挥各族人民当家作主的积极性，发展平等、团结、互助的社会主义民族关系,巩固国家的统一,促进民族自治地方和全国社会主义建设事业的发展,都起了巨大的作用。今后,继续坚持和完善民族区域自治制度,使这一制度在国家的社会主义现代化建设进程中发挥更大的作用。

实践证明,坚持实行民族区域自治,必须切实保障民族自治地方根据本地实际情况贯彻执行国家的法律和政策;必须大量培养少数民族的各级干部、各种专业人才和技术工人;民族自治地方必须发扬自力更生、艰苦奋斗精神,努力发展本地方的社会主义建设事业,为国家建设作出贡献;国家根据国民经济和社会发展计划,努力帮助民族自治地方加速经济和文化的发展。在维护民族团结的斗争中,要反对大民族主义,主要是大汉族主义,也要反对地方民族主义。

民族自治地方的各族人民和全国人民一道,在中国共产党的领导下,在马克思列宁主义、毛泽东思想、邓小平理论的指引下,坚持人民民主专政,坚持改革开放,沿着建设有中国特色社会主义的道路,集中力量进行社会主义现代化建设,发展社会主义市场经济,加强社会主义民主与法制建设,加强社会主义精神文明建设,加速民族自治地方经济、文化的发展,建设团结、繁荣的民族自治地方,为各民族的共同繁荣,把祖国建设成为富强、民主、文明的社会主义国家而努力奋斗。

《中华人民共和国民族区域自治法》是实施宪法规定的民族区域自治制度的基本法律。

第一章 总 则

第一条 中华人民共和国民族区域自治法,根据中华人民共和国宪法制定。

第二条 各少数民族聚居的地方实行区域自治。

民族自治地方分为自治区、自治州、自治县。

各民族自治地方都是中华人民共和国不可分离的部分。

第三条 民族自治地方设立自治机关,自治机关是国家的一级地方政权机关。

民族自治地方的自治机关实行民主集中制的原则。

第四条 民族自治地方的自治机关行使宪法第三章第五节规定的地方国家机关的职权,同时依照宪法和本法以及其他法律规定的权限行使自治权,根据本地方的实际情况贯彻执行国家的法律、政策。

自治州的自治机关行使下设区、县的市的地方国家机关的职权，同时行使自治权。

第五条 民族自治地方的自治机关必须维护国家的统一，保证宪法和法律在本地方的遵守和执行。

第六条 民族自治地方的自治机关领导各族人民集中力量进行社会主义现代化建设。

民族自治地方的自治机关根据本地方的情况，在不违背宪法和法律的原则下，有权采取特殊政策和灵活措施，加速民族自治地方经济、文化建设事业的发展。

民族自治地方的自治机关在国家计划的指导下，从实际出发，不断提高劳动生产率和经济效益，发展社会生产力，逐步提高各民族的物质生活水平。

民族自治地方的自治机关继承和发扬民族文化的优良传统，建设具有民族特点的社会主义精神文明，不断提高各民族人民的社会主义觉悟和科学文化水平。

第七条 民族自治地方的自治机关要把国家的整体利益放在首位，积极完成上级国家机关交给的各项任务。

第八条 上级国家机关保障民族自治地方的自治机关行使自治权，并且依据民族自治地方的特点和需要，努力帮助民族自治地方加速发展社会主义建设事业。

第九条 上级国家机关和民族自治地方的自治机关维护和发展各民族的平等、团结、互助的社会主义民族关系。禁止对任何民族的歧视和压迫，禁止破坏民族团结和制造民族分裂的行为。

第十条 民族自治地方的自治机关保障本地方各民族都有使用和发展自己的语言文字的自由，都有保持或者改革自己的风俗习惯的自由。

第十一条 民族自治地方的自治机关保障各民族公民有宗教信仰自由。

任何国家机关、社会团体和个人不得强制公民信仰宗教或者不信仰宗教，不得歧视信仰宗教的公民和不信仰宗教的公民。

国家保护正常的宗教活动。

任何人不得利用宗教进行破坏社会秩序、损害公民身体健康、妨碍国家教育制度的活动。

宗教团体和宗教事务不受外国势力的支配。

第二章 民族自治地方的建立和自治机关的组成

第十二条 少数民族聚居的地方，根据当地民族关系、经济发展等条件，并参酌历史情况，可以建立以一个或者几个少数民族聚居区为基础的自治地方。

民族自治地方内其他少数民族聚居的地方，建立相应的自治地方或者民族乡。

民族自治地方依据本地方的实际情况，可以包括一部分汉族或者其他民族的居民区和城镇。

第十三条 民族自治地方的名称，除特殊情况外，按照地方名称、民族名称、行政地位的顺序组成。

第十四条 民族自治地方的建立、区域界线的划分、名称的组成，由上级国家机关会同有关地方的国家机关，和有关民族的代表充分协商拟定，按照法律规定的程序报请批准。

民族自治地方一经建立，未经法定程序，不得撤销或者合并；民族自治地方的区域界线一经确定，未经法定程序，不得变动；确实需要撤销、合并或者变动的，由上级国家机关的有关部门和民族自治地方的自治机关充分协商拟定，按照法定程序报请批准。

第十五条 民族自治地方的自治机关是自治区、自治州、自治县的人民代表大会和人民政府。

民族自治地方的人民政府对本级人民代表大会和上一级国家行政机关负责并报告工作，在本级人民代表大会闭会期间，对本级人民代表大会常务委员会负责并报告工作。各民族自治地方的人民政府都是国务院统一领导下的国家行政机关，都服从国务院。

民族自治地方的自治机关的组织和工作，根据宪法和法律，由民族自治地方的自治条例或者单行条例规定。

第十六条 民族自治地方的人民代表大会中，除实行区域自治的民族的代表外，其他居住在本行政区域内的民族也应当有适当名额的代表。

民族自治地方的人民代表大会中，实行区域自治的民族和其他少数民族代表的名额和比例，根据法律规定的原则，由省、自治区、直辖市的人民代表大会常务委员会决定,并报全国人民代表大会常务委员会备案。

民族自治地方的人民代表大会常务委员会中应当有实行区域自治的民族的公民担任主任或者副主任。

第十七条 自治区主席、自治州州长、自治县县长由实行区域自治的民族的公民担任。自治区、自治州、自治县的人民政府的其他组成人员,应当合理配备实行区域自治的民族和其他少数民族的人员。

民族自治地方的人民政府实行自治区主席、自治州州长、自治县县长负责制。自治区主席、自治州州长、自治县县长,分别主持本级人民政府工作。

第十八条 民族自治地方的自治机关所属工作部门的干部中,应当合理配备实行区域自治的民族和其他少数民族的人员。

第三章 自治机关的自治权

第十九条 民族自治地方的人民代表大会有权依照当地民族的政治、经济和文化的特点,制定自治条例和单行条例。自治区的自治条例和单行条例,报全国人民代表大会常务委员会批准后生效。自治州、自治县的自治条例和单行条例报省、自治区、直辖市的人民代表大会常务委员会批准后生效,并报全国人民代表大会常务委员会和国务院备案。

第二十条 上级国家机关的决议、决定、命令和指示,如有不适合民族自治地方实际情况的,自治机关可以报经该上级国家机关批准,变通执行或者停止执行;该上级国家机关应当在收到报告之日起六十日内给予答复。

第二十一条 民族自治地方的自治机关在执行职务的时候,依照本民族自治地方自治条例的规定,使用当地通用的一种或者几种语言文字;同时使用几种通用的语言文字执行职务的,可以以实行区域自治的民族的语言文字为主。

第二十二条 民族自治地方的自治机关根据社会主义建设的需要,采取各种措施从当地民族中大量培养各级干部、各种科学技术、经营管理等专业人才和技术工人,充分发挥他们的作用,并且注意在少数民族妇女中培养各级干部和各种专业技术人才。

民族自治地方的自治机关录用工作人员的时候,对实行区域自治的民族和其他少数民族的人员应当给予适当的照顾。

民族自治地方的自治机关可以采取特殊措施,优待、鼓励各种专业人员参加自治地方各项建设工作。

第二十三条 民族自治地方的企业、事业单位依照国家规定招收人员时，优先招收少数民族人员，并且可以从农村和牧区少数民族人口中招收。

第二十四条 民族自治地方的自治机关依照国家的军事制度和当地的实际需要，经国务院批准，可以组织本地方维护社会治安的公安部队。

第二十五条 民族自治地方的自治机关在国家计划的指导下，根据本地方的特点和需要，制定经济建设的方针、政策和计划，自主地安排和管理地方性的经济建设事业。

第二十六条 民族自治地方的自治机关在坚持社会主义原则的前提下，根据法律规定和本地方经济发展的特点，合理调整生产关系和经济结构，努力发展社会主义市场经济。

民族自治地方的自治机关坚持公有制为主体、多种所有制经济共同发展的基本经济制度，鼓励发展非公有制经济。

第二十七条 民族自治地方的自治机关根据法律规定，确定本地方内草场和森林的所有权和使用权。

民族自治地方的自治机关保护、建设草原和森林，组织和鼓励植树种草。禁止任何组织或者个人利用任何手段破坏草原和森林。严禁在草原和森林毁草毁林开垦耕地。

第二十八条 民族自治地方的自治机关依照法律规定，管理和保护本地方的自然资源。

民族自治地方的自治机关根据法律规定和国家的统一规划，对可以由本地方开发的自然资源，优先合理开发利用。

第二十九条 民族自治地方的自治机关在国家计划的指导下，根据本地方的财力、物力和其他具体条件，自主地安排地方基本建设项目。

第三十条 民族自治地方的自治机关自主地管理隶属于本地方的企业、事业。

第三十一条 民族自治地方依照国家规定，可以开展对外经济贸易活动，经国务院批准，可以开辟对外贸易口岸。

与外国接壤的民族自治地方经国务院批准，开展边境贸易。

民族自治地方在对外经济贸易活动中，享受国家的优惠政策。

第三十二条 民族自治地方的财政是一级财政,是国家财政的组成部分。

民族自治地方的自治机关有管理地方财政的自治权。凡是依照国家财政体制属于民族自治地方的财政收入,都应当由民族自治地方的自治机关自主地安排使用。

民族自治地方在全国统一的财政体制下,通过国家实行的规范的财政转移支付制度,享受上级财政的照顾。

民族自治地方的财政预算支出,按照国家规定,设机动资金,预备费在预算中所占比例高于一般地区。

民族自治地方的自治机关在执行财政预算过程中,自行安排使用收入的超收和支出的节余资金。

第三十三条 民族自治地方的自治机关对本地方的各项开支标准、定员、定额,根据国家规定的原则,结合本地方的实际情况,可以制定补充规定和具体办法。自治区制定的补充规定和具体办法,报国务院备案;自治州、自治县制定的补充规定和具体办法,须报省、自治区、直辖市人民政府批准。

第三十四条 民族自治地方的自治机关在执行国家税法的时候,除应由国家统一审批的减免税收项目以外,对属于地方财政收入的某些需要从税收上加以照顾和鼓励的,可以实行减税或者免税。自治州、自治县决定减税或者免税,须报省、自治区、直辖市人民政府批准。

第三十五条 民族自治地方根据本地方经济和社会发展的需要,可以依照法律规定设立地方商业银行和城乡信用合作组织。

第三十六条 民族自治地方的自治机关根据国家的教育方针,依照法律规定,决定本地方的教育规划,各级各类学校的设置、学制、办学形式、教学内容、教学用语和招生办法。

第三十七条 民族自治地方的自治机关自主地发展民族教育,扫除文盲,举办各类学校,普及九年义务教育,采取多种形式发展普通高级中等教育和中等职业技术教育,根据条件和需要发展高等教育,培养各少数民族专业人才。

民族自治地方的自治机关为少数民族牧区和经济困难、居住分散的少数民族山区,设立以寄宿为主和助学金为主的公办民族小学和民族中学,保障就读学生完成义务教育阶段的学业。办学经费和助学金由当地财政解决,当地财政困难的,上级财政应当给予补助。

招收少数民族学生为主的学校(班级)和其他教育机构,有条件的应当采用少数民族文字的课本,并用少数民族语言讲课;根据情况从小学低年级或者高年级起开设汉语文课程,推广全国通用的普通话和规范汉字。

各级人民政府要在财政方面扶持少数民族文字的教材和出版物的编译和出版工作。

第三十八条 民族自治地方的自治机关自主地发展具有民族形式和民族特点的文学、艺术、新闻、出版、广播、电影、电视等民族文化事业,加大对文化事业的投入,加强文化设施建设,加快各项文化事业的发展。

民族自治地方的自治机关组织、支持有关单位和部门收集、整理、翻译和出版民族历史文化书籍,保护民族的名胜古迹、珍贵文物和其他重要历史文化遗产,继承和发展优秀的民族传统文化。

第三十九条 民族自治地方的自治机关自主地决定本地方的科学技术发展规划,普及科学技术知识。

第四十条 民族自治地方的自治机关,自主地决定本地方的医疗卫生事业的发展规划,发展现代医药和民族传统医药。

民族自治地方的自治机关加强对传染病、地方病的预防控制工作和妇幼卫生保健,改善医疗卫生条件。

第四十一条 民族自治地方的自治机关自主地发展体育事业,开展民族传统体育活动,增强各族人民的体质。

第四十二条 民族自治地方的自治机关积极开展和其他地方的教育、科学技术、文化艺术、卫生、体育等方面的交流和协作。

自治区、自治州的自治机关依照国家规定,可以和国外进行教育、科学技术、文化艺术、卫生、体育等方面的交流。

第四十三条 民族自治地方的自治机关根据法律规定,制定管理流动人口的办法。

第四十四条 民族自治地方实行计划生育和优生优育,提高各民族人口素质。

民族自治地方的自治机关根据法律规定,结合本地方的实际情况,制定实行计划生育的办法。

第四十五条 民族自治地方的自治机关保护和改善生活环境和生态环境,

防治污染和其他公害,实现人口、资源和环境的协调发展。

第四章 民族自治地方的人民法院和人民检察院

第四十六条 民族自治地方的人民法院和人民检察院对本级人民代表大会及其常务委员会负责。民族自治地方的人民检察院并对上级人民检察院负责。

民族自治地方人民法院的审判工作,受最高人民法院和上级人民法院监督。民族自治地方的人民检察院的工作,受最高人民检察院和上级人民检察院领导。

民族自治地方的人民法院和人民检察院的领导成员和工作人员中,应当有实行区域自治的民族的人员。

第四十七条 民族自治地方的人民法院和人民检察院应当用当地通用的语言审理和检察案件,并合理配备通晓当地通用的少数民族语言文字的人员。对于不通晓当地通用的语言文字的诉讼参与人,应当为他们提供翻译。法律文书应当根据实际需要,使用当地通用的一种或者几种文字。保障各民族公民都有使用本民族语言文字进行诉讼的权利。

第五章 民族自治地方内的民族关系

第四十八条 民族自治地方的自治机关保障本地方内各民族都享有平等权利。

民族自治地方的自治机关团结各民族的干部和群众,充分调动他们的积极性,共同建设民族自治地方。

第四十九条 民族自治地方的自治机关教育和鼓励各民族的干部互相学习语言文字。汉族干部要学习当地少数民族的语言文字,少数民族干部在学习、使用本民族语言文字的同时,也要学习全国通用的普通话和规范汉字。

民族自治地方的国家工作人员,能够熟练使用两种以上当地通用的语言文字的,应当予以奖励。

第五十条 民族自治地方的自治机关帮助聚居在本地方的其他少数民族,建立相应的自治地方或者民族乡。

民族自治地方的自治机关帮助本地方各民族发展经济、教育、科学技术、文化、卫生、体育事业。

民族自治地方的自治机关照顾本地方散居民族的特点和需要。

第五十一条 民族自治地方的自治机关在处理涉及本地方各民族的特殊问题的时候,必须与他们的代表充分协商,尊重他们的意见。

第五十二条 民族自治地方的自治机关保障本地方内各民族公民都享有宪法规定的公民权利,并且教育他们履行公民应尽的义务。

第五十三条 民族自治地方的自治机关提倡爱祖国、爱人民、爱劳动、爱科学、爱社会主义的公德,对本地方内各民族公民进行爱国主义、共产主义和民族政策的教育。教育各民族的干部和群众互相信任,互相学习,互相帮助,互相尊重语言文字、风俗习惯和宗教信仰,共同维护国家的统一和各民族的团结。

第六章 上级国家机关的职责

第五十四条 上级国家机关有关民族自治地方的决议、决定、命令和指示,应当适合民族自治地方的实际情况。

第五十五条 上级国家机关应当帮助、指导民族自治地方经济发展战略的研究、制定和实施,从财政、金融、物资、技术和人才等方面,帮助各民族自治地方加速发展经济、教育、科学技术、文化、卫生、体育等事业。

国家制定优惠政策,引导和鼓励国内外资金投向民族自治地方。

上级国家机关在制定国民经济和社会发展计划的时候,应当照顾民族自治地方的特点和需要。

第五十六条 国家根据统一规划和市场需求,优先在民族自治地方合理安排资源开发项目和基础设施建设项目。国家在重大基础设施投资项目中适当增加投资比重和政策性银行贷款比重。

国家在民族自治地方安排基础设施建设,需要民族自治地方配套资金的,根据不同情况给予减少或者免除配套资金的照顾。

国家帮助民族自治地方加快实用科技开发和成果转化,大力推广实用技术和有条件发展的高新技术,积极引导科技人才向民族自治地方合理流动。国家向民族自治地方提供转移建设项目的时候,根据当地的条件,提供先进、适用的设备和工艺。

第五十七条 国家根据民族自治地方的经济发展特点和需要,综合运用货币市场和资本市场,加大对民族自治地方的金融扶持力度。金融机构对民族自治地方的固定资产投资项目和符合国家产业政策的企业,在开发资源、发展多种经济方面的合理资金需求,应当给予重点扶持。

国家鼓励商业银行加大对民族自治地方的信贷投入,积极支持当地企业的合理资金需求。

第五十八条 上级国家机关从财政、金融、人才等方面帮助民族自治地方的企业进行技术创新,促进产业结构升级。

上级国家机关应当组织和鼓励民族自治地方的企业管理人员和技术人员到经济发达地区学习,同时引导和鼓励经济发达地区的企业管理人员和技术人员到民族自治地方的企业工作。

第五十九条 国家设立各项专用资金,扶助民族自治地方发展经济文化建设事业。

国家设立的各项专用资金和临时性的民族补助专款,任何部门不得扣减、截留、挪用,不得用以顶替民族自治地方的正常的预算收入。

第六十条 上级国家机关根据国家的民族贸易政策和民族自治地方的需要,对民族自治地方的商业、供销和医药企业,从投资、金融、税收等方面给予扶持。

第六十一条 国家制定优惠政策,扶持民族自治地方发展对外经济贸易,扩大民族自治地方生产企业对外贸易经营自主权,鼓励发展地方优势产品出口,实行优惠的边境贸易政策。

第六十二条 随着国民经济的发展和财政收入的增长,上级财政逐步加大对民族自治地方财政转移支付力度。通过一般性财政转移支付、专项财政转移支付、民族优惠政策财政转移支付以及国家确定的其他方式,增加对民族自治地方的资金投入,用于加快民族自治地方经济发展和社会进步,逐步缩小与发达地区的差距。

第六十三条 上级国家机关在投资、金融、税收等方面扶持民族自治地方改善农业、牧业、林业等生产条件和水利、交通、能源、通信等基础设施;扶持民族自治地方合理利用本地资源发展地方工业、乡镇企业、中小企业以及少数民族特需商品和传统手工业品的生产。

第六十四条 上级国家机关应当组织、支持和鼓励经济发达地区与民族自治地方开展经济、技术协作和多层次、多方面的对口支援,帮助和促进民族自治地方经济、教育、科学技术、文化、卫生、体育事业的发展。

第六十五条 国家在民族自治地方开发资源、进行建设的时候,应当照顾民族自治地方的利益,作出有利于民族自治地方经济建设的安排,照顾当地少数民族的生产和生活。国家采取措施,对输出自然资源的民族自治地方给予一定的利益补偿。

国家引导和鼓励经济发达地区的企业按照互惠互利的原则,到民族自治地方投资,开展多种形式的经济合作。

第六十六条 上级国家机关应当把民族自治地方的重大生态平衡、环境保护的综合治理工程项目纳入国民经济和社会发展计划,统一部署。

民族自治地方为国家的生态平衡、环境保护作出贡献的,国家给予一定的利益补偿。

任何组织和个人在民族自治地方开发资源、进行建设的时候,要采取有效措施,保护和改善当地的生活环境和生态环境,防治污染和其他公害。

第六十七条 上级国家机关隶属的在民族自治地方的企业、事业单位依照国家规定招收人员时,优先招收当地少数民族人员。

在民族自治地方的企业、事业单位,应当尊重当地自治机关的自治权,遵守当地自治条例、单行条例和地方性法规、规章,接受当地自治机关的监督。

第六十八条 上级国家机关非经民族自治地方自治机关同意,不得改变民族自治地方所属企业的隶属关系。

第六十九条 国家和上级人民政府应当从财政、金融、物资、技术、人才等方面加大对民族自治地方的贫困地区的扶持力度,帮助贫困人口尽快摆脱贫困状况,实现小康。

第七十条 上级国家机关帮助民族自治地方从当地民族中大量培养各级干部、各种专业人才和技术工人;根据民族自治地方的需要,采取多种形式调派适当数量的教师、医生、科学技术和经营管理人员,参加民族自治地方的工作,对他们的生活待遇给予适当照顾。

第七十一条 国家加大对民族自治地方的教育投入,并采取特殊措施,帮助民族自治地方加速普及九年义务教育和发展其他教育事业,提高各民族人民的科学文化水平。

国家举办民族高等学校,在高等学校举办民族班、民族预科,专门或者主要招收少数民族学生,并且可以采取定向招生、定向分配的办法。高等学校和中等专业学校招收新生的时候,对少数民族考生适当放宽录取标准和条件,对人口特少的少数民族考生给予特殊照顾。各级人民政府和学校应当采取多种措施帮助家庭经济困难的少数民族学生完成学业。

国家在发达地区举办民族中学或者在普通中学开设民族班,招收少数民族学生实施中等教育。

国家帮助民族自治地方培养和培训各民族教师。国家组织和鼓励各民族教师和符合任职条件的各民族毕业生到民族自治地方从事教育教学工作,并给予他们相应的优惠待遇。

第七十二条 上级国家机关应当对各民族的干部和群众加强民族政策的教育,经常检查民族政策和有关法律的遵守和执行。

第七章 附 则

第七十三条 国务院及其有关部门应当在职权范围内,为实施本法分别制定行政法规、规章、具体措施和办法。

自治区和辖有自治州、自治县的省、直辖市的人民代表大会及其常务委员会结合当地实际情况,制定实施本法的具体办法。

第七十四条 本法由全国人民代表大会通过,自 1984 年 10 月 1 日起施行。

中华人民共和国全国人民代表大会和地方各级人民代表大会代表法

（1992年4月3日第七届全国人民代表大会第五次会议通过　根据2009年8月27日第十一届全国人民代表大会常务委员会第十次会议《关于修改部分法律的决定》第一次修正　根据2010年10月28日第十一届全国人民代表大会常务委员会第十七次会议《关于修改〈中华人民共和国全国人民代表大会和地方各级人民代表大会代表法〉的决定》第二次修正　根据2015年8月29日第十二届全国人民代表大会常务委员会第十六次会议《关于修改〈中华人民共和国地方各级人民代表大会和地方各级人民政府组织法〉、〈中华人民共和国全国人民代表大会和地方各级人民代表大会选举法〉、〈中华人民共和国全国人民代表大会和地方各级人民代表大会代表法〉的决定》第三次修正）

目　　录

第一章　总　　则

第一条　为保证全国人民代表大会和地方各级人民代表大会代表依法行使代表的职权，履行代表的义务，发挥代表作用，根据宪法，制定本法。

第二条 全国人民代表大会和地方各级人民代表大会代表依照法律规定选举产生。

全国人民代表大会代表是最高国家权力机关组成人员，地方各级人民代表大会代表是地方各级国家权力机关组成人员。

全国人民代表大会和地方各级人民代表大会代表，代表人民的利益和意志，依照宪法和法律赋予本级人民代表大会的各项职权，参加行使国家权力。

第三条 代表享有下列权利：

（一）出席本级人民代表大会会议，参加审议各项议案、报告和其他议题，发表意见；

（二）依法联名提出议案、质询案、罢免案等；

（三）提出对各方面工作的建议、批评和意见；

（四）参加本级人民代表大会的各项选举；

（五）参加本级人民代表大会的各项表决；

（六）获得依法执行代表职务所需的信息和各项保障；

（七）法律规定的其他权利。

第四条 代表应当履行下列义务：

（一）模范地遵守宪法和法律，保守国家秘密，在自己参加的生产、工作和社会活动中，协助宪法和法律的实施；

（二）按时出席本级人民代表大会会议，认真审议各项议案、报告和其他议题，发表意见，做好会议期间的各项工作；

（三）积极参加统一组织的视察、专题调研、执法检查等履职活动；

（四）加强履职学习和调查研究，不断提高执行代表职务的能力；

（五）与原选区选民或者原选举单位和人民群众保持密切联系，听取和反映他们的意见和要求，努力为人民服务；

（六）自觉遵守社会公德，廉洁自律，公道正派，勤勉尽责；

（七）法律规定的其他义务。

第五条 代表依照本法的规定在本级人民代表大会会议期间的工作和在本级人民代表大会闭会期间的活动，都是执行代表职务。

国家和社会为代表执行代表职务提供保障。

代表不脱离各自的生产和工作。代表出席本级人民代表大会会议，参加闭会期间统一组织的履职活动,应当安排好本人的生产和工作,优先执行代表职务。

第六条 代表受原选区选民或者原选举单位的监督。

第二章 代表在本级人民代表大会会议期间的工作

第七条 代表应当按时出席本级人民代表大会会议。代表因健康等特殊原因不能出席会议的,应当按照规定请假。

代表在出席本级人民代表大会会议前,应当听取人民群众的意见和建议,为会议期间执行代表职务做好准备。

第八条 代表参加大会全体会议、代表团全体会议、小组会议,审议列入会议议程的各项议案和报告。

代表可以被推选或者受邀请列席主席团会议、专门委员会会议,发表意见。

代表应当围绕会议议题发表意见,遵守议事规则。

第九条 代表有权依照法律规定的程序向本级人民代表大会提出属于本级人民代表大会职权范围内的议案。议案应当有案由、案据和方案。

代表依法提出的议案,由本级人民代表大会主席团决定是否列入会议议程,或者先交有关的专门委员会审议、提出是否列入会议议程的意见,再决定是否列入会议议程。

列入会议议程的议案,在交付大会表决前,提出议案的代表要求撤回的,经主席团同意,会议对该项议案的审议即行终止。

第十条 全国人民代表大会代表,有权依照宪法规定的程序向全国人民代表大会提出修改宪法的议案。

第十一条 代表参加本级人民代表大会的各项选举。

全国人民代表大会代表有权对主席团提名的全国人民代表大会常务委员会组成人员的人选,中华人民共和国主席、副主席的人选,中央军事委员会主席的人选,最高人民法院院长和最高人民检察院检察长的人选,全国人民代表大会各专门委员会的人选,提出意见。

县级以上的地方各级人民代表大会代表有权依照法律规定的程序提出本级人民代表大会常务委员会的组成人员,人民政府领导人员,人民法院院长,人民检察院检察长以及上一级人民代表大会代表的人选,并有权对本级人民代表大会主席团和代表依法提出的上述人员的人选提出意见。

乡、民族乡、镇的人民代表大会代表有权依照法律规定的程序提出本级人民代表大会主席、副主席和人民政府领导人员的人选，并有权对本级人民代表大会主席团和代表依法提出的上述人员的人选提出意见。

各级人民代表大会代表有权对本级人民代表大会主席团的人选，提出意见。

代表对确定的候选人，可以投赞成票，可以投反对票，可以另选他人，也可以弃权。

第十二条 全国人民代表大会代表参加决定国务院组成人员和中央军事委员会副主席、委员的人选。

县级以上的各级人民代表大会代表参加表决通过本级人民代表大会各专门委员会组成人员的人选。

第十三条 代表在审议议案和报告时，可以向本级有关国家机关提出询问。有关国家机关应当派负责人或者负责人员回答询问。

第十四条 全国人民代表大会会议期间，一个代表团或者三十名以上的代表联名，有权书面提出对国务院和国务院各部、各委员会，最高人民法院，最高人民检察院的质询案。

县级以上的地方各级人民代表大会代表有权依照法律规定的程序提出对本级人民政府及其所属各部门，人民法院，人民检察院的质询案。

乡、民族乡、镇的人民代表大会代表有权依照法律规定的程序提出对本级人民政府的质询案。

质询案应当写明质询对象、质询的问题和内容。

质询案按照主席团的决定由受质询机关答复。提出质询案的代表半数以上对答复不满意的，可以要求受质询机关再作答复。

第十五条 全国人民代表大会代表有权依照法律规定的程序提出对全国人民代表大会常务委员会组成人员，中华人民共和国主席、副主席，国务院组成人员，中央军事委员会组成人员，最高人民法院院长，最高人民检察院检察长的罢免案。

县级以上的地方各级人民代表大会代表有权依照法律规定的程序提出对本级人民代表大会常务委员会组成人员，人民政府组成人员，人民法院院长，人民检察院检察长的罢免案。

乡、民族乡、镇的人民代表大会代表有权依照法律规定的程序提出对本级人民代表大会主席、副主席和人民政府领导人员的罢免案。

罢免案应当写明罢免的理由。

第十六条 县级以上的各级人民代表大会代表有权依法提议组织关于特定问题的调查委员会。

第十七条 代表参加本级人民代表大会表决,可以投赞成票,可以投反对票,也可以弃权。

第十八条 代表有权向本级人民代表大会提出对各方面工作的建议、批评和意见。建议、批评和意见应当明确具体,注重反映实际情况和问题。

第三章 代表在本级人民代表大会闭会期间的活动

第十九条 县级以上的各级人民代表大会常务委员会组织本级人民代表大会代表开展闭会期间的活动。

县级以上的地方各级人民代表大会常务委员会受上一级人民代表大会常务委员会的委托,组织本级人民代表大会选举产生的上一级人民代表大会代表开展闭会期间的活动。

乡、民族乡、镇的人民代表大会主席、副主席根据主席团的安排,组织本级人民代表大会代表开展闭会期间的活动。

第二十条 代表在闭会期间的活动以集体活动为主,以代表小组活动为基本形式。代表可以通过多种方式听取、反映原选区选民或者原选举单位的意见和要求。

第二十一条 县级以上的各级人民代表大会代表,在本级或者下级人民代表大会常务委员会协助下,可以按照便于组织和开展活动的原则组成代表小组。

县级以上的各级人民代表大会代表,可以参加下级人民代表大会代表的代表小组活动。

第二十二条 县级以上的各级人民代表大会代表根据本级人民代表大会常务委员会的安排,对本级或者下级国家机关和有关单位的工作进行视察。乡、民族乡、镇的人民代表大会代表根据本级人民代表大会主席团的安排,对本级人民政府和有关单位的工作进行视察。

代表按前款规定进行视察,可以提出约见本级或者下级有关国家机关负责人。被约见的有关国家机关负责人或者由他委托的负责人员应当听取代表的建议、批评和意见。

代表可以持代表证就地进行视察。县级以上的地方各级人民代表大会常务委员会或者乡、民族乡、镇的人民代表大会主席团根据代表的要求,联系安排本级或者上级的代表持代表证就地进行视察。

代表视察时,可以向被视察单位提出建议、批评和意见,但不直接处理问题。

第二十三条 代表根据安排,围绕经济社会发展和关系人民群众切身利益、社会普遍关注的重大问题,开展专题调研。

第二十四条 代表参加视察、专题调研活动形成的报告,由本级人民代表大会常务委员会办事机构或者乡、民族乡、镇的人民代表大会主席团转交有关机关、组织。对报告中提出的意见和建议的研究处理情况应当向代表反馈。

第二十五条 代表有权依照法律规定的程序提议临时召集本级人民代表大会会议。

第二十六条 县级以上的各级人民代表大会代表可以应邀列席本级人民代表大会常务委员会会议、本级人民代表大会各专门委员会会议,参加本级人民代表大会常务委员会组织的执法检查和其他活动。乡、民族乡、镇的人民代表大会代表参加本级人民代表大会主席团组织的执法检查和其他活动。

第二十七条 全国人民代表大会代表,省、自治区、直辖市、自治州、设区的市的人民代表大会代表可以列席原选举单位的人民代表大会会议,并可以应邀列席原选举单位的人民代表大会常务委员会会议。

第二十八条 县级以上的各级人民代表大会代表根据本级人民代表大会或者本级人民代表大会常务委员会的决定,参加关于特定问题的调查委员会。

第二十九条 代表在本级人民代表大会闭会期间,有权向本级人民代表大会常务委员会或者乡、民族乡、镇的人民代表大会主席团提出对各方面工作的建议、批评和意见。建议、批评和意见应当明确具体,注重反映实际情况和问题。

第三十条 乡、民族乡、镇的人民代表大会代表在本级人民代表大会闭会期间,根据统一安排,开展调研等活动;组成代表小组,分工联系选民,反映人民群众的意见和要求。

第四章　代表执行职务的保障

第三十一条　代表在人民代表大会各种会议上的发言和表决,不受法律追究。

第三十二条　县级以上的各级人民代表大会代表,非经本级人民代表大会主席团许可,在本级人民代表大会闭会期间,非经本级人民代表大会常务委员会许可,不受逮捕或者刑事审判。如果因为是现行犯被拘留,执行拘留的机关应当立即向该级人民代表大会主席团或者人民代表大会常务委员会报告。

对县级以上的各级人民代表大会代表,如果采取法律规定的其他限制人身自由的措施,应当经该级人民代表大会主席团或者人民代表大会常务委员会许可。

人民代表大会主席团或者常务委员会受理有关机关依照本条规定提请许可的申请,应当审查是否存在对代表在人民代表大会各种会议上的发言和表决进行法律追究,或者对代表提出建议、批评和意见等其他执行职务行为打击报复的情形,并据此作出决定。

乡、民族乡、镇的人民代表大会代表,如果被逮捕、受刑事审判、或者被采取法律规定的其他限制人身自由的措施,执行机关应当立即报告乡、民族乡、镇的人民代表大会。

第三十三条　代表在本级人民代表大会闭会期间,参加由本级人民代表大会常务委员会或者乡、民族乡、镇的人民代表大会主席团安排的代表活动,代表所在单位必须给予时间保障。

第三十四条　代表按照本法第三十三条的规定执行代表职务,其所在单位按正常出勤对待,享受所在单位的工资和其他待遇。

无固定工资收入的代表执行代表职务,根据实际情况由本级财政给予适当补贴。

第三十五条　代表的活动经费,应当列入本级财政预算予以保障,专款专用。

第三十六条　县级以上的各级人民代表大会常务委员会应当采取多种方式同本级人民代表大会代表保持联系,扩大代表对本级人民代表大会常务委员会活动的参与。

第三十七条 县级以上的地方各级人民代表大会常务委员会,应当为本行政区域内的代表执行代表职务提供必要的条件。

第三十八条 县级以上的各级人民代表大会常务委员会,各级人民政府和人民法院、人民检察院,应当及时向本级人民代表大会代表通报工作情况,提供信息资料,保障代表的知情权。

第三十九条 县级以上的各级人民代表大会常务委员会应当有计划地组织代表参加履职学习,协助代表全面熟悉人民代表大会制度、掌握履行代表职务所需的法律知识和其他专业知识。

乡、民族乡、镇的人民代表大会代表可以参加上级人民代表大会常务委员会组织的代表履职学习。

第四十条 县级以上的各级人民代表大会常务委员会的办事机构和工作机构是代表执行代表职务的集体服务机构,为代表执行代表职务提供服务保障。

第四十一条 为了便于代表执行代表职务,各级人民代表大会可以为本级人民代表大会代表制发代表证。

第四十二条 有关机关、组织应当认真研究办理代表建议、批评和意见,并自交办之日起三个月内答复。涉及面广、处理难度大的建议、批评和意见,应当自交办之日起六个月内答复。

有关机关、组织在研究办理代表建议、批评和意见的过程中,应当与代表联系沟通,充分听取意见。

代表建议、批评和意见的办理情况,应当向本级人民代表大会常务委员会或者乡、民族乡、镇的人民代表大会主席团报告,并印发下一次人民代表大会会议。代表建议、批评和意见办理情况的报告,应当予以公开。

第四十三条 少数民族代表执行代表职务时,有关部门应当在语言文字、生活习惯等方面给予必要的帮助和照顾。

第四十四条 一切组织和个人都必须尊重代表的权利,支持代表执行代表职务。

有义务协助代表执行代表职务而拒绝履行义务的,有关单位应当予以批评教育,直至给予行政处分。

阻碍代表依法执行代表职务的,根据情节,由所在单位或者上级机关给予行政处分,或者适用《中华人民共和国治安管理处罚法》第五十条的处罚规定;以暴力、威胁方法阻碍代表依法执行代表职务的，依照刑法有关规定追究刑事责任。

对代表依法执行代表职务进行打击报复的，由所在单位或者上级机关责令改正或者给予行政处分；国家工作人员进行打击报复构成犯罪的，依照刑法有关规定追究刑事责任。

第五章　对代表的监督

第四十五条　代表应当采取多种方式经常听取人民群众对代表履职的意见，回答原选区选民或者原选举单位对代表工作和代表活动的询问，接受监督。

由选民直接选举的代表应当以多种方式向原选区选民报告履职情况。县级人民代表大会常务委员会和乡、民族乡、镇的人民代表大会主席团应当定期组织本级人民代表大会代表向原选区选民报告履职情况。

第四十六条　代表应当正确处理从事个人职业活动与执行代表职务的关系，不得利用执行代表职务干涉具体司法案件或者招标投标等经济活动牟取个人利益。

第四十七条　选民或者选举单位有权依法罢免自己选出的代表。被提出罢免的代表有权出席罢免该代表的会议提出申辩意见，或者书面提出申辩意见。

第四十八条　代表有下列情形之一的，暂时停止执行代表职务，由代表资格审查委员会向本级人民代表大会常务委员会或者乡、民族乡、镇的人民代表大会报告：

（一）因刑事案件被羁押正在受侦查、起诉、审判的；

（二）被依法判处管制、拘役或者有期徒刑而没有附加剥夺政治权利，正在服刑的。

前款所列情形在代表任期内消失后，恢复其执行代表职务，但代表资格终止者除外。

第四十九条　代表有下列情形之一的，其代表资格终止：

（一）地方各级人民代表大会代表迁出或者调离本行政区域的；

（二）辞职被接受的；

（三）未经批准两次不出席本级人民代表大会会议的；

（四）被罢免的；

（五）丧失中华人民共和国国籍的；

(六)依照法律被剥夺政治权利的;

(七)丧失行为能力的。

第五十条 县级以上的各级人民代表大会代表资格的终止,由代表资格审查委员会报本级人民代表大会常务委员会,由本级人民代表大会常务委员会予以公告。

乡、民族乡、镇的人民代表大会代表资格的终止,由代表资格审查委员会报本级人民代表大会,由本级人民代表大会予以公告。

第六章 附 则

第五十一条 省、自治区、直辖市的人民代表大会及其常务委员会可以根据本法和本行政区域的实际情况,制定实施办法。

第五十二条 本法自公布之日起施行。

中华人民共和国全国人民代表大会和地方各级人民代表大会选举法

（1979 年 7 月 1 日第五届全国人民代表大会第二次会议通过　根据 1982 年 12 月 10 日第五届全国人民代表大会第五次会议《关于修改〈中华人民共和国全国人民代表大会和地方各级人民代表大会选举法〉的若干规定的决议》第一次修正　根据 1986 年 12 月 2 日第六届全国人民代表大会常务委员会第十八次会议《关于修改〈中华人民共和国全国人民代表大会和地方各级人民代表大会选举法〉的决定》第二次修正　根据 1995 年 2 月 28 日第八届全国人民代表大会常务委员会第十二次会议《关于修改〈中华人民共和国全国人民代表大会和地方各级人民代表大会选举法〉的决定》第三次修正　根据 2004 年 10 月 27 日第十届全国人民代表大会常务委员会第十二次会议《关于修改〈中华人民共和国全国人民代表大会和地方各级人民代表大会选举法〉的决定》第四次修正　根据 2010 年 3 月 14 日第十一届全国人民代表大会第三次会议《关于修改〈中华人民共和国全国人民代表大会和地方各级人民代表大会选举法〉的决定》第五次修正　根据 2015 年 8 月 29 日第十二届全国人民代表大会常务委员会第十六次会议《关于修改〈中华人民共和国地方各级人民代表大会和地方各级人民政府组织法〉、〈中华人民共和国全国人民代表大会和地方各级人民代表大会选举法〉、〈中华人民共和国全国人民代表大会和地方各级人民代表大会代表法〉的决定》第六次修正　根据 2020 年 10 月 17 日第十三届全国人民代表大会常务委员会第二十二次会议《关于修改〈中华人民共和国全国人民代表大会和地方各级人民代表大会选举法〉的决定》第七次修正）

目　　录

第一章　总　　则

第一条　根据中华人民共和国宪法，制定全国人民代表大会和地方各级人民代表大会选举法。

第二条　全国人民代表大会和地方各级人民代表大会代表的选举工作，坚持中国共产党的领导，坚持充分发扬民主，坚持严格依法办事。

第三条　全国人民代表大会的代表，省、自治区、直辖市、设区的市、自治州的人民代表大会的代表，由下一级人民代表大会选举。

不设区的市、市辖区、县、自治县、乡、民族乡、镇的人民代表大会的代表，由选民直接选举。

第四条　中华人民共和国年满十八周岁的公民，不分民族、种族、性别、职业、家庭出身、宗教信仰、教育程度、财产状况和居住期限，都有选举权和被选举权。

依照法律被剥夺政治权利的人没有选举权和被选举权。

第五条　每一选民在一次选举中只有一个投票权。

第六条　人民解放军单独进行选举，选举办法另订。

第七条 全国人民代表大会和地方各级人民代表大会的代表应当具有广泛的代表性，应当有适当数量的基层代表，特别是工人、农民和知识分子代表；应当有适当数量的妇女代表，并逐步提高妇女代表的比例。

全国人民代表大会和归侨人数较多地区的地方人民代表大会，应当有适当名额的归侨代表。

旅居国外的中华人民共和国公民在县级以下人民代表大会代表选举期间在国内的，可以参加原籍地或者出国前居住地的选举。

第八条 全国人民代表大会和地方各级人民代表大会的选举经费，列入财政预算，由国库开支。

第二章 选举机构

第九条 全国人民代表大会常务委员会主持全国人民代表大会代表的选举。省、自治区、直辖市、设区的市、自治州的人民代表大会常务委员会主持本级人民代表大会代表的选举。

不设区的市、市辖区、县、自治县、乡、民族乡、镇设立选举委员会，主持本级人民代表大会代表的选举。不设区的市、市辖区、县、自治县的选举委员会受本级人民代表大会常务委员会的领导。乡、民族乡、镇的选举委员会受不设区的市、市辖区、县、自治县的人民代表大会常务委员会的领导。

省、自治区、直辖市、设区的市、自治州的人民代表大会常务委员会指导本行政区域内县级以下人民代表大会代表的选举工作。

第十条 不设区的市、市辖区、县、自治县的选举委员会的组成人员由本级人民代表大会常务委员会任命。乡、民族乡、镇的选举委员会的组成人员由不设区的市、市辖区、县、自治县的人民代表大会常务委员会任命。

选举委员会的组成人员为代表候选人的，应当辞去选举委员会的职务。

第十一条 选举委员会履行下列职责：

（一）划分选举本级人民代表大会代表的选区，分配各选区应选代表的名额；

（二）进行选民登记，审查选民资格，公布选民名单；受理对于选民名单不同意见的申诉，并作出决定；

（三）确定选举日期；

（四）了解核实并组织介绍代表候选人的情况；根据较多数选民的意见，确定和公布正式代表候选人名单；

（五）主持投票选举；

（六）确定选举结果是否有效，公布当选代表名单；

（七）法律规定的其他职责。

选举委员会应当及时公布选举信息。

第三章　地方各级人民代表大会代表名额

第十二条　地方各级人民代表大会的代表名额，按照下列规定确定：

（一）省、自治区、直辖市的代表名额基数为三百五十名，省、自治区每十五万人可以增加一名代表，直辖市每二万五千人可以增加一名代表；但是，代表总名额不得超过一千名；

（二）设区的市、自治州的代表名额基数为二百四十名，每二万五千人可以增加一名代表；人口超过一千万的，代表总名额不得超过六百五十名；

（三）不设区的市、市辖区、县、自治县的代表名额基数为一百四十名，每五千人可以增加一名代表；人口超过一百五十五万的，代表总名额不得超过四百五十名；人口不足五万的，代表总名额可以少于一百四十名；

（四）乡、民族乡、镇的代表名额基数为四十五名，每一千五百人可以增加一名代表；但是，代表总名额不得超过一百六十名；人口不足二千的，代表总名额可以少于四十五名。

按照前款规定的地方各级人民代表大会的代表名额基数与按人口数增加的代表数相加，即为地方各级人民代表大会的代表总名额。

自治区、聚居的少数民族多的省，经全国人民代表大会常务委员会决定，代表名额可以另加百分之五。聚居的少数民族多或者人口居住分散的县、自治县、乡、民族乡，经省、自治区、直辖市的人民代表大会常务委员会决定，代表名额可以另加百分之五。

第十三条　省、自治区、直辖市的人民代表大会代表的具体名额，由全国人民代表大会常务委员会依照本法确定。设区的市、自治州和县级的人民代表大会代表的具体名额，由省、自治区、直辖市的人民代表大会常务委员会依照本法确定，报全国人民代表大会常务委员会备案。乡级的人民代表大会代表的具体名额，由县级的人民代表大会常务委员会依照本法确定，报上一级人民代表大会常务委员会备案。

第十四条 地方各级人民代表大会的代表总名额经确定后,不再变动。如果由于行政区划变动或者由于重大工程建设等原因造成人口较大变动的,该级人民代表大会的代表总名额依照本法的规定重新确定。

依照前款规定重新确定代表名额的,省、自治区、直辖市的人民代表大会常务委员会应当在三十日内将重新确定代表名额的情况报全国人民代表大会常务委员会备案。

第十五条 地方各级人民代表大会代表名额,由本级人民代表大会常务委员会或者本级选举委员会根据本行政区域所辖的下一级各行政区域或者各选区的人口数,按照每一代表所代表的城乡人口数相同的原则,以及保证各地区、各民族、各方面都有适当数量代表的要求进行分配。在县、自治县的人民代表大会中,人口特少的乡、民族乡、镇,至少应有代表一人。

地方各级人民代表大会代表名额的分配办法,由省、自治区、直辖市人民代表大会常务委员会参照全国人民代表大会代表名额分配的办法,结合本地区的具体情况规定。

第四章 全国人民代表大会代表名额

第十六条 全国人民代表大会的代表,由省、自治区、直辖市的人民代表大会和人民解放军选举产生。

全国人民代表大会代表的名额不超过三千人。

香港特别行政区、澳门特别行政区应选全国人民代表大会代表的名额和代表产生办法,由全国人民代表大会另行规定。

第十七条 全国人民代表大会代表名额,由全国人民代表大会常务委员会根据各省、自治区、直辖市的人口数,按照每一代表所代表的城乡人口数相同的原则,以及保证各地区、各民族、各方面都有适当数量代表的要求进行分配。

省、自治区、直辖市应选全国人民代表大会代表名额,由根据人口数计算确定的名额数、相同的地区基本名额数和其他应选名额数构成。

全国人民代表大会代表名额的具体分配,由全国人民代表大会常务委员会决定。

第十八条 全国少数民族应选全国人民代表大会代表,由全国人民代表大会常务委员会参照各少数民族的人口数和分布等情况,分配给各省、自治区、直辖市的人民代表大会选出。人口特少的民族,至少应有代表一人。

第五章　各少数民族的选举

第十九条　有少数民族聚居的地方,每一聚居的少数民族都应有代表参加当地的人民代表大会。

聚居境内同一少数民族的总人口数占境内总人口数百分之三十以上的,每一代表所代表的人口数应相当于当地人民代表大会每一代表所代表的人口数。

聚居境内同一少数民族的总人口数不足境内总人口数百分之十五的,每一代表所代表的人口数可以适当少于当地人民代表大会每一代表所代表的人口数,但不得少于二分之一;实行区域自治的民族人口特少的自治县,经省、自治区的人民代表大会常务委员会决定,可以少于二分之一。人口特少的其他聚居民族,至少应有代表一人。

聚居境内同一少数民族的总人口数占境内总人口数百分之十五以上、不足百分之三十的,每一代表所代表的人口数,可以适当少于当地人民代表大会每一代表所代表的人口数,但分配给该少数民族的应选代表名额不得超过代表总名额的百分之三十。

第二十条　自治区、自治州、自治县和有少数民族聚居的乡、民族乡、镇的人民代表大会,对于聚居在境内的其他少数民族和汉族代表的选举,适用本法第十九条的规定。

第二十一条　散居的少数民族应选当地人民代表大会的代表,每一代表所代表的人口数可以少于当地人民代表大会每一代表所代表的人口数。

自治区、自治州、自治县和有少数民族聚居的乡、民族乡、镇的人民代表大会,对于散居的其他少数民族和汉族代表的选举,适用前款的规定。

第二十二条　有少数民族聚居的不设区的市、市辖区、县、乡、民族乡、镇的人民代表大会代表的产生,按照当地的民族关系和居住状况,各少数民族选民可以单独选举或者联合选举。

自治县和有少数民族聚居的乡、民族乡、镇的人民代表大会,对于居住在境内的其他少数民族和汉族代表的选举办法,适用前款的规定。

第二十三条　自治区、自治州、自治县制定或者公布的选举文件、选民名单、选民证、代表候选人名单、代表当选证书和选举委员会的印章等，都应当同时使用当地通用的民族文字。

第二十四条 少数民族选举的其他事项，参照本法有关各条的规定办理。

第六章 选区划分

第二十五条 不设区的市、市辖区、县、自治县、乡、民族乡、镇的人民代表大会的代表名额分配到选区，按选区进行选举。选区可以按居住状况划分，也可以按生产单位、事业单位、工作单位划分。

选区的大小，按照每一选区选一名至三名代表划分。

第二十六条 本行政区域内各选区每一代表所代表的人口数应当大体相等。

第七章 选民登记

第二十七条 选民登记按选区进行，经登记确认的选民资格长期有效。每次选举前对上次选民登记以后新满十八周岁的、被剥夺政治权利期满后恢复政治权利的选民，予以登记。对选民经登记后迁出原选区的，列入新迁入的选区的选民名单；对死亡的和依照法律被剥夺政治权利的人，从选民名单上除名。

精神病患者不能行使选举权利的，经选举委员会确认，不列入选民名单。

第二十八条 选民名单应在选举日的二十日以前公布，实行凭选民证参加投票选举的，并应当发给选民证。

第二十九条 对于公布的选民名单有不同意见的，可以在选民名单公布之日起五日内向选举委员会提出申诉。选举委员会对申诉意见，应在三日内作出处理决定。申诉人如果对处理决定不服，可以在选举日的五日以前向人民法院起诉，人民法院应在选举日以前作出判决。人民法院的判决为最后决定。

第八章 代表候选人的提出

第三十条 全国和地方各级人民代表大会的代表候选人，按选区或者选举单位提名产生。

各政党、各人民团体，可以联合或者单独推荐代表候选人。选民或者代表，十人以上联名,也可以推荐代表候选人。推荐者应向选举委员会或者大会主席团介绍代表候选人的情况。接受推荐的代表候选人应当向选举委员会或者大会主席团如实提供个人身份、简历等基本情况。提供的基本情况不实的,选举委员会或者大会主席团应当向选民或者代表通报。

各政党、各人民团体联合或者单独推荐的代表候选人的人数,每一选民或者代表参加联名推荐的代表候选人的人数,均不得超过本选区或者选举单位应选代表的名额。

第三十一条 全国和地方各级人民代表大会代表实行差额选举,代表候选人的人数应多于应选代表的名额。

由选民直接选举人民代表大会代表的,代表候选人的人数应多于应选代表名额三分之一至一倍;由县级以上的地方各级人民代表大会选举上一级人民代表大会代表的,代表候选人的人数应多于应选代表名额五分之一至二分之一。

第三十二条 由选民直接选举人民代表大会代表的,代表候选人由各选区选民和各政党、各人民团体提名推荐。选举委员会汇总后,将代表候选人名单及代表候选人的基本情况在选举日的十五日以前公布,并交各该选区的选民小组讨论、协商,确定正式代表候选人名单。如果所提代表候选人的人数超过本法第三十一条规定的最高差额比例,由选举委员会交各该选区的选民小组讨论、协商,根据较多数选民的意见,确定正式代表候选人名单;对正式代表候选人不能形成较为一致意见的,进行预选,根据预选时得票多少的顺序,确定正式代表候选人名单。正式代表候选人名单及代表候选人的基本情况应当在选举日的七日以前公布。

县级以上的地方各级人民代表大会在选举上一级人民代表大会代表时,提名、酝酿代表候选人的时间不得少于两天。各该级人民代表大会主席团将依法提出的代表候选人名单及代表候选人的基本情况印发全体代表,由全体代表酝酿、讨论。如果所提代表候选人的人数符合本法第三十一条规定的差额比例,直接进行投票选举。如果所提代表候选人的人数超过本法第三十一条规定的最高差额比例,进行预选,根据预选时得票多少的顺序,按照本级人民代表大会的选举办法根据本法确定的具体差额比例,确定正式代表候选人名单,进行投票选举。

第三十三条 县级以上的地方各级人民代表大会在选举上一级人民代表大会

会代表时，代表候选人不限于各该级人民代表大会的代表。

第三十四条 选举委员会或者人民代表大会主席团应当向选民或者代表介绍代表候选人的情况。推荐代表候选人的政党、人民团体和选民、代表可以在选民小组或者代表小组会议上介绍所推荐的代表候选人的情况。选举委员会根据选民的要求，应当组织代表候选人与选民见面，由代表候选人介绍本人的情况，回答选民的问题。但是，在选举日必须停止代表候选人的介绍。

第三十五条 公民参加各级人民代表大会代表的选举，不得直接或者间接接受境外机构、组织、个人提供的与选举有关的任何形式的资助。

违反前款规定的，不列入代表候选人名单；已经列入代表候选人名单的，从名单中除名；已经当选的，其当选无效。

第九章 选举程序

第三十六条 全国人民代表大会和地方各级人民代表大会代表的选举，应当严格依照法定程序进行，并接受监督。任何组织或者个人都不得以任何方式干预选民或者代表自由行使选举权。

第三十七条 在选民直接选举人民代表大会代表时，选民根据选举委员会的规定，凭身份证或者选民证领取选票。

第三十八条 选举委员会应当根据各选区选民分布状况，按照方便选民投票的原则设立投票站，进行选举。选民居住比较集中的，可以召开选举大会，进行选举；因患有疾病等原因行动不便或者居住分散并且交通不便的选民，可以在流动票箱投票。

第三十九条 县级以上的地方各级人民代表大会在选举上一级人民代表大会代表时，由各该级人民代表大会主席团主持。

第四十条 全国和地方各级人民代表大会代表的选举，一律采用无记名投票的方法。选举时应当设有秘密写票处。

选民如果是文盲或者因残疾不能写选票的，可以委托他信任的人代写。

第四十一条 选举人对于代表候选人可以投赞成票，可以投反对票，可以另选其他任何选民，也可以弃权。

第四十二条 选民如果在选举期间外出，经选举委员会同意，可以书面委托其他选民代为投票。每一选民接受的委托不得超过三人，并应当按照委托人的意愿代为投票。

第四十三条 投票结束后，由选民或者代表推选的监票、计票人员和选举委员会或者人民代表大会主席团的人员将投票人数和票数加以核对，作出记录，并由监票人签字。

代表候选人的近亲属不得担任监票人、计票人。

第四十四条 每次选举所投的票数，多于投票人数的无效，等于或者少于投票人数的有效。

每一选票所选的人数，多于规定应选代表人数的作废，等于或者少于规定应选代表人数的有效。

第四十五条 在选民直接选举人民代表大会代表时，选区全体选民的过半数参加投票，选举有效。代表候选人获得参加投票的选民过半数的选票时，始得当选。

县级以上的地方各级人民代表大会在选举上一级人民代表大会代表时，代表候选人获得全体代表过半数的选票时，始得当选。

获得过半数选票的代表候选人的人数超过应选代表名额时，以得票多的当选。如遇票数相等不能确定当选人时，应当就票数相等的候选人再次投票，以得票多的当选。

获得过半数选票的当选代表的人数少于应选代表的名额时，不足的名额另行选举。另行选举时，根据在第一次投票时得票多少的顺序，按照本法第三十一条规定的差额比例，确定候选人名单。如果只选一人，候选人应为二人。

依照前款规定另行选举县级和乡级的人民代表大会代表时，代表候选人以得票多的当选，但是得票数不得少于选票的三分之一；县级以上的地方各级人民代表大会在另行选举上一级人民代表大会代表时，代表候选人获得全体代表过半数的选票，始得当选。

第四十六条 选举结果由选举委员会或者人民代表大会主席团根据本法确定是否有效，并予以宣布。

当选代表名单由选举委员会或者人民代表大会主席团予以公布。

第四十七条 代表资格审查委员会依法对当选代表是否符合宪法、法律规定的代表的基本条件，选举是否符合法律规定的程序，以及是否存在破坏选举和其他当选无效的违法行为进行审查，提出代表当选是否有效的意见，向本级人民代表大会常务委员会或者乡、民族乡、镇的人民代表大会主席团报告。

县级以上的各级人民代表大会常务委员会或者乡、民族乡、镇的人民代表大会主席团根据代表资格审查委员会提出的报告,确认代表的资格或者确定代表的当选无效,在每届人民代表大会第一次会议前公布代表名单。

第四十八条 公民不得同时担任两个以上无隶属关系的行政区域的人民代表大会代表。

第十章 对代表的监督和罢免、辞职、补选

第四十九条 全国和地方各级人民代表大会的代表,受选民和原选举单位的监督。选民或者选举单位都有权罢免自己选出的代表。

第五十条 对于县级的人民代表大会代表,原选区选民五十人以上联名,对于乡级的人民代表大会代表,原选区选民三十人以上联名,可以向县级的人民代表大会常务委员会书面提出罢免要求。

罢免要求应当写明罢免理由。被提出罢免的代表有权在选民会议上提出申辩意见,也可以书面提出申辩意见。

县级的人民代表大会常务委员会应当将罢免要求和被提出罢免的代表的书面申辩意见印发原选区选民。

表决罢免要求,由县级的人民代表大会常务委员会派有关负责人员主持。

第五十一条 县级以上的地方各级人民代表大会举行会议的时候,主席团或者十分之一以上代表联名,可以提出对由该级人民代表大会选出的上一级人民代表大会代表的罢免案。在人民代表大会闭会期间,县级以上的地方各级人民代表大会常务委员会主任会议或者常务委员会五分之一以上组成人员联名,可以向常务委员会提出对由该级人民代表大会选出的上一级人民代表大会代表的罢免案。罢免案应当写明罢免理由。

县级以上的地方各级人民代表大会举行会议的时候,被提出罢免的代表有权在主席团会议和大会全体会议上提出申辩意见,或者书面提出申辩意见,由主席团印发会议。罢免案经会议审议后,由主席团提请全体会议表决。

县级以上的地方各级人民代表大会常务委员会举行会议的时候,被提出罢免的代表有权在主任会议和常务委员会全体会议上提出申辩意见,或者书面提出申辩意见,由主任会议印发会议。罢免案经会议审议后,由主任会议提请全体

会议表决。

第五十二条 罢免代表采用无记名的表决方式。

第五十三条 罢免县级和乡级的人民代表大会代表,须经原选区过半数的选民通过。

罢免由县级以上的地方各级人民代表大会选出的代表,须经各该级人民代表大会过半数的代表通过;在代表大会闭会期间,须经常务委员会组成人员的过半数通过。罢免的决议,须报送上一级人民代表大会常务委员会备案、公告。

第五十四条 县级以上的各级人民代表大会常务委员会组成人员,县级以上的各级人民代表大会专门委员会成员的代表职务被罢免的,其常务委员会组成人员或者专门委员会成员的职务相应撤销,由主席团或者常务委员会予以公告。

乡、民族乡、镇的人民代表大会主席、副主席的代表职务被罢免的,其主席、副主席的职务相应撤销,由主席团予以公告。

第五十五条 全国人民代表大会代表,省、自治区、直辖市、设区的市、自治州的人民代表大会代表,可以向选举他的人民代表大会的常务委员会书面提出辞职。常务委员会接受辞职,须经常务委员会组成人员的过半数通过。接受辞职的决议,须报送上一级人民代表大会常务委员会备案、公告。

县级的人民代表大会代表可以向本级人民代表大会常务委员会书面提出辞职,乡级的人民代表大会代表可以向本级人民代表大会书面提出辞职。县级的人民代表大会常务委员会接受辞职,须经常务委员会组成人员的过半数通过。乡级的人民代表大会接受辞职,须经人民代表大会过半数的代表通过。接受辞职的,应当予以公告。

第五十六条 县级以上的各级人民代表大会常务委员会组成人员,县级以上的各级人民代表大会的专门委员会成员,辞去代表职务的请求被接受的,其常务委员会组成人员、专门委员会成员的职务相应终止,由常务委员会予以公告。

乡、民族乡、镇的人民代表大会主席、副主席,辞去代表职务的请求被接受的,其主席、副主席的职务相应终止,由主席团予以公告。

第五十七条 代表在任期内,因故出缺,由原选区或者原选举单位补选。

地方各级人民代表大会代表在任期内调离或者迁出本行政区域的,其代表资格自行终止,缺额另行补选。

县级以上的地方各级人民代表大会闭会期间,可以由本级人民代表大会常务委员会补选上一级人民代表大会代表。

补选出缺的代表时,代表候选人的名额可以多于应选代表的名额,也可以同应选代表的名额相等。补选的具体办法,由省、自治区、直辖市的人民代表大会常务委员会规定。

对补选产生的代表,依照本法第四十七条的规定进行代表资格审查。

第十一章 对破坏选举的制裁

第五十八条 为保障选民和代表自由行使选举权和被选举权,对有下列行为之一,破坏选举,违反治安管理规定的,依法给予治安管理处罚;构成犯罪的,依法追究刑事责任:

(一)以金钱或者其他财物贿赂选民或者代表,妨害选民和代表自由行使选举权和被选举权的;

(二)以暴力、威胁、欺骗或者其他非法手段妨害选民和代表自由行使选举权和被选举权的;

(三)伪造选举文件、虚报选举票数或者有其他违法行为的;

(四)对于控告、检举选举中违法行为的人,或者对于提出要求罢免代表的人进行压制、报复的。

国家工作人员有前款所列行为的,还应当由监察机关给予政务处分或者由所在机关、单位给予处分。

以本条第一款所列违法行为当选的,其当选无效。

第五十九条 主持选举的机构发现有破坏选举的行为或者收到对破坏选举行为的举报,应当及时依法调查处理;需要追究法律责任的,及时移送有关机关予以处理。

第十二章 附 则

第六十条 省、自治区、直辖市的人民代表大会及其常务委员会根据本法可以制定选举实施细则,报全国人民代表大会常务委员会备案。

中华人民共和国集会游行示威法

（1989 年 10 月 31 日第七届全国人民代表大会常务委员会第十次会议通过　根据 2009 年 8 月 27 日第十一届全国人民代表大会常务委员会第十次会议《关于修改部分法律的决定》修正）

目　　录

第一章　总　　则

第一条　为了保障公民依法行使集会、游行、示威的权利，维护社会安定和公共秩序，根据宪法，制定本法。

第二条　在中华人民共和国境内举行集会、游行、示威，均适用本法。

本法所称集会，是指聚集于露天公共场所，发表意见、表达意愿的活动。

本法所称游行，是指在公共道路、露天公共场所列队行进、表达共同意愿的活动。

本法所称示威，是指在露天公共场所或者公共道路上以集会、游行、静坐等方式，表达要求、抗议或者支持、声援等共同意愿的活动。

文娱、体育活动，正常的宗教活动，传统的民间习俗活动，不适用本法。

第三条　公民行使集会、游行、示威的权利，各级人民政府应当依照本法规定，予以保障。

第四条　公民在行使集会、游行、示威的权利的时候，必须遵守宪法和法律，不得反对宪法所确定的基本原则，不得损害国家的、社会的、集体的利益和其他公民的合法的自由和权利。

第五条 集会、游行、示威应当和平地进行，不得携带武器、管制刀具和爆炸物，不得使用暴力或者煽动使用暴力。

第六条 集会、游行、示威的主管机关，是集会、游行、示威举行地的市、县公安局、城市公安分局；游行、示威路线经过两个以上区、县的，主管机关为所经过区、县的公安机关的共同上一级公安机关。

第二章 集会游行示威的申请和许可

第七条 举行集会、游行、示威，必须依照本法规定向主管机关提出申请并获得许可。

下列活动不需申请：

（一）国家举行或者根据国家决定举行的庆祝、纪念等活动；

（二）国家机关、政党、社会团体、企业事业组织依照法律、组织章程举行的集会。

第八条 举行集会、游行、示威，必须有负责人。

依照本法规定需要申请的集会、游行、示威，其负责人必须在举行日期的五日前向主管机关递交书面申请。申请书中应当载明集会、游行、示威的目的、方式、标语、口号、人数、车辆数、使用音响设备的种类与数量、起止时间、地点（包括集合地和解散地）、路线和负责人的姓名、职业、住址。

第九条 主管机关接到集会、游行、示威申请书后，应当在申请举行日期的二日前，将许可或者不许可的决定书面通知其负责人。不许可的，应当说明理由。逾期不通知的，视为许可。

确因突然发生的事件临时要求举行集会、游行、示威的，必须立即报告主管机关；主管机关接到报告后，应当立即审查决定许可或者不许可。

第十条 申请举行集会、游行、示威要求解决具体问题的，主管机关接到申请书后，可以通知有关机关或者单位同集会、游行、示威的负责人协商解决问题，并可以将申请举行的时间推迟五日。

第十一条 主管机关认为按照申请的时间、地点、路线举行集会、游行、示威，将对交通秩序和社会秩序造成严重影响的，在决定许可时或者决定许可后，可以变更举行集会、游行、示威的时间、地点、路线,并及时通知其负责人。

第十二条 申请举行的集会、游行、示威,有下列情形之一的,不予许可:

(一)反对宪法所确定的基本原则的;

(二)危害国家统一、主权和领土完整的;

(三)煽动民族分裂的;

(四)有充分根据认定申请举行的集会、游行、示威将直接危害公共安全或者严重破坏社会秩序的。

第十三条 集会、游行、示威的负责人对主管机关不许可的决定不服的,可以自接到决定通知之日起三日内,向同级人民政府申请复议,人民政府应当自接到申请复议书之日起三日内作出决定。

第十四条 集会、游行、示威的负责人在提出申请后接到主管机关通知前,可以撤回申请;接到主管机关许可的通知后,决定不举行集会、游行、示威的,应当及时告知主管机关,参加人已经集合的,应当负责解散。

第十五条 公民不得在其居住地以外的城市发动、组织、参加当地公民的集会、游行、示威。

第十六条 国家机关工作人员不得组织或者参加违背有关法律、法规规定的国家机关工作人员职责、义务的集会、游行、示威。

第十七条 以国家机关、社会团体、企业事业组织的名义组织或者参加集会、游行、示威,必须经本单位负责人批准。

第三章 集会游行示威的举行

第十八条 对于依法举行的集会、游行、示威,主管机关应当派出人民警察维持交通秩序和社会秩序,保障集会、游行、示威的顺利进行。

第十九条 依法举行的集会、游行、示威,任何人不得以暴力、胁迫或者其他非法手段进行扰乱、冲击和破坏。

第二十条 为了保障依法举行的游行的行进,负责维持交通秩序的人民警察可以临时变通执行交通规则的有关规定。

第二十一条 游行在行进中遇有不可预料的情况,不能按照许可的路线行进时,人民警察现场负责人有权改变游行队伍的行进路线。

第二十二条 集会、游行、示威在国家机关、军事机关、广播电台、电视台、外国驻华使馆领馆等单位所在地举行或者经过的，主管机关为了维持秩序，可以在附近设置临时警戒线，未经人民警察许可，不得逾越。

第二十三条 在下列场所周边距离十米至三百米内，不得举行集会、游行、示威，经国务院或者省、自治区、直辖市的人民政府批准的除外：

（一）全国人民代表大会常务委员会、国务院、中央军事委员会、最高人民法院、最高人民检察院的所在地；

（二）国宾下榻处；

（三）重要军事设施；

（四）航空港、火车站和港口。

前款所列场所的具体周边距离，由省、自治区、直辖市的人民政府规定。

第二十四条 举行集会、游行、示威的时间限于早六时至晚十时，经当地人民政府决定或者批准的除外。

第二十五条 集会、游行、示威应当按照许可的目的、方式、标语、口号、起止时间、地点、路线及其他事项进行。

集会、游行、示威的负责人必须负责维持集会、游行、示威的秩序，并严格防止其他人加入。

集会、游行、示威的负责人在必要时，应当指定专人协助人民警察维持秩序。负责维持秩序的人员应当佩戴标志。

第二十六条 举行集会、游行、示威，不得违反治安管理法规，不得进行犯罪活动或者煽动犯罪。

第二十七条 举行集会、游行、示威，有下列情形之一的，人民警察应当予以制止：

（一）未依照本法规定申请或者申请未获许可的；

（二）未按照主管机关许可的目的、方式、标语、口号、起止时间、地点、路线进行的；

（三）在进行中出现危害公共安全或者严重破坏社会秩序情况的。

有前款所列情形之一，不听制止的，人民警察现场负责人有权命令解散；拒不解散的，人民警察现场负责人有权依照国家有关规定决定采取必要手段强行驱散，并对拒不服从的人员强行带离现场或者立即予以拘留。

参加集会、游行、示威的人员越过依照本法第二十二条规定设置的临时警戒线、进入本法第二十三条所列不得举行集会、游行、示威的特定场所周边一定范围或者有其他违法犯罪行为的，人民警察可以将其强行带离现场或者立即予以拘留。

第四章 法律责任

第二十八条 举行集会、游行、示威，有违反治安管理行为的，依照治安管理处罚法有关规定予以处罚。

举行集会、游行、示威，有下列情形之一的，公安机关可以对其负责人和直接责任人员处以警告或者十五日以下拘留：

（一）未依照本法规定申请或者申请未获许可的；

（二）未按照主管机关许可的目的、方式、标语、口号、起止时间、地点、路线进行，不听制止的。

第二十九条 举行集会、游行、示威，有犯罪行为的，依照刑法有关规定追究刑事责任。

携带武器、管制刀具或者爆炸物的，依照刑法有关规定追究刑事责任。

未依照本法规定申请或者申请未获许可，或者未按照主管机关许可的起止时间、地点、路线进行，又拒不服从解散命令，严重破坏社会秩序的，对集会、游行、示威的负责人和直接责任人员依照刑法有关规定追究刑事责任。

包围、冲击国家机关，致使国家机关的公务活动或者国事活动不能正常进行的，对集会、游行、示威的负责人和直接责任人员依照刑法有关规定追究刑事责任。

占领公共场所，拦截车辆行人或者聚众堵塞交通，严重破坏公共场所秩序、交通秩序的，对集会、游行、示威的负责人和直接责任人员依照刑法有关规定追究刑事责任。

第三十条 扰乱、冲击或者以其他方法破坏依法举行的集会、游行、示威的，公安机关可以处以警告或者十五日以下拘留；情节严重，构成犯罪的，依照刑法有关规定追究刑事责任。

第三十一条 当事人对公安机关依照本法第二十八条第二款或者第三十条的规定给予的拘留处罚决定不服的，可以自接到处罚决定通知之日起五日内，向上一级公安机关提出申诉，上一级公安机关应当自接到申诉之日起五日内作出裁决;对上一级公安机关裁决不服的,可以自接到裁决通知之日起五日内,向人民法院提起诉讼。

第三十二条 在举行集会、游行、示威过程中,破坏公私财物或者侵害他人身体造成伤亡的,除依照刑法或者治安管理处罚法的有关规定可以予以处罚外,还应当依法承担赔偿责任。

第三十三条 公民在本人居住地以外的城市发动、组织当地公民的集会、游行、示威的,公安机关有权予以拘留或者强行遣回原地。

第五章 附 则

第三十四条 外国人在中国境内举行集会、游行、示威,适用本法规定。

外国人在中国境内未经主管机关批准不得参加中国公民举行的集会、游行、示威。

第三十五条 国务院公安部门可以根据本法制定实施条例,报国务院批准施行。

省、自治区、直辖市的人民代表大会常务委员会可以根据本法制定实施办法。

第三十六条 本法自公布之日起施行。

中华人民共和国监察法

（2018 年 3 月 20 日第十三届全国人民代表大会第一次会议通过　2018 年 3 月 20 日中华人民共和国主席令第 3 号公布　自公布之日起施行）

目　　录

第一章　总　　则

第一条　为了深化国家监察体制改革，加强对所有行使公权力的公职人员的监督，实现国家监察全面覆盖，深入开展反腐败工作，推进国家治理体系和治理能力现代化，根据宪法，制定本法。

第二条　坚持中国共产党对国家监察工作的领导，以马克思列宁主义、毛泽东思想、邓小平理论、“三个代表”重要思想、科学发展观、习近平新时代中国特色社会主义思想为指导，构建集中统一、权威高效的中国特色国家监察体制。

第三条　各级监察委员会是行使国家监察职能的专责机关，依照本法对所有行使公权力的公职人员（以下称公职人员）进行监察，调查职务违法和职务犯罪，开展廉政建设和反腐败工作，维护宪法和法律的尊严。

第四条 监察委员会依照法律规定独立行使监察权，不受行政机关、社会团体和个人的干涉。

监察机关办理职务违法和职务犯罪案件，应当与审判机关、检察机关、执法部门互相配合，互相制约。

监察机关在工作中需要协助的，有关机关和单位应当根据监察机关的要求依法予以协助。

第五条 国家监察工作严格遵照宪法和法律，以事实为根据，以法律为准绳；在适用法律上一律平等，保障当事人的合法权益；权责对等，严格监督；惩戒与教育相结合，宽严相济。

第六条 国家监察工作坚持标本兼治、综合治理，强化监督问责，严厉惩治腐败；深化改革、健全法治，有效制约和监督权力；加强法治教育和道德教育，弘扬中华优秀传统文化，构建不敢腐、不能腐、不想腐的长效机制。

第二章 监察机关及其职责

第七条 中华人民共和国国家监察委员会是最高监察机关。

省、自治区、直辖市、自治州、县、自治县、市、市辖区设立监察委员会。

第八条 国家监察委员会由全国人民代表大会产生，负责全国监察工作。

国家监察委员会由主任、副主任若干人、委员若干人组成，主任由全国人民代表大会选举，副主任、委员由国家监察委员会主任提请全国人民代表大会常务委员会任免。

国家监察委员会主任每届任期同全国人民代表大会每届任期相同，连续任职不得超过两届。

国家监察委员会对全国人民代表大会及其常务委员会负责，并接受其监督。

第九条 地方各级监察委员会由本级人民代表大会产生，负责本行政区域内的监察工作。

地方各级监察委员会由主任、副主任若干人、委员若干人组成，主任由本级人民代表大会选举，副主任、委员由监察委员会主任提请本级人民代表大会常务委员会任免。

地方各级监察委员会主任每届任期同本级人民代表大会每届任期相同。

地方各级监察委员会对本级人民代表大会及其常务委员会和上一级监察委员会负责，并接受其监督。

第十条 国家监察委员会领导地方各级监察委员会的工作，上级监察委员会领导下级监察委员会的工作。

第十一条 监察委员会依照本法和有关法律规定履行监督、调查、处置职责：

（一）对公职人员开展廉政教育，对其依法履职、秉公用权、廉洁从政从业以及道德操守情况进行监督检查；

（二）对涉嫌贪污贿赂、滥用职权、玩忽职守、权力寻租、利益输送、徇私舞弊以及浪费国家资财等职务违法和职务犯罪进行调查；

（三）对违法的公职人员依法作出政务处分决定；对履行职责不力、失职失责的领导人员进行问责；对涉嫌职务犯罪的，将调查结果移送人民检察院依法审查、提起公诉；向监察对象所在单位提出监察建议。

第十二条 各级监察委员会可以向本级中国共产党机关、国家机关、法律法规授权或者委托管理公共事务的组织和单位以及所管辖的行政区域、国有企业等派驻或者派出监察机构、监察专员。

监察机构、监察专员对派驻或者派出它的监察委员会负责。

第十三条 派驻或者派出的监察机构、监察专员根据授权，按照管理权限依法对公职人员进行监督，提出监察建议，依法对公职人员进行调查、处置。

第十四条 国家实行监察官制度，依法确定监察官的等级设置、任免、考评和晋升等制度。

第三章 监察范围和管辖

第十五条 监察机关对下列公职人员和有关人员进行监察：

（一）中国共产党机关、人民代表大会及其常务委员会机关、人民政府、监察委员会、人民法院、人民检察院、中国人民政治协商会议各级委员会机关、民主党派机关和工商业联合会机关的公务员，以及参照《中华人民共和国公务员法》管理的人员；

（二）法律、法规授权或者受国家机关依法委托管理公共事务的组织中从事公务的人员；

（三）国有企业管理人员；

（四）公办的教育、科研、文化、医疗卫生、体育等单位中从事管理的人员；

（五）基层群众性自治组织中从事管理的人员；

（六）其他依法履行公职的人员。

第十六条 各级监察机关按照管理权限管辖本辖区内本法第十五条规定的人员所涉监察事项。

上级监察机关可以办理下一级监察机关管辖范围内的监察事项，必要时也可以办理所辖各级监察机关管辖范围内的监察事项。

监察机关之间对监察事项的管辖有争议的，由其共同的上级监察机关确定。

第十七条 上级监察机关可以将其所管辖的监察事项指定下级监察机关管辖，也可以将下级监察机关有管辖权的监察事项指定给其他监察机关管辖。

监察机关认为所管辖的监察事项重大、复杂，需要由上级监察机关管辖的，可以报请上级监察机关管辖。

第四章 监察权限

第十八条 监察机关行使监督、调查职权，有权依法向有关单位和个人了解情况，收集、调取证据。有关单位和个人应当如实提供。

监察机关及其工作人员对监督、调查过程中知悉的国家秘密、商业秘密、个人隐私，应当保密。

任何单位和个人不得伪造、隐匿或者毁灭证据。

第十九条 对可能发生职务违法的监察对象，监察机关按照管理权限，可以直接或者委托有关机关、人员进行谈话或者要求说明情况。

第二十条 在调查过程中，对涉嫌职务违法的被调查人，监察机关可以要求其就涉嫌违法行为作出陈述，必要时向被调查人出具书面通知。

对涉嫌贪污贿赂、失职渎职等职务犯罪的被调查人，监察机关可以进行讯问，要求其如实供述涉嫌犯罪的情况。

第二十一条 在调查过程中，监察机关可以询问证人等人员。

第二十二条 被调查人涉嫌贪污贿赂、失职渎职等严重职务违法或者职务犯罪，监察机关已经掌握其部分违法犯罪事实及证据，仍有重要问题需要进一步调查，并有下列情形之一的，经监察机关依法审批，可以将其留置在特定场所：

（一）涉及案情重大、复杂的；

（二）可能逃跑、自杀的；

（三）可能串供或者伪造、隐匿、毁灭证据的；

（四）可能有其他妨碍调查行为的。

对涉嫌行贿犯罪或者共同职务犯罪的涉案人员，监察机关可以依照前款规定采取留置措施。

留置场所的设置、管理和监督依照国家有关规定执行。

第二十三条 监察机关调查涉嫌贪污贿赂、失职渎职等严重职务违法或者职务犯罪，根据工作需要，可以依照规定查询、冻结涉案单位和个人的存款、汇款、债券、股票、基金份额等财产。有关单位和个人应当配合。

冻结的财产经查明与案件无关的，应当在查明后三日内解除冻结，予以退还。

第二十四条 监察机关可以对涉嫌职务犯罪的被调查人以及可能隐藏被调查人或者犯罪证据的人的身体、物品、住处和其他有关地方进行搜查。在搜查时，应当出示搜查证，并有被搜查人或者其家属等见证人在场。

搜查女性身体，应当由女性工作人员进行。

监察机关进行搜查时，可以根据工作需要提请公安机关配合。公安机关应当依法予以协助。

第二十五条 监察机关在调查过程中，可以调取、查封、扣押用以证明被调查人涉嫌违法犯罪的财物、文件和电子数据等信息。采取调取、查封、扣押措施，应当收集原物原件，会同持有人或者保管人、见证人，当面逐一拍照、登记、编号，开列清单，由在场人员当场核对、签名，并将清单副本交财物、文件的持有人或者保管人。

对调取、查封、扣押的财物、文件，监察机关应当设立专用账户、专门场所，确定专门人员妥善保管，严格履行交接、调取手续，定期对账核实，不得毁损或者用于其他目的。对价值不明物品应当及时鉴定，专门封存保管。

查封、扣押的财物、文件经查明与案件无关的，应当在查明后三日内解除查封、扣押，予以退还。

第二十六条 监察机关在调查过程中，可以直接或者指派、聘请具有专门知识、资格的人员在调查人员主持下进行勘验检查。勘验检查情况应当制作笔录，由参加勘验检查的人员和见证人签名或者盖章。

第二十七条 监察机关在调查过程中，对于案件中的专门性问题，可以指派、聘请有专门知识的人进行鉴定。鉴定人进行鉴定后，应当出具鉴定意见，并且签名。

第二十八条 监察机关调查涉嫌重大贪污贿赂等职务犯罪，根据需要，经过严格的批准手续，可以采取技术调查措施，按照规定交有关机关执行。

批准决定应当明确采取技术调查措施的种类和适用对象，自签发之日起三个月以内有效；对于复杂、疑难案件，期限届满仍有必要继续采取技术调查措施的，经过批准，有效期可以延长，每次不得超过三个月。对于不需要继续采取技术调查措施的，应当及时解除。

第二十九条 依法应当留置的被调查人如果在逃，监察机关可以决定在本行政区域内通缉，由公安机关发布通缉令，追捕归案。通缉范围超出本行政区域的，应当报请有权决定的上级监察机关决定。

第三十条 监察机关为防止被调查人及相关人员逃匿境外，经省级以上监察机关批准，可以对被调查人及相关人员采取限制出境措施，由公安机关依法执行。对于不需要继续采取限制出境措施的，应当及时解除。

第三十一条 涉嫌职务犯罪的被调查人主动认罪认罚，有下列情形之一的，监察机关经领导人员集体研究，并报上一级监察机关批准，可以在移送人民检察院时提出从宽处罚的建议：

（一）自动投案，真诚悔罪悔过的；

（二）积极配合调查工作，如实供述监察机关还未掌握的违法犯罪行为的；

（三）积极退赃，减少损失的；

（四）具有重大立功表现或者案件涉及国家重大利益等情形的。

第三十二条 职务违法犯罪的涉案人员揭发有关被调查人职务违法犯罪行为，查证属实的，或者提供重要线索，有助于调查其他案件的，监察机关经领导人员集体研究，并报上一级监察机关批准，可以在移送人民检察院时提出从宽处罚的建议。

第三十三条 监察机关依照本法规定收集的物证、书证、证人证言、被调查人供述和辩解、视听资料、电子数据等证据材料，在刑事诉讼中可以作为证据使用。

监察机关在收集、固定、审查、运用证据时，应当与刑事审判关于证据的要求和标准相一致。

以非法方法收集的证据应当依法予以排除,不得作为案件处置的依据。

第三十四条 人民法院、人民检察院、公安机关、审计机关等国家机关在工作中发现公职人员涉嫌贪污贿赂、失职渎职等职务违法或者职务犯罪的问题线索,应当移送监察机关,由监察机关依法调查处置。

被调查人既涉嫌严重职务违法或者职务犯罪,又涉嫌其他违法犯罪的,一般应当由监察机关为主调查,其他机关予以协助。

第五章 监察程序

第三十五条 监察机关对于报案或者举报,应当接受并按照有关规定处理。对于不属于本机关管辖的,应当移送主管机关处理。

第三十六条 监察机关应当严格按照程序开展工作,建立问题线索处置、调查、审理各部门相互协调、相互制约的工作机制。

监察机关应当加强对调查、处置工作全过程的监督管理,设立相应的工作部门履行线索管理、监督检查、督促办理、统计分析等管理协调职能。

第三十七条 监察机关对监察对象的问题线索,应当按照有关规定提出处置意见,履行审批手续,进行分类办理。线索处置情况应当定期汇总、通报,定期检查、抽查。

第三十八条 需要采取初步核实方式处置问题线索的,监察机关应当依法履行审批程序,成立核查组。初步核实工作结束后,核查组应当撰写初步核实情况报告,提出处理建议。承办部门应当提出分类处理意见。初步核实情况报告和分类处理意见报监察机关主要负责人审批。

第三十九条 经过初步核实,对监察对象涉嫌职务违法犯罪,需要追究法律责任的,监察机关应当按照规定的权限和程序办理立案手续。

监察机关主要负责人依法批准立案后,应当主持召开专题会议,研究确定调查方案,决定需要采取的调查措施。

立案调查决定应当向被调查人宣布,并通报相关组织。涉嫌严重职务违法或者职务犯罪的,应当通知被调查人家属,并向社会公开发布。

第四十条 监察机关对职务违法和职务犯罪案件,应当进行调查,收集被调查人有无违法犯罪以及情节轻重的证据,查明违法犯罪事实,形成相互印证、完整稳定的证据链。

严禁以威胁、引诱、欺骗及其他非法方式收集证据,严禁侮辱、打骂、虐待、体罚或者变相体罚被调查人和涉案人员。

第四十一条 调查人员采取讯问、询问、留置、搜查、调取、查封、扣押、勘验检查等调查措施,均应当依照规定出示证件,出具书面通知,由二人以上进行,形成笔录、报告等书面材料,并由相关人员签名、盖章。

调查人员进行讯问以及搜查、查封、扣押等重要取证工作,应当对全过程进行录音录像,留存备查。

第四十二条 调查人员应当严格执行调查方案,不得随意扩大调查范围、变更调查对象和事项。

对调查过程中的重要事项,应当集体研究后按程序请示报告。

第四十三条 监察机关采取留置措施,应当由监察机关领导人员集体研究决定。设区的市级以下监察机关采取留置措施,应当报上一级监察机关批准。省级监察机关采取留置措施,应当报国家监察委员会备案。

留置时间不得超过三个月。在特殊情况下,可以延长一次,延长时间不得超过三个月。省级以下监察机关采取留置措施的,延长留置时间应当报上一级监察机关批准。监察机关发现采取留置措施不当的,应当及时解除。

监察机关采取留置措施,可以根据工作需要提请公安机关配合。公安机关应当依法予以协助。

第四十四条 对被调查人采取留置措施后,应当在二十四小时以内,通知被留置人员所在单位和家属,但有可能毁灭、伪造证据,干扰证人作证或者串供等有碍调查情形的除外。有碍调查的情形消失后,应当立即通知被留置人员所在单位和家属。

监察机关应当保障被留置人员的饮食、休息和安全,提供医疗服务。讯问被留置人员应当合理安排讯问时间和时长,讯问笔录由被讯问人阅看后签名。

被留置人员涉嫌犯罪移送司法机关后,被依法判处管制、拘役和有期徒刑的,留置一日折抵管制二日,折抵拘役、有期徒刑一日。

第四十五条 监察机关根据监督、调查结果,依法作出如下处置:

(一)对有职务违法行为但情节较轻的公职人员,按照管理权限,直接或者委托有关机关、人员,进行谈话提醒、批评教育、责令检查,或者予以诫勉;

（二）对违法的公职人员依照法定程序作出警告、记过、记大过、降级、撤职、开除等政务处分决定；

（三）对不履行或者不正确履行职责负有责任的领导人员，按照管理权限对其直接作出问责决定，或者向有权作出问责决定的机关提出问责建议；

（四）对涉嫌职务犯罪的，监察机关经调查认为犯罪事实清楚，证据确实、充分的，制作起诉意见书，连同案卷材料、证据一并移送人民检察院依法审查、提起公诉；

（五）对监察对象所在单位廉政建设和履行职责存在的问题等提出监察建议。

监察机关经调查，对没有证据证明被调查人存在违法犯罪行为的，应当撤销案件，并通知被调查人所在单位。

第四十六条 监察机关经调查，对违法取得的财物，依法予以没收、追缴或者责令退赔；对涉嫌犯罪取得的财物，应当随案移送人民检察院。

第四十七条 对监察机关移送的案件，人民检察院依照《中华人民共和国刑事诉讼法》对被调查人采取强制措施。

人民检察院经审查，认为犯罪事实已经查清，证据确实、充分，依法应当追究刑事责任的，应当作出起诉决定。

人民检察院经审查，认为需要补充核实的，应当退回监察机关补充调查，必要时可以自行补充侦查。对于补充调查的案件，应当在一个月内补充调查完毕。补充调查以二次为限。

人民检察院对于有《中华人民共和国刑事诉讼法》规定的不起诉的情形的，经上一级人民检察院批准，依法作出不起诉的决定。监察机关认为不起诉的决定有错误的，可以向上一级人民检察院提请复议。

第四十八条 监察机关在调查贪污贿赂、失职渎职等职务犯罪案件过程中，被调查人逃匿或者死亡，有必要继续调查的，经省级以上监察机关批准，应当继续调查并作出结论。被调查人逃匿，在通缉一年后不能到案，或者死亡的，由监察机关提请人民检察院依照法定程序，向人民法院提出没收违法所得的申请。

第四十九条 监察对象对监察机关作出的涉及本人的处理决定不服的，可以在收到处理决定之日起一个月内，向作出决定的监察机关申请复审，复审机关应当在一个月内作出复审决定；监察对象对复审决定仍不服的，可以在收到复审决定之日起一个月内,向上一级监察机关申请复核,复核机关应当在二个月内作出复核决定。复审、复核期间,不停止原处理决定的执行。复核机关经审查,认定处理决定有错误的,原处理机关应当及时予以纠正。

第六章　反腐败国际合作

第五十条　国家监察委员会统筹协调与其他国家、地区、国际组织开展的反腐败国际交流、合作,组织反腐败国际条约实施工作。

第五十一条　国家监察委员会组织协调有关方面加强与有关国家、地区、国际组织在反腐败执法、引渡、司法协助、被判刑人的移管、资产追回和信息交流等领域的合作。

第五十二条　国家监察委员会加强对反腐败国际追逃追赃和防逃工作的组织协调,督促有关单位做好相关工作:

(一)对于重大贪污贿赂、失职渎职等职务犯罪案件,被调查人逃匿到国(境)外,掌握证据比较确凿的,通过开展境外追逃合作,追捕归案;

(二)向赃款赃物所在国请求查询、冻结、扣押、没收、追缴、返还涉案资产;

(三)查询、监控涉嫌职务犯罪的公职人员及其相关人员进出国(境)和跨境资金流动情况,在调查案件过程中设置防逃程序。

第七章　对监察机关和监察人员的监督

第五十三条　各级监察委员会应当接受本级人民代表大会及其常务委员会的监督。

各级人民代表大会常务委员会听取和审议本级监察委员会的专项工作报告,组织执法检查。

县级以上各级人民代表大会及其常务委员会举行会议时,人民代表大会代表或者常务委员会组成人员可以依照法律规定的程序,就监察工作中的有关问题提出询问或者质询。

第五十四条　监察机关应当依法公开监察工作信息,接受民主监督、社会监督、舆论监督。

第五十五条　监察机关通过设立内部专门的监督机构等方式,加强对监察人员执行职务和遵守法律情况的监督，建设忠诚、干净、担当的监察队伍。

第五十六条 监察人员必须模范遵守宪法和法律，忠于职守、秉公执法，清正廉洁、保守秘密；必须具有良好的政治素质，熟悉监察业务，具备运用法律、法规、政策和调查取证等能力，自觉接受监督。

第五十七条 对于监察人员打听案情、过问案件、说情干预的，办理监察事项的监察人员应当及时报告。有关情况应当登记备案。

发现办理监察事项的监察人员未经批准接触被调查人、涉案人员及其特定关系人，或者存在交往情形的，知情人应当及时报告。有关情况应当登记备案。

第五十八条 办理监察事项的监察人员有下列情形之一的，应当自行回避，监察对象、检举人及其他有关人员也有权要求其回避：

（一）是监察对象或者检举人的近亲属的；

（二）担任过本案的证人的；

（三）本人或者其近亲属与办理的监察事项有利害关系的；

（四）有可能影响监察事项公正处理的其他情形的。

第五十九条 监察机关涉密人员离岗离职后，应当遵守脱密期管理规定，严格履行保密义务，不得泄露相关秘密。

监察人员辞职、退休三年内，不得从事与监察和司法工作相关联且可能发生利益冲突的职业。

第六十条 监察机关及其工作人员有下列行为之一的，被调查人及其近亲属有权向该机关申诉：

（一）留置法定期限届满，不予以解除的；

（二）查封、扣押、冻结与案件无关的财物的；

（三）应当解除查封、扣押、冻结措施而不解除的；

（四）贪污、挪用、私分、调换以及违反规定使用查封、扣押、冻结的财物的；

（五）其他违反法律法规、侵害被调查人合法权益的行为。

受理申诉的监察机关应当在受理申诉之日起一个月内作出处理决定。申诉人对处理决定不服的，可以在收到处理决定之日起一个月内向上一级监察机关申请复查，上一级监察机关应当在收到复查申请之日起二个月内作出处理决定，情况属实的，及时予以纠正。

第六十一条 对调查工作结束后发现立案依据不充分或者失实，案件处置出现重大失误,监察人员严重违法的,应当追究负有责任的领导人员和直接责任人员的责任。

第八章　法律责任

第六十二条　有关单位拒不执行监察机关作出的处理决定,或者无正当理由拒不采纳监察建议的,由其主管部门、上级机关责令改正,对单位给予通报批评;对负有责任的领导人员和直接责任人员依法给予处理。

第六十三条　有关人员违反本法规定,有下列行为之一的,由其所在单位、主管部门、上级机关或者监察机关责令改正,依法给予处理:

(一)不按要求提供有关材料,拒绝、阻碍调查措施实施等拒不配合监察机关调查的;

(二)提供虚假情况,掩盖事实真相的;

(三)串供或者伪造、隐匿、毁灭证据的;

(四)阻止他人揭发检举、提供证据的;

(五)其他违反本法规定的行为,情节严重的。

第六十四条　监察对象对控告人、检举人、证人或者监察人员进行报复陷害的;控告人、检举人、证人捏造事实诬告陷害监察对象的,依法给予处理。

第六十五条　监察机关及其工作人员有下列行为之一的,对负有责任的领导人员和直接责任人员依法给予处理:

(一)未经批准、授权处置问题线索,发现重大案情隐瞒不报,或者私自留存、处理涉案材料的;

(二)利用职权或者职务上的影响干预调查工作、以案谋私的;

(三)违法窃取、泄露调查工作信息,或者泄露举报事项、举报受理情况以及举报人信息的;

(四)对被调查人或者涉案人员逼供、诱供,或者侮辱、打骂、虐待、体罚或者变相体罚的;

(五)违反规定处置查封、扣押、冻结的财物的;

(六)违反规定发生办案安全事故,或者发生安全事故后隐瞒不报、报告失实、处置不当的;

(七)违反规定采取留置措施的;

（八）违反规定限制他人出境，或者不按规定解除出境限制的；

（九）其他滥用职权、玩忽职守、徇私舞弊的行为。

第六十六条 违反本法规定，构成犯罪的，依法追究刑事责任。

第六十七条 监察机关及其工作人员行使职权，侵犯公民、法人和其他组织的合法权益造成损害的，依法给予国家赔偿。

第九章 附 则

第六十八条 中国人民解放军和中国人民武装警察部队开展监察工作，由中央军事委员会根据本法制定具体规定。

第六十九条 本法自公布之日起施行。《中华人民共和国行政监察法》同时废止。

中华人民共和国
全国人民代表大会组织法

（1982 年 12 月 10 日第五届全国人民代表大会第五次会议通过　根据 2021 年 3 月 11 日第十三届全国人民代表大会第四次会议《关于修改〈中华人民共和国全国人民代表大会组织法〉的决定》修正）

目　　录

第一章　总　　则

第一条　为了健全全国人民代表大会及其常务委员会的组织和工作制度，保障和规范其行使职权，坚持和完善人民代表大会制度，保证人民当家作主，根据宪法，制定本法。

第二条　全国人民代表大会是最高国家权力机关，其常设机关是全国人民代表大会常务委员会。

第三条　全国人民代表大会及其常务委员会坚持中国共产党的领导，坚持以马克思列宁主义、毛泽东思想、邓小平理论、“三个代表”重要思想、科学发展观、习近平新时代中国特色社会主义思想为指导，依照宪法和法律规定行使职权。

第四条　全国人民代表大会由民主选举产生，对人民负责，受人民监督。

全国人民代表大会及其常务委员会坚持全过程民主,始终同人民保持密切联系,倾听人民的意见和建议,体现人民意志,保障人民权益。

第五条 全国人民代表大会及其常务委员会行使国家立法权,决定重大事项,监督宪法和法律的实施,维护社会主义法制的统一、尊严、权威,建设社会主义法治国家。

第六条 全国人民代表大会及其常务委员会实行民主集中制原则,充分发扬民主,集体行使职权。

第七条 全国人民代表大会及其常务委员会积极开展对外交往,加强同各国议会、国际和地区议会组织的交流与合作。

第二章 全国人民代表大会会议

第八条 全国人民代表大会每届任期五年。

全国人民代表大会会议每年举行一次,由全国人民代表大会常务委员会召集。全国人民代表大会常务委员会认为必要,或者有五分之一以上的全国人民代表大会代表提议,可以临时召集全国人民代表大会会议。

第九条 全国人民代表大会代表选出后,由全国人民代表大会常务委员会代表资格审查委员会进行审查。

全国人民代表大会常务委员会根据代表资格审查委员会提出的报告,确认代表的资格或者确定个别代表的当选无效,在每届全国人民代表大会第一次会议前公布代表名单。

对补选的全国人民代表大会代表,依照前款规定进行代表资格审查。

第十条 全国人民代表大会代表按照选举单位组成代表团。各代表团分别推选代表团团长、副团长。

代表团在每次全国人民代表大会会议举行前,讨论全国人民代表大会常务委员会提出的关于会议的准备事项;在会议期间,对全国人民代表大会的各项议案进行审议,并可以由代表团团长或者由代表团推派的代表,在主席团会议上或者大会全体会议上,代表代表团对审议的议案发表意见。

第十一条 全国人民代表大会每次会议举行预备会议,选举本次会议的主席团和秘书长,通过本次会议的议程和其他准备事项的决定。

主席团和秘书长的名单草案,由全国人民代表大会常务委员会委员长会议提出,经常务委员会会议审议通过后,提交预备会议。

第十二条 主席团主持全国人民代表大会会议。

主席团推选常务主席若干人,召集并主持主席团会议。

主席团推选主席团成员若干人分别担任每次大会全体会议的执行主席,并指定其中一人担任全体会议主持人。

第十三条 全国人民代表大会会议设立秘书处。秘书处由秘书长和副秘书长若干人组成。副秘书长的人选由主席团决定。

秘书处在秘书长领导下,办理主席团交付的事项,处理会议日常事务工作。副秘书长协助秘书长工作。

第十四条 主席团处理下列事项:

(一)根据会议议程决定会议日程;

(二)决定会议期间代表提出议案的截止时间;

(三)听取和审议关于议案处理意见的报告,决定会议期间提出的议案是否列入会议议程;

(四)听取和审议秘书处和有关专门委员会关于各项议案和报告审议、审查情况的报告,决定是否将议案和决定草案、决议草案提请会议表决;

(五)听取主席团常务主席关于国家机构组成人员人选名单的说明,提名由会议选举的国家机构组成人员的人选,依照法定程序确定正式候选人名单;

(六)提出会议选举和决定任命的办法草案;

(七)组织由会议选举或者决定任命的国家机构组成人员的宪法宣誓;

(八)其他应当由主席团处理的事项。

第十五条 主席团常务主席就拟提请主席团审议事项,听取秘书处和有关专门委员会的报告,向主席团提出建议。

主席团常务主席可以对会议日程作必要的调整。

第十六条 全国人民代表大会主席团,全国人民代表大会常务委员会,全国人民代表大会各专门委员会,国务院,中央军事委员会,国家监察委员会,最高人民法院,最高人民检察院,可以向全国人民代表大会提出属于全国人民代表大会职权范围内的议案。

第十七条 一个代表团或者三十名以上的代表联名,可以向全国人民代表大会提出属于全国人民代表大会职权范围内的议案。

第十八条 全国人民代表大会常务委员会委员长、副委员长、秘书长、委员的人选，中华人民共和国主席、副主席的人选，中央军事委员会主席的人选，国家监察委员会主任的人选，最高人民法院院长和最高人民检察院检察长的人选，由主席团提名，经各代表团酝酿协商后，再由主席团根据多数代表的意见确定正式候选人名单。

第十九条 国务院总理和国务院其他组成人员的人选、中央军事委员会除主席以外的其他组成人员的人选，依照宪法的有关规定提名。

第二十条 全国人民代表大会主席团、三个以上的代表团或者十分之一以上的代表，可以提出对全国人民代表大会常务委员会的组成人员，中华人民共和国主席、副主席，国务院和中央军事委员会的组成人员，国家监察委员会主任，最高人民法院院长和最高人民检察院检察长的罢免案，由主席团提请大会审议。

第二十一条 全国人民代表大会会议期间，一个代表团或者三十名以上的代表联名，可以书面提出对国务院以及国务院各部门、国家监察委员会、最高人民法院、最高人民检察院的质询案。

第三章 全国人民代表大会常务委员会

第二十二条 全国人民代表大会常务委员会对全国人民代表大会负责并报告工作。

全国人民代表大会常务委员会每届任期同全国人民代表大会每届任期相同，行使职权到下届全国人民代表大会选出新的常务委员会为止。

第二十三条 全国人民代表大会常务委员会由下列人员组成：

委员长，

副委员长若干人，

秘书长，

委员若干人。

常务委员会的组成人员由全国人民代表大会从代表中选出。

常务委员会的组成人员不得担任国家行政机关、监察机关、审判机关和检察机关的职务；如果担任上述职务，应当向常务委员会辞去常务委员会的职务。

第二十四条 常务委员会委员长主持常务委员会会议和常务委员会的工作。副委员长、秘书长协助委员长工作。副委员长受委员长的委托，可以代行委员长的部分职权。

委员长因为健康情况不能工作或者缺位的时候，由常务委员会在副委员长中推选一人代理委员长的职务，直到委员长恢复健康或者全国人民代表大会选出新的委员长为止。

第二十五条 常务委员会的委员长、副委员长、秘书长组成委员长会议，处理常务委员会的重要日常工作：

（一）决定常务委员会每次会议的会期，拟订会议议程草案，必要时提出调整会议议程的建议；

（二）对向常务委员会提出的议案和质询案，决定交由有关的专门委员会审议或者提请常务委员会全体会议审议；

（三）决定是否将议案和决定草案、决议草案提请常务委员会全体会议表决，对暂不交付表决的，提出下一步处理意见；

（四）通过常务委员会年度工作要点、立法工作计划、监督工作计划、代表工作计划、专项工作规划和工作规范性文件等；

（五）指导和协调各专门委员会的日常工作；

（六）处理常务委员会其他重要日常工作。

第二十六条 常务委员会设立代表资格审查委员会。

代表资格审查委员会的主任委员、副主任委员和委员的人选，由委员长会议在常务委员会组成人员中提名，常务委员会任免。

第二十七条 常务委员会设立办公厅，在秘书长领导下工作。

常务委员会设副秘书长若干人，由委员长提请常务委员会任免。

第二十八条 常务委员会设立法制工作委员会、预算工作委员会和其他需要设立的工作委员会。

工作委员会的主任、副主任和委员由委员长提请常务委员会任免。

香港特别行政区基本法委员会、澳门特别行政区基本法委员会的设立、职责和组成人员任免，依照有关法律和全国人民代表大会有关决定的规定。

第二十九条 委员长会议，全国人民代表大会各专门委员会，国务院，中央军事委员会，国家监察委员会，最高人民法院，最高人民检察院，常务委员会组成人员十人以上联名，可以向常务委员会提出属于常务委员会职权范围内的议案。

第三十条 常务委员会会议期间，常务委员会组成人员十人以上联名，可以向常务委员会书面提出对国务院以及国务院各部门、国家监察委员会、最高人民法院、最高人民检察院的质询案。

第三十一条 常务委员会在全国人民代表大会闭会期间，根据国务院总理的提名，可以决定国务院其他组成人员的任免；根据中央军事委员会主席的提名，可以决定中央军事委员会其他组成人员的任免。

第三十二条 常务委员会在全国人民代表大会闭会期间，根据委员长会议、国务院总理的提请，可以决定撤销国务院其他个别组成人员的职务；根据中央军事委员会主席的提请，可以决定撤销中央军事委员会其他个别组成人员的职务。

第三十三条 常务委员会在全国人民代表大会每次会议举行的时候，必须向全国人民代表大会提出工作报告。

第四章 全国人民代表大会各委员会

第三十四条 全国人民代表大会设立民族委员会、宪法和法律委员会、监察和司法委员会、财政经济委员会、教育科学文化卫生委员会、外事委员会、华侨委员会、环境与资源保护委员会、农业与农村委员会、社会建设委员会和全国人民代表大会认为需要设立的其他专门委员会。各专门委员会受全国人民代表大会领导；在全国人民代表大会闭会期间，受全国人民代表大会常务委员会领导。

各专门委员会由主任委员、副主任委员若干人和委员若干人组成。

各专门委员会的主任委员、副主任委员和委员的人选由主席团在代表中提名，全国人民代表大会会议表决通过。在大会闭会期间，全国人民代表大会常务委员会可以任免专门委员会的副主任委员和委员，由委员长会议提名，常务委员会会议表决通过。

第三十五条 各专门委员会每届任期同全国人民代表大会每届任期相同，履行职责到下届全国人民代表大会产生新的专门委员会为止。

第三十六条 各专门委员会主任委员主持委员会会议和委员会的工作。副主任委员协助主任委员工作。

各专门委员会可以根据工作需要，任命专家若干人为顾问；顾问可以列席专门委员会会议，发表意见。

顾问由全国人民代表大会常务委员会任免。

第三十七条 各专门委员会的工作如下：

（一）审议全国人民代表大会主席团或者全国人民代表大会常务委员会交付的议案；

（二）向全国人民代表大会主席团或者全国人民代表大会常务委员会提出属于全国人民代表大会或者全国人民代表大会常务委员会职权范围内同本委员会有关的议案，组织起草法律草案和其他议案草案；

（三）承担全国人民代表大会常务委员会听取和审议专项工作报告有关具体工作；

（四）承担全国人民代表大会常务委员会执法检查的具体组织实施工作；

（五）承担全国人民代表大会常务委员会专题询问有关具体工作；

（六）按照全国人民代表大会常务委员会工作安排，听取国务院有关部门和国家监察委员会、最高人民法院、最高人民检察院的专题汇报，提出建议；

（七）对属于全国人民代表大会或者全国人民代表大会常务委员会职权范围内同本委员会有关的问题，进行调查研究，提出建议；

（八）审议全国人民代表大会常务委员会交付的被认为同宪法、法律相抵触的国务院的行政法规、决定和命令，国务院各部门的命令、指示和规章，国家监察委员会的监察法规，省、自治区、直辖市和设区的市、自治州的人民代表大会及其常务委员会的地方性法规和决定、决议，省、自治区、直辖市和设区的市、自治州的人民政府的决定、命令和规章，民族自治地方的自治条例和单行条例，经济特区法规，以及最高人民法院、最高人民检察院具体应用法律问题的解释，提出意见；

（九）审议全国人民代表大会主席团或者全国人民代表大会常务委员会交付的质询案，听取受质询机关对质询案的答复，必要的时候向全国人民代表大会主席团或者全国人民代表大会常务委员会提出报告；

（十）研究办理代表建议、批评和意见，负责有关建议、批评和意见的督促办理工作；

（十一）按照全国人民代表大会常务委员会的安排开展对外交往；

（十二）全国人民代表大会及其常务委员会交办的其他工作。

第三十八条　民族委员会可以对加强民族团结问题进行调查研究，提出建议；审议自治区报请全国人民代表大会常务委员会批准的自治区的自治条例和单行条例，向全国人民代表大会常务委员会提出报告。

第三十九条 宪法和法律委员会承担推动宪法实施、开展宪法解释、推进合宪性审查、加强宪法监督、配合宪法宣传等工作职责。

宪法和法律委员会统一审议向全国人民代表大会或者全国人民代表大会常务委员会提出的法律草案和有关法律问题的决定草案;其他专门委员会就有关草案向宪法和法律委员会提出意见。

第四十条 财政经济委员会对国务院提出的国民经济和社会发展计划草案、规划纲要草案、中央和地方预算草案、中央决算草案以及相关报告和调整方案进行审查,提出初步审查意见、审查结果报告;其他专门委员会可以就有关草案和报告向财政经济委员会提出意见。

第四十一条 全国人民代表大会或者全国人民代表大会常务委员会可以组织对于特定问题的调查委员会。调查委员会的组织和工作,由全国人民代表大会或者全国人民代表大会常务委员会决定。

第五章 全国人民代表大会代表

第四十二条 全国人民代表大会代表每届任期五年,从每届全国人民代表大会举行第一次会议开始,到下届全国人民代表大会举行第一次会议为止。

第四十三条 全国人民代表大会代表必须模范地遵守宪法和法律,保守国家秘密,并且在自己参加的生产、工作和社会活动中,协助宪法和法律的实施。

第四十四条 全国人民代表大会代表应当同原选举单位和人民保持密切联系,可以列席原选举单位的人民代表大会会议,通过多种方式听取和反映人民的意见和要求,努力为人民服务,充分发挥在全过程民主中的作用。

第四十五条 全国人民代表大会常务委员会和各专门委员会、工作委员会应当同代表保持密切联系,听取代表的意见和建议,支持和保障代表依法履职,扩大代表对各项工作的参与,充分发挥代表作用。

全国人民代表大会常务委员会建立健全常务委员会组成人员和各专门委员会、工作委员会联系代表的工作机制。

全国人民代表大会常务委员会办事机构和工作机构为代表履行职责提供服务保障。

第四十六条 全国人民代表大会代表向全国人民代表大会或者全国人民代表大会常务委员会提出的对各方面工作的建议、批评和意见,由全国人民代表大会常务委员会办事机构交由有关机关、组织研究办理并负责答复。

对全国人民代表大会代表提出的建议、批评和意见，有关机关、组织应当与代表联系沟通，充分听取意见，介绍有关情况，认真研究办理，及时予以答复。

全国人民代表大会有关专门委员会和常务委员会办事机构应当加强对办理工作的督促检查。常务委员会办事机构每年向常务委员会报告代表建议、批评和意见的办理情况，并予以公开。

第四十七条 全国人民代表大会代表在出席全国人民代表大会会议和执行其他属于代表的职务的时候，国家根据实际需要给予适当的补贴和物质上的便利。

第四十八条 全国人民代表大会代表、全国人民代表大会常务委员会的组成人员，在全国人民代表大会和全国人民代表大会常务委员会各种会议上的发言和表决，不受法律追究。

第四十九条 全国人民代表大会代表非经全国人民代表大会主席团许可，在全国人民代表大会闭会期间非经全国人民代表大会常务委员会许可，不受逮捕或者刑事审判。

全国人民代表大会代表如果因为是现行犯被拘留，执行拘留的公安机关应当立即向全国人民代表大会主席团或者全国人民代表大会常务委员会报告。

中华人民共和国国歌法

（2017年9月1日第十二届全国人民代表大会常务委员会第二十九次会议通过　2017年9月1日中华人民共和国主席令第75号公布　自2017年10月1日起施行）

第一条　为了维护国歌的尊严，规范国歌的奏唱、播放和使用，增强公民的国家观念，弘扬爱国主义精神，培育和践行社会主义核心价值观，根据宪法，制定本法。

第二条　中华人民共和国国歌是《义勇军进行曲》。

第三条　中华人民共和国国歌是中华人民共和国的象征和标志。

一切公民和组织都应当尊重国歌，维护国歌的尊严。

第四条　在下列场合，应当奏唱国歌：

（一）全国人民代表大会会议和地方各级人民代表大会会议的开幕、闭幕；

中国人民政治协商会议全国委员会会议和地方各级委员会会议的开幕、闭幕；

（二）各政党、各人民团体的各级代表大会等；

（三）宪法宣誓仪式；

（四）升国旗仪式；

（五）各级机关举行或者组织的重大庆典、表彰、纪念仪式等；

（六）国家公祭仪式；

（七）重大外交活动；

（八）重大体育赛事；

（九）其他应当奏唱国歌的场合。

第五条　国家倡导公民和组织在适宜的场合奏唱国歌，表达爱国情感。

第六条　奏唱国歌，应当按照本法附件所载国歌的歌词和曲谱，不得采取有损国歌尊严的奏唱形式。

第七条　奏唱国歌时，在场人员应当肃立，举止庄重，不得有不尊重国歌的行为。

第八条 国歌不得用于或者变相用于商标、商业广告，不得在私人丧事活动等不适宜的场合使用，不得作为公共场所的背景音乐等。

第九条 外交活动中奏唱国歌的场合和礼仪，由外交部规定。

军队奏唱国歌的场合和礼仪，由中央军事委员会规定。

第十条 在本法第四条规定的场合奏唱国歌，应当使用国歌标准演奏曲谱或者国歌官方录音版本。

外交部及驻外外交机构应当向有关国家外交部门和有关国际组织提供国歌标准演奏曲谱和国歌官方录音版本，供外交活动中使用。

国务院体育行政部门应当向有关国际体育组织和赛会主办方提供国歌标准演奏曲谱和国歌官方录音版本，供国际体育赛会使用。

国歌标准演奏曲谱、国歌官方录音版本由国务院确定的部门组织审定、录制，并在中国人大网和中国政府网上发布。

第十一条 国歌纳入中小学教育。

中小学应当将国歌作为爱国主义教育的重要内容，组织学生学唱国歌，教育学生了解国歌的历史和精神内涵、遵守国歌奏唱礼仪。

第十二条 新闻媒体应当积极开展对国歌的宣传，普及国歌奏唱礼仪知识。

第十三条 国庆节、国际劳动节等重要的国家法定节日、纪念日，中央和省、自治区、直辖市的广播电台、电视台应当按照国务院广播电视主管部门规定的时点播放国歌。

第十四条 县级以上各级人民政府及其有关部门在各自职责范围内，对国歌的奏唱、播放和使用进行监督管理。

第十五条 在公共场合，故意篡改国歌歌词、曲谱，以歪曲、贬损方式奏唱国歌，或者以其他方式侮辱国歌的，由公安机关处以警告或者十五日以下拘留；构成犯罪的，依法追究刑事责任。

第十六条 本法自 2017 年 10 月 1 日起施行。

附件：

中华人民共和国国歌（五线谱版、简谱版）（略）

中华人民共和国国旗法

（1990年6月28日第七届全国人民代表大会常务委员会第十四次会议通过　根据2009年8月27日第十一届全国人民代表大会常务委员会第十次会议《关于修改部分法律的决定》第一次修正　根据2020年10月17日第十三届全国人民代表大会常务委员会第二十二次会议《关于修改〈中华人民共和国国旗法〉的决定》第二次修正）

第一条　为了维护国旗的尊严，规范国旗的使用，增强公民的国家观念，弘扬爱国主义精神，培育和践行社会主义核心价值观，根据宪法，制定本法。

第二条　中华人民共和国国旗是五星红旗。

中华人民共和国国旗按照中国人民政治协商会议第一届全体会议主席团公布的国旗制法说明制作。

第三条　国旗的通用尺度为国旗制法说明中所列明的五种尺度。特殊情况使用其他尺度的国旗，应当按照通用尺度成比例适当放大或者缩小。

国旗、旗杆的尺度比例应当适当，并与使用目的、周围建筑、周边环境相适应。

第四条　中华人民共和国国旗是中华人民共和国的象征和标志。

每个公民和组织，都应当尊重和爱护国旗。

第五条　下列场所或者机构所在地，应当每日升挂国旗：

（一）北京天安门广场、新华门；

（二）中国共产党中央委员会，全国人民代表大会常务委员会，国务院，中央军事委员会，中国共产党中央纪律检查委员会、国家监察委员会，最高人民法院，最高人民检察院；

中国人民政治协商会议全国委员会；

（三）外交部；

（四）出境入境的机场、港口、火车站和其他边境口岸，边防海防哨所。

第六条 下列机构所在地应当在工作日升挂国旗:

(一)中国共产党中央各部门和地方各级委员会;

(二)国务院各部门;

(三)地方各级人民代表大会常务委员会;

(四)地方各级人民政府;

(五)中国共产党地方各级纪律检查委员会、地方各级监察委员会;

(六)地方各级人民法院和专门人民法院;

(七)地方各级人民检察院和专门人民检察院;

(八)中国人民政治协商会议地方各级委员会;

(九)各民主党派、各人民团体;

(十)中央人民政府驻香港特别行政区有关机构、中央人民政府驻澳门特别行政区有关机构。

学校除寒假、暑假和休息日外,应当每日升挂国旗。有条件的幼儿园参照学校的规定升挂国旗。

图书馆、博物馆、文化馆、美术馆、科技馆、纪念馆、展览馆、体育馆、青少年宫等公共文化体育设施应当在开放日升挂、悬挂国旗。

第七条 国庆节、国际劳动节、元旦、春节和国家宪法日等重要节日、纪念日,各级国家机关、各人民团体以及大型广场、公园等公共活动场所应当升挂国旗;企业事业组织,村民委员会、居民委员会,居民院(楼、小区)有条件的应当升挂国旗。

民族自治地方在民族自治地方成立纪念日和主要传统民族节日应当升挂国旗。

举行宪法宣誓仪式时,应当在宣誓场所悬挂国旗。

第八条 举行重大庆祝、纪念活动,大型文化、体育活动,大型展览会,可以升挂国旗。

第九条 国家倡导公民和组织在适宜的场合使用国旗及其图案,表达爱国情感。

公民和组织在网络中使用国旗图案,应当遵守相关网络管理规定,不得损害国旗尊严。

网络使用的国旗图案标准版本在中国人大网和中国政府网上发布。

第十条 外交活动以及国家驻外使馆领馆和其他外交代表机构升挂、使用国旗的办法，由外交部规定。

第十一条 中国人民解放军和中国人民武装警察部队升挂、使用国旗的办法，由中央军事委员会规定。

第十二条 民用船舶和进入中国领水的外国船舶升挂国旗的办法，由国务院交通主管部门规定。

执行出入境边防检查、边境管理、治安任务的船舶升挂国旗的办法，由国务院公安部门规定。

国家综合性消防救援队伍的船舶升挂国旗的办法，由国务院应急管理部门规定。

第十三条 依照本法第五条、第六条、第七条的规定升挂国旗的，应当早晨升起，傍晚降下。

依照本法规定应当升挂国旗的，遇有恶劣天气，可以不升挂。

第十四条 升挂国旗时，可以举行升旗仪式。

举行升旗仪式时，应当奏唱国歌。在国旗升起的过程中，在场人员应当面向国旗肃立，行注目礼或者按照规定要求敬礼，不得有损害国旗尊严的行为。

北京天安门广场每日举行升旗仪式。

学校除假期外，每周举行一次升旗仪式。

第十五条 下列人士逝世，下半旗志哀：

（一）中华人民共和国主席、全国人民代表大会常务委员会委员长、国务院总理、中央军事委员会主席；

（二）中国人民政治协商会议全国委员会主席；

（三）对中华人民共和国作出杰出贡献的人；

（四）对世界和平或者人类进步事业作出杰出贡献的人。

举行国家公祭仪式或者发生严重自然灾害、突发公共卫生事件以及其他不幸事件造成特别重大伤亡的，可以在全国范围内下半旗志哀，也可以在部分地区或者特定场所下半旗志哀。

依照本条第一款第三项、第四项和第二款的规定下半旗，由国务院有关部门或者省、自治区、直辖市人民政府报国务院决定。

依照本条规定下半旗的日期和场所，由国家成立的治丧机构或者国务院决定。

第十六条 下列人士逝世，举行哀悼仪式时，其遗体、灵柩或者骨灰盒可以覆盖国旗：

（一）本法第十五条第一款第一项至第三项规定的人士；

（二）烈士；

（三）国家规定的其他人士。

覆盖国旗时，国旗不得触及地面，仪式结束后应当将国旗收回保存。

第十七条 升挂国旗，应当将国旗置于显著的位置。

列队举持国旗和其他旗帜行进时，国旗应当在其他旗帜之前。

国旗与其他旗帜同时升挂时，应当将国旗置于中心、较高或者突出的位置。

在外事活动中同时升挂两个以上国家的国旗时，应当按照外交部的规定或者国际惯例升挂。

第十八条 在直立的旗杆上升降国旗，应当徐徐升降。升起时，必须将国旗升至杆顶；降下时，不得使国旗落地。

下半旗时，应当先将国旗升至杆顶，然后降至旗顶与杆顶之间的距离为旗杆全长的三分之一处；降下时，应当先将国旗升至杆顶，然后再降下。

第十九条 不得升挂或者使用破损、污损、褪色或者不合规格的国旗，不得倒挂、倒插或者以其他有损国旗尊严的方式升挂、使用国旗。

不得随意丢弃国旗。破损、污损、褪色或者不合规格的国旗应当按照国家有关规定收回、处置。大型群众性活动结束后，活动主办方应当收回或者妥善处置活动现场使用的国旗。

第二十条 国旗及其图案不得用作商标、授予专利权的外观设计和商业广告，不得用于私人丧事活动等不适宜的情形。

第二十一条 国旗应当作为爱国主义教育的重要内容。

中小学应当教育学生了解国旗的历史和精神内涵、遵守国旗升挂使用规范和升旗仪式礼仪。

新闻媒体应当积极宣传国旗知识，引导公民和组织正确使用国旗及其图案。

第二十二条 国务院办公厅统筹协调全国范围内国旗管理有关工作。地方各级人民政府统筹协调本行政区域内国旗管理有关工作。

各级人民政府市场监督管理部门对国旗的制作和销售实施监督管理。

县级人民政府确定的部门对本行政区域内国旗的升挂、使用和收回实施监督管理。

外交部、国务院交通主管部门、中央军事委员会有关部门对各自管辖范围内国旗的升挂、使用和收回实施监督管理。

第二十三条 在公共场合故意以焚烧、毁损、涂划、玷污、践踏等方式侮辱中华人民共和国国旗的,依法追究刑事责任;情节较轻的,由公安机关处以十五日以下拘留。

第二十四条 本法自1990年10月1日起施行。

附:

国旗制法说明

(1949年9月28日中国人民政治协商会议
第一届全体会议主席团公布)

国旗的形状、颜色两面相同,旗上五星两面相对。为便利计,本件仅以旗杆在左之一面为说明之标准。对于旗杆在右之一面,凡本件所称左均应改右,所称右均应改左。

(一)旗面为红色,长方形,其长与高为三与二之比,旗面左上方缀黄色五角星五颗。一星较大,其外接圆直径为旗高十分之三,居左;四星较小,其外接圆直径为旗高十分之一,环拱于大星之右。旗杆套为白色。

(二)五星之位置与画法如下:

甲、为便于确定五星之位置,先将旗面对分为四个相等的长方形,将左上方之长方形上下划为十等分,左右划为十五等分。

乙、大五角星的中心点,在该长方形上五下五、左五右十之处。其画法为:以此点为圆心,以三等分为半径作一圆。在此圆周上,定出五个等距离的点,其一点须位于圆之正上方。然后将此五点中各相隔的两点相联,使各成一直线。此五直线所构成之外轮廓线,即为所需之大五角星。五角星之一个角尖正向上方。

丙、四颗小五角星的中心点,第一点在该长方形上二下八、左十右五之处,第二点在上四下六、左十二右三之处,第三点在上七下三、左十二右三之处,第四点在上九下一、左十右五之处。其画法为:以以上四点为圆心,各以一等分为半径,分别作四个圆。在每个圆上各定出五个等距离的点,其中均须各有一点位于大五角星中心点与以上四个圆心的各联结线上。然后用构成大五角星的同样方法,构成小五角星。此四颗小五角星均各有一个角尖正对大五角星的中心点。

(三)国旗之通用尺度定为如下五种,各界酌情选用:

甲、长 288 公分,高 192 公分。

乙、长 240 公分,高 160 公分。

丙、长 192 公分,高 128 公分。

丁、长 144 公分,高 96 公分。

戊、长 96 公分,高 64 公分。

国旗制法图案(略)

中华人民共和国国徽法

（1991年3月2日第七届全国人民代表大会常务委员会第十八次会议通过　根据2009年8月27日第十一届全国人民代表大会常务委员会第十次会议《关于修改部分法律的决定》第一次修正　根据2020年10月17日第十三届全国人民代表大会常务委员会第二十二次会议《关于修改〈中华人民共和国国徽法〉的决定》第二次修正）

第一条　为了维护国徽的尊严，正确使用国徽，增强公民的国家观念，弘扬爱国主义精神，培育和践行社会主义核心价值观，根据宪法，制定本法。

第二条　中华人民共和国国徽，中间是五星照耀下的天安门，周围是谷穗和齿轮。

中华人民共和国国徽按照1950年中央人民政府委员会通过的《中华人民共和国国徽图案》和中央人民政府委员会办公厅公布的《中华人民共和国国徽图案制作说明》制作。

第三条　中华人民共和国国徽是中华人民共和国的象征和标志。

一切组织和公民，都应当尊重和爱护国徽。

第四条　下列机构应当悬挂国徽：

（一）各级人民代表大会常务委员会；

（二）各级人民政府；

（三）中央军事委员会；

（四）各级监察委员会；

（五）各级人民法院和专门人民法院；

（六）各级人民检察院和专门人民检察院；

（七）外交部；

（八）国家驻外使馆、领馆和其他外交代表机构；

（九）中央人民政府驻香港特别行政区有关机构、中央人民政府驻澳门特别行政区有关机构。

国徽应当悬挂在机关正门上方正中处。

第五条 下列场所应当悬挂国徽:

(一)北京天安门城楼、人民大会堂;

(二)县级以上各级人民代表大会及其常务委员会会议厅,乡、民族乡、镇的人民代表大会会场;

(三)各级人民法院和专门人民法院的审判庭;

(四)宪法宣誓场所;

(五)出境入境口岸的适当场所。

第六条 下列机构的印章应当刻有国徽图案:

(一)全国人民代表大会常务委员会,国务院,中央军事委员会,国家监察委员会,最高人民法院,最高人民检察院;

(二)全国人民代表大会各专门委员会和全国人民代表大会常务委员会办公厅、工作委员会,国务院各部、各委员会、各直属机构、国务院办公厅以及国务院规定应当使用刻有国徽图案印章的办事机构,中央军事委员会办公厅以及中央军事委员会规定应当使用刻有国徽图案印章的其他机构;

(三)县级以上地方各级人民代表大会常务委员会、人民政府、监察委员会、人民法院、人民检察院,专门人民法院,专门人民检察院;

(四)国家驻外使馆、领馆和其他外交代表机构。

第七条 本法第六条规定的机构应当在其网站首页显著位置使用国徽图案。

网站使用的国徽图案标准版本在中国人大网和中国政府网上发布。

第八条 下列文书、出版物等应当印有国徽图案:

(一)全国人民代表大会常务委员会、中华人民共和国主席和国务院颁发的荣誉证书、任命书、外交文书;

(二)中华人民共和国主席、副主席,全国人民代表大会常务委员会委员长、副委员长,国务院总理、副总理、国务委员,中央军事委员会主席、副主席,国家监察委员会主任,最高人民法院院长和最高人民检察院检察长以职务名义对外使用的信封、信笺、请柬等;

(三)全国人民代表大会常务委员会公报、国务院公报、最高人民法院公报和最高人民检察院公报的封面；

（四）国家出版的法律、法规正式版本的封面。

第九条 标示国界线的界桩、界碑和标示领海基点方位的标志碑以及其他用于显示国家主权的标志物可以使用国徽图案。

中国人民银行发行的法定货币可以使用国徽图案。

第十条 下列证件、证照可以使用国徽图案：

（一）国家机关工作人员的工作证件、执法证件等；

（二）国家机关颁发的营业执照、许可证书、批准证书、资格证书、权利证书等；

（三）居民身份证，中华人民共和国护照等法定出入境证件。

国家机关和武装力量的徽章可以将国徽图案作为核心图案。

公民在庄重的场合可以佩戴国徽徽章，表达爱国情感。

第十一条 外事活动和国家驻外使馆、领馆以及其他外交代表机构对外使用国徽图案的办法，由外交部规定，报国务院批准后施行。

第十二条 在本法规定的范围以外需要悬挂国徽或者使用国徽图案的，由全国人民代表大会常务委员会办公厅或者国务院办公厅会同有关主管部门规定。

第十三条 国徽及其图案不得用于：

（一）商标、授予专利权的外观设计、商业广告；

（二）日常用品、日常生活的陈设布置；

（三）私人庆吊活动；

（四）国务院办公厅规定不得使用国徽及其图案的其他场合。

第十四条 不得悬挂破损、污损或者不合规格的国徽。

第十五条 国徽应当作为爱国主义教育的重要内容。

中小学应当教育学生了解国徽的历史和精神内涵。

新闻媒体应当积极宣传国徽知识，引导公民和组织正确使用国徽及其图案。

第十六条 悬挂的国徽由国家指定的企业统一制作，其直径的通用尺度为下列三种：

（一）一百厘米；

（二）八十厘米；

（三）六十厘米。

需要悬挂非通用尺度国徽的，应当按照通用尺度成比例适当放大或者缩小，并与使用目的、所在建筑物、周边环境相适应。

第十七条 国务院办公厅统筹协调全国范围内国徽管理有关工作。地方各级人民政府统筹协调本行政区域内国徽管理有关工作。

各级人民政府市场监督管理部门对国徽的制作和销售实施监督管理。

县级人民政府确定的部门对本行政区域内国徽的悬挂、使用和收回实施监督管理。

第十八条 在公共场合故意以焚烧、毁损、涂划、玷污、践踏等方式侮辱中华人民共和国国徽的，依法追究刑事责任；情节较轻的，由公安机关处以十五日以下拘留。

第十九条 本法自1991年10月1日起施行。

附件：

中华人民共和国国徽图案（略）

说明：国徽的内容为国旗、天安门、齿轮和麦稻穗，象征中国人民自“五四”运动以来的新民主主义革命斗争和工人阶级领导的以工农联盟为基础的人民民主专政的新中国的诞生。

中华人民共和国国徽图案制作说明

（1950年9月20日中央人民政府委员会办公厅公布）

一、两把麦稻组成正圆形的环。齿轮安在下方麦稻杆的交叉点上。齿轮的中心交结着红绶。红绶向左右绾住麦稻而下垂，把齿轮分成上下两部。

二、从图案正中垂直画一直线，其左右两部分，完全对称。

三、图案各部分之地位、尺寸，可根据方格墨线图之比例，放大或缩小。

四、如制作浮雕，其各部位之高低，可根据断面图之比例放大或缩小。

五、国徽之涂色为金红二色:麦稻、五星、天安门、齿轮为金色,圆环内之底子及垂绶为红色;红为正红(同于国旗),金为大赤金(淡色而有光泽之金)。

中华人民共和国国徽方格墨线图(略)

中华人民共和国国徽纵断面图(略)

全国人民代表大会常务委员会关于设立国家宪法日的决定

（2014年11月1日第十二届全国人民代表大会常务委员会第十一次会议通过）

1982年12月4日，第五届全国人民代表大会第五次会议通过了现行的《中华人民共和国宪法》。现行宪法是对1954年制定的新中国第一部宪法的继承和发展。宪法是国家的根本法，是治国安邦的总章程，具有最高的法律地位、法律权威、法律效力。全面贯彻实施宪法，是全面推进依法治国、建设社会主义法治国家的首要任务和基础性工作。全国各族人民、一切国家机关和武装力量、各政党和各社会团体、各企业事业组织，都必须以宪法为根本的活动准则，并且负有维护宪法尊严、保证宪法实施的职责。任何组织或者个人都不得有超越宪法和法律的特权，一切违反宪法和法律的行为都必须予以追究。为了增强全社会的宪法意识，弘扬宪法精神，加强宪法实施，全面推进依法治国，第十二届全国人民代表大会常务委员会第十一次会议决定：

将12月4日设立为国家宪法日。国家通过多种形式开展宪法宣传教育活动。

全国人民代表大会常务委员会关于实行宪法宣誓制度的决定

（2015年7月1日第十二届全国人民代表大会常务委员会第十五次会议通过　2018年2月24日第十二届全国人民代表大会常务委员会第三十三次会议修订　自2018年3月12日起施行）

宪法是国家的根本法，是治国安邦的总章程，具有最高的法律地位、法律权威、法律效力。国家工作人员必须树立宪法意识，恪守宪法原则，弘扬宪法精神，履行宪法使命。为彰显宪法权威，激励和教育国家工作人员忠于宪法、遵守宪法、维护宪法，加强宪法实施，全国人民代表大会常务委员会决定：

一、各级人民代表大会及县级以上各级人民代表大会常务委员会选举或者决定任命的国家工作人员，以及各级人民政府、监察委员会、人民法院、人民检察院任命的国家工作人员，在就职时应当公开进行宪法宣誓。

二、宣誓誓词如下：

我宣誓：忠于中华人民共和国宪法，维护宪法权威，履行法定职责，忠于祖国、忠于人民，恪尽职守、廉洁奉公，接受人民监督，为建设富强民主文明和谐美丽的社会主义现代化强国努力奋斗！

三、全国人民代表大会选举或者决定任命的中华人民共和国主席、副主席，全国人民代表大会常务委员会委员长、副委员长、秘书长、委员，国务院总理、副总理、国务委员、各部部长、各委员会主任、中国人民银行行长、审计长、秘书长，中华人民共和国中央军事委员会主席、副主席、委员，国家监察委员会主任，最高人民法院院长，最高人民检察院检察长，以及全国人民代表大会专门委员会主任委员、副主任委员、委员等，在依照法定程序产生后，进行宪法宣誓。宣誓仪式由全国人民代表大会会议主席团组织。

四、在全国人民代表大会闭会期间，全国人民代表大会常务委员会任命或者决定任命的全国人民代表大会专门委员会个别副主任委员、委员，国务院部长、委员会主任、中国人民银行行长、审计长、秘书长，中华人民共和国中央军事委员会副主席、委员，在依照法定程序产生后，进行宪法宣誓。宣誓仪式由全国人民代表大会常务委员会委员长会议组织。

五、全国人民代表大会常务委员会任命的全国人民代表大会常务委员会副秘书长，全国人民代表大会常务委员会工作委员会主任、副主任、委员，全国人民代表大会常务委员会代表资格审查委员会主任委员、副主任委员、委员等，在依照法定程序产生后，进行宪法宣誓。宣誓仪式由全国人民代表大会常务委员会委员长会议组织。

六、全国人民代表大会常务委员会任命或者决定任命的国家监察委员会副主任、委员，最高人民法院副院长、审判委员会委员、庭长、副庭长、审判员和军事法院院长，最高人民检察院副检察长、检察委员会委员、检察员和军事检察院检察长，中华人民共和国驻外全权代表，在依照法定程序产生后，进行宪法宣誓。宣誓仪式由国家监察委员会、最高人民法院、最高人民检察院、外交部分别组织。

七、国务院及其各部门、国家监察委员会、最高人民法院、最高人民检察院任命的国家工作人员，在就职时进行宪法宣誓。宣誓仪式由任命机关组织。

八、宣誓仪式根据情况，可以采取单独宣誓或者集体宣誓的形式。单独宣誓时，宣誓人应当左手抚按《中华人民共和国宪法》，右手举拳，诵读誓词。集体宣誓时，由一人领誓，领誓人左手抚按《中华人民共和国宪法》，右手举拳，领诵誓词；其他宣誓人整齐排列，右手举拳，跟诵誓词。

宣誓场所应当庄重、严肃，悬挂中华人民共和国国旗或者国徽。宣誓仪式应当奏唱中华人民共和国国歌。

负责组织宣誓仪式的机关，可以根据本决定并结合实际情况，对宣誓的具体事项作出规定。

九、地方各级人民代表大会及县级以上地方各级人民代表大会常务委员会选举或者决定任命的国家工作人员，以及地方各级人民政府、监察委员会、人民法院、人民检察院任命的国家工作人员，在依照法定程序产生后，进行宪法宣誓。宣誓的具体组织办法由省、自治区、直辖市人民代表大会常务委员会参照本决定制定，报全国人民代表大会常务委员会备案。

十、本决定自2018年3月12日起施行。

自测试题

《中华人民共和国宪法》自测试题

一、单选题(每题2分,共50分)

1. 我国现行《宪法》是由第五届全国人民代表大会第五次会议于____年通过的。

A. 1954　B. 1975　C. 1978　D. 1982

2.《宪法》规定,国家推行计划生育,使人口的增长同经济和____相适应。

A. 文化发展水平　B. 社会资源增长

C. 生态环境保护　D. 社会发展计划

3. 一切国家机关和武装力量、各政党和各社会团体、各企业事业组织,都必须以____为根本的活动准则。

A. 宪法　B. 党章　C. 章程　D. 法规

4. 在法律规定范围内的个体经济、私营经济等非公有制经济,是社会主义市场经济的____。

A. 重要组成部分　B. 必要补充

C. 重要基础　D. 最具活力、最有前途的部分

5. 各少数民族聚居的地方实行____,设立自治机关,行使自治权。各民族自治地方都是中华人民共和国不可分离的部分。

A. 区域自治　B. 民族自治

C. 基层群众自治　D. 高度自治

6. 有权决定特别行政区设立的国家机关是____。

A. 全国人民代表大会　　B. 全国人大常委会

C. 国务院　　D. 国家主席

7. 国家保护城乡集体经济组织的合法的权利和利益，____集体经济的发展。

A. 保障　　B. 监督、管理和指导

C. 保护　　D. 鼓励、指导和帮助

8. 任何组织或者个人不得侵占、买卖或者以其他形式非法转让土地。土地的____可以依照法律的规定转让。

A. 所有权　　B. 使用权

C. 占有权　　D. 收益权

9. 凡具有中华人民共和国国籍的人都是中华人民共和国____。

A. 人民　　B. 居民　　C. 公民　　D. 国民

10. 除因国家安全或者追查刑事犯罪的需要，由公安机关或者____依照法律规定的程序对通信进行检查外，任何组织或者个人不得以任何理由侵犯公民的通信自由和通信秘密。

A. 监察机关　　B. 司法机关

C. 检察机关　　D. 其他执法机关

11. 由全国人民代表大会决定人选，不由全国人民代表大会选举的是____。

A. 中华人民共和国副主席　　B. 最高人民法院院长

C. 国务院副总理　　D. 最高人民检察院检察长

12. 在我国，有权制定和修改刑事、民事、国家机构的和其他的基本法律的是____。

A. 全国人民代表大会和全国人民代表大会常务委员会

B. 全国人民代表大会

C. 全国人民代表大会常务委员会

D. 全国人民代表大会、全国人民代表大会常务委员会和国务院

13.《宪法》规定:“父母有抚养教育未成年子女的义务,____。”

A. 子女有赡养扶助父母的义务

B. 成年子女有赡养扶助年老父母的义务

C. 子女有赡养扶助丧失劳动能力的父母的义务

D. 成年子女有赡养扶助父母的义务

14. 按照《宪法》的规定,国务院对各部、各委员会发布的不适当的命令、指示和规章有权____。

A. 改变　　B. 变更或撤销

C. 改变或者撤销　　D. 重新发布

15. 最高人民法院____地方各级人民法院和专门人民法院的审判工作,最高人民检察院____地方各级人民检察院和专门人民检察院的工作。

A. 监督,领导　　B. 领导,领导

C. 领导,监督　　D. 监督,监督

16. 中华人民共和国主席代表中华人民共和国,进行国事活动,接受外国使节;根据____,派遣和召回驻外全权代表,批准和废除同外国缔结的条约和重要协定。

A. 全国人民代表大会的决定

B. 全国人民代表大会常务委员会的决定

C. 国务院的决定

D. 全国人民代表大会和全国人民代表大会常务委员会的决定

17. 中华人民共和国国徽,中间是五星照耀下的天安门,周围是____。

A. 镰刀和斧头　　B. 锤子和斧头

C. 镰刀和齿轮　　D. 谷穗和齿轮

18.《宪法》规定,中华人民共和国是工人阶级领导的、以工农联盟为基础的____的社会主义国家。

A. 无产阶级专政　　B. 民主共和

C. 多党合作　　D. 人民民主专政

19. 有权决定特赦的国家机关是____。

A. 全国人民代表大会

B. 全国人民代表大会常务委员会

C. 国务院

D. 最高人民法院

20. 中国人民政治协商会议是有广泛代表性的____。

A. 法律监督机关　　B. 中央国家机关

C. 民主党派组织　　D. 统一战线组织

21. 依照《宪法》规定，中华人民共和国主席、副主席都缺位的时候，由全国人民代表大会补选。在补选以前，应由____暂时代理主席职位。

A. 最高人民法院院长

B. 中央军事委员会主席

C. 国务院总理

D. 全国人民代表大会常务委员会委员长

22. 居民委员会、村民委员会同基层政权的相互关系由____规定。

A. 宪法　　B. 法律

C. 行政法规　　D. 部门规章

23. 国务院审计机关在____领导下，依照法律规定独立行使审计监督权，不受其他行政机关、社会团体和个人的干涉。

A. 国务院总理　　B. 全国人大常委会委员长

C. 国家主席　　D. 全国政协主席

24. 各民族公民都有用____语言文字进行诉讼的权利。

A. 当地通用的　　B. 本民族

C. 其他民族　　D. 自己通晓的

25. 国务院实行____负责制。

A. 国务院全体会议　　B. 国务院常务会议

C. 总理　　D. 集体

二、多选题(每题 2 分,共 20 分)

1. 民族区域自治制度、特别行政区制度是我国宪法制度中具有自身特色的两项制度,下列表述正确的是(　　)。

A. 自治区、自治州、自治县都是民族自治地方

B. 自治区可以制定自治条例、单行条例,报全国人大常委会批准后生效

C. 特别行政区行政长官在当地通过选举或协商产生,由中央人民政府任命

D. 特别行政区的高度自治权包括立法权、行政管理权、独立的司法权和终审权、独立的外交权

2. 根据我国宪法和法律的规定,下列选项中由全国人大选举产生的是(　　)。

A. 国家主席　　B. 国家副主席

C. 国务院总理　　D. 中央军事委员会主席

3. 我国宪法的基本原则是(　　)。

A. 人民主权原则　　B. 基本人权原则

C. 法治原则　　D. 民主集中制原则

4. 关于全国人民代表大会常务委员会的表述,正确的是(　　)。

A. 全国人大常委会是全国人大的常设机关

B. 决定特赦

C. 决定全国或者个别省、自治区、直辖市进入紧急状态

D. 规定和决定授予国家的勋章和荣誉称号

5.《宪法》规定的连续任职不得超过两届的职务有(　　)。

A. 国家主席、副主席

B. 国务院总理、副总理、国务委员

C. 最高人民法院院长、最高人民检察院检察长

D. 中央军事委员会主席、副委员长

6. 下列选项中属于公民政治权利和自由的包括(　　)。

A. 宗教信仰自由　　B. 选举权和被选举权

C. 言论自由　　D. 出版自由

7. 地方各级人民代表,有的是由下一级人民代表大会选举产生,有的是由选民直接选举产生。下列地方各级人民代表大会代表中,由选民直接选举产生的是(　　)。

A. 省人民代表大会代表　　B. 设区的市人民代表大会代表

C. 县人民代表大会代表　　D. 乡镇人民代表大会代表

8.《宪法》规定,中华人民共和国的一切权力属于人民。人民依照法律规定,通过各种途径和形式,(　　)。

A. 管理国家事务　　B. 管理经济和文化事业

C. 管理社会事务　　D. 管理政党事务

9. 下列属于公民直接参与选举的有(　　)。

A. 县人大代表的选举

B. 县级以上各级人大代表的选举

C. 乡人大代表的选举

D. 市辖区人大代表的选举

10. 我国行使国家立法权的机关有(　　)。

A. 全国人大　　B. 全国人大常委会

C. 国务院　　D. 中国人民政治协商会议

三、判断题(每题2分,共30分)

1. 中华人民共和国中央军事委员会每届任期与全国人大相同。

2.《宪法》的修改应由到会人大代表的2/3以上多数通过。

3. 任何公民,非经人民检察院批准或决定,或者非经人民法院决定,并由公安机关执行,不受逮捕。

4. 任何组织或者个人不得侵占、买卖或者以其他形式非法转让土地。土地的使用权可以依照法律的规定转让。

5. 城市的土地属于国家所有。农村和城市郊区的土地无一例外地属于集体所有。

6.《宪法》规定坚持公有制为主体、多种所有制经济共同发展的基本经济制度,坚持按劳分配为主体、多种分配方式并存的分配制度。

7. 国家保障各少数民族的合法的权利和利益,维护和发展各民族的平等团结互助和谐关系。

8. 国家行政机关、监察机关、审判机关、检察机关都由人民代表大会产生,对国务院负责,受国务院监督。

9. 监察委员会依照法律规定独立行使监察权,不受行政机关、社会团体和个人的干涉。监察机关办理职务违法和职务犯罪案件,应当与审判机关、检察机关、执法部门互相配合,互相制约。

10. 根据《宪法》的规定,退休人员的生活受到国家和社会的保障。

11. 凡年满18周岁的公民均享有选举权和被选举权。

12. 最高人民法院院长连续任职不得超过两届。

13. 人民代表大会制度是我国的根本制度。

14. 公民的合法的私有财产不受侵犯。

15. 中华人民共和国公民有言论、出版、集会、结社、游行、示威的自由。

参考答案

一、单选题

1. D	2. D	3. A	4. A	5. A	6. A	7. D
8. B	9. C	10. C	11. C	12. B	13. D	14. C
15. A	16. B	17. D	18. D	19. B	20. D	21. D
22. B	23. A	24. B	25. C			

二、多选题

1. ABC	2. ABD	3. ABCD	4. ABCD	5. BC
6. BCD	7. CD	8. ABC	9. ACD	10. AB

三、判断题

1. √

2. ×

解析:《宪法》第六十四条规定,宪法的修改,由全国人民代表大会常务委员会或者五分之一以上的全国人民代表大会代表提议,并由全国人民代表大会以“全体代表”的三分之二以上的多数通过。

3. √

4. √

5. ×

解析:《宪法》第十条规定,城市的土地属于国家所有。农村和城市郊区的土地,除由法律规定属于国家所有的以外,属于集体所有;宅基地和自留地、自留山,也属于集体所有。

6. √

7. √

8. ×

解析:《宪法》第三条第三款规定,国家行政机关、监察机关、审判机关、检察机关都由人民代表大会产生,对它负责,受它监督。

9. √

10. √

11. ×

解析:《宪法》第三十四条规定,中华人民共和国年满十八周岁的公民,不分民族、种族、性别、职业、家庭出身、宗教信仰、教育程度、财产状况、居住期限,都有选举权和被选举权;但是依照法律被剥夺政治权利的人除外。

12. √

13. ×

解析:《宪法》第一条第二款规定,社会主义制度是中华人民共和国的根本制度。中国共产党领导是中国特色社会主义最本质的特征。禁止任何组织或者个人破坏社会主义制度。因此,社会主义制度是我国的根本制度,人民代表大会制度是我国的根本政治制度。

14. √

15. √

附　　录

中华人民共和国全国人民代表大会公告

第 八 号

中华人民共和国宪法修正案已由中华人民共和国第七届全国人民代表大会第一次会议于 1988 年 4 月 12 日通过，现予公布施行。

中华人民共和国第七届全国人民
代表大会第一次会议主席团
1988 年 4 月 12 日于北京

中华人民共和国宪法修正案

（1988 年 4 月 12 日第七届全国人民代表大会第一次会议通过）

第一条 宪法第十一条增加规定："国家允许私营经济在法律规定的范围内存在和发展。私营经济是社会主义公有制经济的补充。国家保护私营经济的合法的权利和利益，对私营经济实行引导、监督和管理。"

第二条 宪法第十条第四款"任何组织或者个人不得侵占、买卖、出租或者以其他形式非法转让土地。"修改为："任何组织或者个人不得侵占、买卖或者以其他形式非法转让土地。土地的使用权可以依照法律的规定转让。"

中华人民共和国全国人民代表大会公告

第 八 号

中华人民共和国宪法修正案已由中华人民共和国第八届全国人民代表大会第一次会议于 1993 年 3 月 29 日通过,现予公布施行。

中华人民共和国第八届全国人民
代表大会第一次会议主席团
1993 年 3 月 29 日于北京

中华人民共和国宪法修正案

(1993 年 3 月 29 日第八届全国人民代表大会第一次会议通过)

第三条 宪法序言第七自然段后两句:“今后国家的根本任务是集中力量进行社会主义现代化建设。中国各族人民将继续在中国共产党领导下,在马克思列宁主义、毛泽东思想指引下,坚持人民民主专政,坚持社会主义道路,不断完善社会主义的各项制度,发展社会主义民主,健全社会主义法制,自力更生,艰苦奋斗,逐步实现工业、农业、国防和科学技术的现代化,把我国建设成为高度文明、高度民主的社会主义国家。”修改为:“我国正处于社会主义初级阶段。国家的根本任务是,根据建设有中国特色社会主义的理论,集中力量进行社会主义现代化建设。中国各族人民将继续在中国共产党领导下,在马克思列宁主义、毛泽东思想指引下,坚持人民民主专政,坚持社会主义道路,坚持改革开放,不断完善社会主义的各项制度,发展社会主义民主,健全社会主义法制,自力更生,艰苦奋斗,逐步实现工业、农业、国防和科学技术的现代化,把我国建设成为富强、民主、文明的社会主义国家。”

第四条　宪法序言第十自然段末尾增加:“中国共产党领导的多党合作和政治协商制度将长期存在和发展。”

第五条　宪法第七条:“国营经济是社会主义全民所有制经济,是国民经济中的主导力量。国家保障国营经济的巩固和发展。”修改为:“国有经济,即社会主义全民所有制经济,是国民经济中的主导力量。国家保障国有经济的巩固和发展。”

第六条　宪法第八条第一款:“农村人民公社、农业生产合作社和其他生产、供销、信用、消费等各种形式的合作经济,是社会主义劳动群众集体所有制经济。参加农村集体经济组织的劳动者,有权在法律规定的范围内经营自留地、自留山、家庭副业和饲养自留畜。”修改为:“农村中的家庭联产承包为主的责任制和生产、供销、信用、消费等各种形式的合作经济,是社会主义劳动群众集体所有制经济。参加农村集体经济组织的劳动者,有权在法律规定的范围内经营自留地、自留山、家庭副业和饲养自留畜。”

第七条　宪法第十五条:“国家在社会主义公有制基础上实行计划经济。国家通过经济计划的综合平衡和市场调节的辅助作用,保证国民经济按比例地协调发展。”“禁止任何组织或者个人扰乱社会经济秩序,破坏国家经济计划。”修改为:“国家实行社会主义市场经济。”“国家加强经济立法,完善宏观调控。”“国家依法禁止任何组织或者个人扰乱社会经济秩序。”

第八条　宪法第十六条:“国营企业在服从国家的统一领导和全面完成国家计划的前提下,在法律规定的范围内,有经营管理的自主权。”“国营企业依照法律规定,通过职工代表大会和其他形式,实行民主管理。”修改为:“国有企业在法律规定的范围内有权自主经营。”“国有企业依照法律规定,通过职工代表大会和其他形式,实行民主管理。”

第九条　宪法第十七条:“集体经济组织在接受国家计划指导和遵守有关法律的前提下,有独立进行经济活动的自主权。”“集体经济组织依照法律规定实行民主管理,由它的全体劳动者选举和罢免管理人员,决定经营管理的重大问题。”修改为:“集体经济组织在遵守有关法律的前提下,有独立进行经济活动的自主权。”“集体经济组织实行民主管理,依照法律规定选举和罢免管理人员,决定经营管理的重大问题。”

第十条 宪法第四十二条第三款:“劳动是一切有劳动能力的公民的光荣职责。国营企业和城乡集体经济组织的劳动者都应当以国家主人翁的态度对待自己的劳动。国家提倡社会主义劳动竞赛,奖励劳动模范和先进工作者。国家提倡公民从事义务劳动。”修改为:“劳动是一切有劳动能力的公民的光荣职责。国有企业和城乡集体经济组织的劳动者都应当以国家主人翁的态度对待自己的劳动。国家提倡社会主义劳动竞赛,奖励劳动模范和先进工作者。国家提倡公民从事义务劳动。”

第十一条 宪法第九十八条:“省、直辖市、设区的市的人民代表大会每届任期五年。县、不设区的市、市辖区、乡、民族乡、镇的人民代表大会每届任期三年。”修改为:“省、直辖市、县、市、市辖区的人民代表大会每届任期五年。乡、民族乡、镇的人民代表大会每届任期三年。”

中华人民共和国全国人民代表大会公告

中华人民共和国宪法修正案已由中华人民共和国第九届全国人民代表大会第二次会议于 1999 年 3 月 15 日通过，现予公布施行。

中华人民共和国第九届全国人民
代表大会第二次会议主席团
1999 年 3 月 15 日于北京

中华人民共和国宪法修正案

（1999 年 3 月 15 日第九届全国人民代表大会第二次会议通过）

第十二条 宪法序言第七自然段：“中国新民主主义革命的胜利和社会主义事业的成就，都是中国共产党领导中国各族人民，在马克思列宁主义、毛泽东思想的指引下，坚持真理，修正错误，战胜许多艰难险阻而取得的。我国正处于社会主义初级阶段。国家的根本任务是，根据建设有中国特色社会主义的理论，集中力量进行社会主义现代化建设。中国各族人民将继续在中国共产党领导下，在马克思列宁主义、毛泽东思想指引下，坚持人民民主专政，坚持社会主义道路，坚持改革开放，不断完善社会主义的各项制度，发展社会主义民主，健全社会主义法制，自力更生，艰苦奋斗，逐步实现工业、农业、国防和科学技术的现代化，把我国建设成为富强、民主、文明的社会主义国家。”修改为：“中国新民主主义革命的胜利和社会主义事业的成就，是中国共产党领导中国各族人民，在马克思列宁主义、毛泽东思想的指引下，坚持真理，修正错误，战胜许多艰难险阻而取得的。我国将长期处于社会主义初级阶段。国家的根本任务是，沿着建设有中国特色社会主义的道路，集中力量进行社会主义现代化建设。中国各族人民将继续在中国共产党领导下，在马克思列宁主义、毛泽东思想、邓小平理论指引下，坚持人民民主专政，坚持社会主义道路，坚持改革开放，不断完善社会主义的各项制度，发展社会主义市场经济，发展社会主义民主，健全社会主义法制，自力更生，艰苦奋斗，逐步实现工业、农业、国防和科学技术的现代化，把我国建设成为富强、民主、文明的社会主义国家。”

第十三条 宪法第五条增加一款，作为第一款，规定：“中华人民共和国实行依法治国，建设社会主义法治国家。”

第十四条 宪法第六条：“中华人民共和国的社会主义经济制度的基础是生产资料的社会主义公有制，即全民所有制和劳动群众集体所有制。”“社会主义公有制消灭人剥削人的制度，实行各尽所能，按劳分配的原则。”修改为：“中华人民共和国的社会主义经济制度的基础是生产资料的社会主义公有制，即全民所有制和劳动群众集体所有制。社会主义公有制消灭人剥削人的制度，实行各尽所能、按劳分配的原则。”“国家在社会主义初级阶段，坚持公有制为主体、多种所有制经济共同发展的基本经济制度，坚持按劳分配为主体、多种分配方式并存的分配制度。”

第十五条 宪法第八条第一款：“农村中的家庭联产承包为主的责任制和生产、供销、信用、消费等各种形式的合作经济，是社会主义劳动群众集体所有制经济。参加农村集体经济组织的劳动者，有权在法律规定的范围内经营自留地、自留山、家庭副业和饲养自留畜。”修改为：“农村集体经济组织实行家庭承包经营为基础、统分结合的双层经营体制。农村中的生产、供销、信用、消费等各种形式的合作经济，是社会主义劳动群众集体所有制经济。参加农村集体经济组织的劳动者，有权在法律规定的范围内经营自留地、自留山、家庭副业和饲养自留畜。”

第十六条 宪法第十一条：“在法律规定范围内的城乡劳动者个体经济，是社会主义公有制经济的补充。国家保护个体经济的合法的权利和利益。”“国家通过行政管理，指导、帮助和监督个体经济。”“国家允许私营经济在法律规定的范围内存在和发展。私营经济是社会主义公有制经济的补充。国家保护私营经济的合法的权利和利益，对私营经济实行引导、监督和管理。”修改为：“在法律规定范围内的个体经济、私营经济等非公有制经济，是社会主义市场经济的重要组成部分。”“国家保护个体经济、私营经济的合法的权利和利益。国家对个体经济、私营经济实行引导、监督和管理。”

第十七条　宪法第二十八条：“国家维护社会秩序，镇压叛国和其他反革命的活动，制裁危害社会治安、破坏社会主义经济和其他犯罪的活动，惩办和改造犯罪分子。”修改为：“国家维护社会秩序，镇压叛国和其他危害国家安全的犯罪活动，制裁危害社会治安、破坏社会主义经济和其他犯罪的活动，惩办和改造犯罪分子。”

中华人民共和国全国人民代表大会公告

中华人民共和国宪法修正案已由中华人民共和国第十届全国人民代表大会第二次会议于 2004 年 3 月 14 日通过,现予公布施行。

中华人民共和国第十届全国人民
代表大会第二次会议主席团
2004 年 3 月 14 日于北京

中华人民共和国宪法修正案

(2004 年 3 月 14 日第十届全国人民代表大会第二次会议通过)

第十八条 宪法序言第七自然段中“在马克思列宁主义、毛泽东思想、邓小平理论指引下”修改为“在马克思列宁主义、毛泽东思想、邓小平理论和‘三个代表’重要思想指引下”,“沿着建设有中国特色社会主义的道路”修改为“沿着中国特色社会主义道路”,“逐步实现工业、农业、国防和科学技术的现代化”之后增加“推动物质文明、政治文明和精神文明协调发展”。这一自然段相应地修改为:“中国新民主主义革命的胜利和社会主义事业的成就,是中国共产党领导中国各族人民,在马克思列宁主义、毛泽东思想的指引下,坚持真理,修正错误,战胜许多艰难险阻而取得的。我国将长期处于社会主义初级阶段。国家的根本任务是,沿着中国特色社会主义道路,集中力量进行社会主义现代化建设。中国各族人民将继续在中国共产党领导下,在马克思列宁主义、毛泽东思想、邓小平理论和‘三个代表’重要思想指引下,坚持人民民主专政,坚持社会主义道路,坚持改革开放,不断完善社会主义的各项制度,发展社会主义市场经济,发展社会主义民主,健全社会主义法制,自力更生,艰苦奋斗,逐步实现工业、农业、国防和科学技术的现代化,推动物质文明、政治文明和精神文明协调发展,把我国建设成为富强、民主、文明的社会主义国家。”

第十九条　宪法序言第十自然段第二句“在长期的革命和建设过程中,已经结成由中国共产党领导的,有各民主党派和各人民团体参加的,包括全体社会主义劳动者、拥护社会主义的爱国者和拥护祖国统一的爱国者的广泛的爱国统一战线,这个统一战线将继续巩固和发展。”修改为:“在长期的革命和建设过程中,已经结成由中国共产党领导的,有各民主党派和各人民团体参加的,包括全体社会主义劳动者、社会主义事业的建设者、拥护社会主义的爱国者和拥护祖国统一的爱国者的广泛的爱国统一战线,这个统一战线将继续巩固和发展。”

第二十条　宪法第十条第三款“国家为了公共利益的需要,可以依照法律规定对土地实行征用。”修改为:“国家为了公共利益的需要,可以依照法律规定对土地实行征收或者征用并给予补偿。”

第二十一条　宪法第十一条第二款“国家保护个体经济、私营经济的合法的权利和利益。国家对个体经济、私营经济实行引导、监督和管理。”修改为:“国家保护个体经济、私营经济等非公有制经济的合法的权利和利益。国家鼓励、支持和引导非公有制经济的发展,并对非公有制经济依法实行监督和管理。”

第二十二条　宪法第十三条“国家保护公民的合法的收入、储蓄、房屋和其他合法财产的所有权。”“国家依照法律规定保护公民的私有财产的继承权。”修改为:“公民的合法的私有财产不受侵犯。”“国家依照法律规定保护公民的私有财产权和继承权。”“国家为了公共利益的需要,可以依照法律规定对公民的私有财产实行征收或者征用并给予补偿。”

第二十三条　宪法第十四条增加一款,作为第四款:“国家建立健全同经济发展水平相适应的社会保障制度。”

第二十四条　宪法第三十三条增加一款,作为第三款:“国家尊重和保障人权。”第三款相应地改为第四款。

第二十五条　宪法第五十九条第一款“全国人民代表大会由省、自治区、直辖市和军队选出的代表组成。各少数民族都应当有适当名额的代表。”修改为:“全国人民代表大会由省、自治区、直辖市、特别行政区和军队选出的代表组成。各少数民族都应当有适当名额的代表。”

第二十六条　宪法第六十七条全国人民代表大会常务委员会职权第二十项

“(二十)决定全国或者个别省、自治区、直辖市的戒严”修改为“(二十)决定全国或者个别省、自治区、直辖市进入紧急状态”。

第二十七条 宪法第八十条“中华人民共和国主席根据全国人民代表大会的决定和全国人民代表大会常务委员会的决定,公布法律,任免国务院总理、副总理、国务委员、各部部长、各委员会主任、审计长、秘书长,授予国家的勋章和荣誉称号,发布特赦令,发布戒严令,宣布战争状态,发布动员令。”修改为:“中华人民共和国主席根据全国人民代表大会的决定和全国人民代表大会常务委员会的决定,公布法律,任免国务院总理、副总理、国务委员、各部部长、各委员会主任、审计长、秘书长,授予国家的勋章和荣誉称号,发布特赦令,宣布进入紧急状态,宣布战争状态,发布动员令。”

第二十八条 宪法第八十一条“中华人民共和国主席代表中华人民共和国,接受外国使节;根据全国人民代表大会常务委员会的决定,派遣和召回驻外全权代表,批准和废除同外国缔结的条约和重要协定。”修改为:“中华人民共和国主席代表中华人民共和国,进行国事活动,接受外国使节;根据全国人民代表大会常务委员会的决定,派遣和召回驻外全权代表,批准和废除同外国缔结的条约和重要协定。”

第二十九条 宪法第八十九条国务院职权第十六项“(十六)决定省、自治区、直辖市的范围内部分地区的戒严”修改为“(十六)依照法律规定决定省、自治区、直辖市的范围内部分地区进入紧急状态”。

第三十条 宪法第九十八条“省、直辖市、县、市、市辖区的人民代表大会每届任期五年。乡、民族乡、镇的人民代表大会每届任期三年。”修改为:“地方各级人民代表大会每届任期五年。”

第三十一条 宪法第四章章名“国旗、国徽、首都”修改为“国旗、国歌、国徽、首都”。宪法第一百三十六条增加一款,作为第二款:“中华人民共和国国歌是《义勇军进行曲》。”

中华人民共和国全国人民代表大会公告

第 一 号

中华人民共和国宪法修正案已由中华人民共和国第十三届全国人民代表大会第一次会议于 2018 年 3 月 11 日通过,现予公布施行。

中华人民共和国第十三届全国人民
代 表 大 会 第 一 次 会 议 主 席 团
2018 年 3 月 11 日于北京

中华人民共和国宪法修正案

(2018 年 3 月 11 日第十三届全国人民代表大会第一次会议通过)

第三十二条 宪法序言第七自然段中"在马克思列宁主义、毛泽东思想、邓小平理论和'三个代表'重要思想指引下"修改为"在马克思列宁主义、毛泽东思想、邓小平理论、'三个代表'重要思想、科学发展观、习近平新时代中国特色社会主义思想指引下";"健全社会主义法制"修改为"健全社会主义法治";在"自力更生,艰苦奋斗"前增写"贯彻新发展理念";"推动物质文明、政治文明和精神文明协调发展,把我国建设成为富强、民主、文明的社会主义国家"修改为"推动物质文明、政治文明、精神文明、社会文明、生态文明协调发展,把我国建设成为富强民主文明和谐美丽的社会主义现代化强国,实现中华民族伟大复兴"。这一自然段相应修改为:"中国新民主主义革命的胜利和社会主义事业的成就,是中国共产党领导中国各族人民,在马克思列宁主义、毛泽东思想的指引下,坚持真理,修正错误,战胜许多艰难险阻而取得的。我国将长期处于社会主义初级阶段。

国家的根本任务是,沿着中国特色社会主义道路,集中力量进行社会主义现代化建设。中国各族人民将继续在中国共产党领导下,在马克思列宁主义、毛泽东思想、邓小平理论、'三个代表'重要思想、科学发展观、习近平新时代中国特色社会主义思想指引下,坚持人民民主专政,坚持社会主义道路,坚持改革开放,不断完善社会主义的各项制度,发展社会主义市场经济,发展社会主义民主,健全社会主义法治,贯彻新发展理念,自力更生,艰苦奋斗,逐步实现工业、农业、国防和科学技术的现代化,推动物质文明、政治文明、精神文明、社会文明、生态文明协调发展,把我国建设成为富强民主文明和谐美丽的社会主义现代化强国,实现中华民族伟大复兴。"

第三十三条 宪法序言第十自然段中"在长期的革命和建设过程中"修改为"在长期的革命、建设、改革过程中";"包括全体社会主义劳动者、社会主义事业的建设者、拥护社会主义的爱国者和拥护祖国统一的爱国者的广泛的爱国统一战线"修改为"包括全体社会主义劳动者、社会主义事业的建设者、拥护社会主义的爱国者、拥护祖国统一和致力于中华民族伟大复兴的爱国者的广泛的爱国统一战线"。这一自然段相应修改为:"社会主义的建设事业必须依靠工人、农民和知识分子,团结一切可以团结的力量。在长期的革命、建设、改革过程中,已经结成由中国共产党领导的,有各民主党派和各人民团体参加的,包括全体社会主义劳动者、社会主义事业的建设者、拥护社会主义的爱国者、拥护祖国统一和致力于中华民族伟大复兴的爱国者的广泛的爱国统一战线,这个统一战线将继续巩固和发展。中国人民政治协商会议是有广泛代表性的统一战线组织,过去发挥了重要的历史作用,今后在国家政治生活、社会生活和对外友好活动中,在进行社会主义现代化建设、维护国家的统一和团结的斗争中,将进一步发挥它的重要作用。中国共产党领导的多党合作和政治协商制度将长期存在和发展。"

第三十四条 宪法序言第十一自然段中"平等、团结、互助的社会主义民族关系已经确立,并将继续加强。"修改为:"平等团结互助和谐的社会主义民族关系已经确立,并将继续加强。"

第三十五条 宪法序言第十二自然段中"中国革命和建设的成就是同世界人民的支持分不开的"修改为"中国革命、建设、改革的成就是同世界人民的支持分不开的";"中国坚持独立自主的对外政策,坚持互相尊重主权和领土完整、互不侵犯、互不干涉内政、平等互利、和平共处的五项原则"后增加"坚持和平发展道路，坚持互利共赢开放战略”；“发展同各国的外交关系和经济、文化的交流”修改为“发展同各国的外交关系和经济、文化交流，推动构建人类命运共同体”。这一自然段相应修改为：“中国革命、建设、改革的成就是同世界人民的支持分不开的。中国的前途是同世界的前途紧密地联系在一起的。中国坚持独立自主的对外政策，坚持互相尊重主权和领土完整、互不侵犯、互不干涉内政、平等互利、和平共处的五项原则，坚持和平发展道路，坚持互利共赢开放战略，发展同各国的外交关系和经济、文化交流，推动构建人类命运共同体；坚持反对帝国主义、霸权主义、殖民主义，加强同世界各国人民的团结，支持被压迫民族和发展中国家争取和维护民族独立、发展民族经济的正义斗争，为维护世界和平和促进人类进步事业而努力。”

第三十六条　宪法第一条第二款“社会主义制度是中华人民共和国的根本制度。”后增写一句，内容为：“中国共产党领导是中国特色社会主义最本质的特征。”

第三十七条　宪法第三条第三款“国家行政机关、审判机关、检察机关都由人民代表大会产生，对它负责，受它监督。”修改为：“国家行政机关、监察机关、审判机关、检察机关都由人民代表大会产生，对它负责，受它监督。”

第三十八条　宪法第四条第一款中“国家保障各少数民族的合法的权利和利益，维护和发展各民族的平等、团结、互助关系。”修改为：“国家保障各少数民族的合法的权利和利益，维护和发展各民族的平等团结互助和谐关系。”

第三十九条　宪法第二十四条第二款中“国家提倡爱祖国、爱人民、爱劳动、爱科学、爱社会主义的公德”修改为“国家倡导社会主义核心价值观，提倡爱祖国、爱人民、爱劳动、爱科学、爱社会主义的公德”。这一款相应修改为：“国家倡导社会主义核心价值观，提倡爱祖国、爱人民、爱劳动、爱科学、爱社会主义的公德，在人民中进行爱国主义、集体主义和国际主义、共产主义的教育，进行辩证唯物主义和历史唯物主义的教育，反对资本主义的、封建主义的和其他的腐朽思想。”

第四十条　宪法第二十七条增加一款，作为第三款：“国家工作人员就职时应当依照法律规定公开进行宪法宣誓。”

第四十一条　宪法第六十二条“全国人民代表大会行使下列职权”中增加一项，作为第七项“（七）选举国家监察委员会主任”，第七项至第十五项相应改为第八项至第十六项。

第四十二条 宪法第六十三条“全国人民代表大会有权罢免下列人员”中增加一项,作为第四项“(四)国家监察委员会主任”,第四项、第五项相应改为第五项、第六项。

第四十三条 宪法第六十五条第四款“全国人民代表大会常务委员会的组成人员不得担任国家行政机关、审判机关和检察机关的职务。”修改为:“全国人民代表大会常务委员会的组成人员不得担任国家行政机关、监察机关、审判机关和检察机关的职务。”

第四十四条 宪法第六十七条“全国人民代表大会常务委员会行使下列职权”中第六项“(六)监督国务院、中央军事委员会、最高人民法院和最高人民检察院的工作”修改为“(六)监督国务院、中央军事委员会、国家监察委员会、最高人民法院和最高人民检察院的工作”;增加一项,作为第十一项“(十一)根据国家监察委员会主任的提请,任免国家监察委员会副主任、委员”,第十一项至第二十一项相应改为第十二项至第二十二项。

宪法第七十条第一款中“全国人民代表大会设立民族委员会、法律委员会、财政经济委员会、教育科学文化卫生委员会、外事委员会、华侨委员会和其他需要设立的专门委员会。”修改为:“全国人民代表大会设立民族委员会、宪法和法律委员会、财政经济委员会、教育科学文化卫生委员会、外事委员会、华侨委员会和其他需要设立的专门委员会。”

第四十五条 宪法第七十九条第三款“中华人民共和国主席、副主席每届任期同全国人民代表大会每届任期相同,连续任职不得超过两届。”修改为:“中华人民共和国主席、副主席每届任期同全国人民代表大会每届任期相同。”

第四十六条 宪法第八十九条“国务院行使下列职权”中第六项“(六)领导和管理经济工作和城乡建设”修改为“(六)领导和管理经济工作和城乡建设、生态文明建设”;第八项“(八)领导和管理民政、公安、司法行政和监察等工作”修改为“(八)领导和管理民政、公安、司法行政等工作”。

第四十七条 宪法第一百条增加一款,作为第二款:“设区的市的人民代表大会和它们的常务委员会,在不同宪法、法律、行政法规和本省、自治区的地方性法规相抵触的前提下,可以依照法律规定制定地方性法规,报本省、自治区人民代表大会常务委员会批准后施行。”

第四十八条　宪法第一百零一条第二款中“县级以上的地方各级人民代表大会选举并且有权罢免本级人民法院院长和本级人民检察院检察长。”修改为：“县级以上的地方各级人民代表大会选举并且有权罢免本级监察委员会主任、本级人民法院院长和本级人民检察院检察长。”

第四十九条　宪法第一百零三条第三款“县级以上的地方各级人民代表大会常务委员会的组成人员不得担任国家行政机关、审判机关和检察机关的职务。”修改为：“县级以上的地方各级人民代表大会常务委员会的组成人员不得担任国家行政机关、监察机关、审判机关和检察机关的职务。”

第五十条　宪法第一百零四条中“监督本级人民政府、人民法院和人民检察院的工作”修改为“监督本级人民政府、监察委员会、人民法院和人民检察院的工作”。这一条相应修改为：“县级以上的地方各级人民代表大会常务委员会讨论、决定本行政区域内各方面工作的重大事项；监督本级人民政府、监察委员会、人民法院和人民检察院的工作；撤销本级人民政府的不适当的决定和命令；撤销下一级人民代表大会的不适当的决议；依照法律规定的权限决定国家机关工作人员的任免；在本级人民代表大会闭会期间，罢免和补选上一级人民代表大会的个别代表。”

第五十一条　宪法第一百零七条第一款“县级以上地方各级人民政府依照法律规定的权限，管理本行政区域内的经济、教育、科学、文化、卫生、体育事业、城乡建设事业和财政、民政、公安、民族事务、司法行政、监察、计划生育等行政工作，发布决定和命令，任免、培训、考核和奖惩行政工作人员。”修改为：“县级以上地方各级人民政府依照法律规定的权限，管理本行政区域内的经济、教育、科学、文化、卫生、体育事业、城乡建设事业和财政、民政、公安、民族事务、司法行政、计划生育等行政工作，发布决定和命令，任免、培训、考核和奖惩行政工作人员。”

第五十二条　宪法第三章“国家机构”中增加一节，作为第七节“监察委员会”；增加五条，分别作为第一百二十三条至第一百二十七条。内容如下：

第七节　监察委员会

第一百二十三条　中华人民共和国各级监察委员会是国家的监察机关。

第一百二十四条　中华人民共和国设立国家监察委员会和地方各级监察委员会。

监察委员会由下列人员组成：

主任，

副主任若干人，

委员若干人。

监察委员会主任每届任期同本级人民代表大会每届任期相同。国家监察委员会主任连续任职不得超过两届。

监察委员会的组织和职权由法律规定。

第一百二十五条　中华人民共和国国家监察委员会是最高监察机关。

国家监察委员会领导地方各级监察委员会的工作，上级监察委员会领导下级监察委员会的工作。

第一百二十六条　国家监察委员会对全国人民代表大会和全国人民代表大会常务委员会负责。地方各级监察委员会对产生它的国家权力机关和上一级监察委员会负责。

第一百二十七条　监察委员会依照法律规定独立行使监察权，不受行政机关、社会团体和个人的干涉。

监察机关办理职务违法和职务犯罪案件，应当与审判机关、检察机关、执法部门互相配合，互相制约。

第七节相应改为第八节，第一百二十三条至第一百三十八条相应改为第一百二十八条至第一百四十三条。